Temps et Développement
dans la pensée de l'Afrique subsaharienne

Time and Development
in the Thought of Subsaharan Africa

Studien zur Interkulturellen Philosophie
Studies in Intercultural Philosophy
Etudes de philosophie interculturelle

8

Series Editors

Heinz Kimmerle / Ram Adhar Mall

Rodopi

Amsterdam - Atlanta, GA 1998

Temps et Développement
dans la pensée de l'Afrique subsaharienne

Time and Development
in the Thought of Subsaharan Africa

édité par/edited by

Souleymane Bachir Diagne
& Heinz Kimmerle

Final editing and lay-out: Klazien de Vries, Leiden, The Netherlands

∞ The paper on which this book is printed meets the requirements of "ISO 9706:1994, Information and documentation - Paper for documents - Requirements for permanence".

∞ Le papier sur lequel le présent ouvrage est imprimé remplit les prescriptions de "ISO 9706:1994, Information et documentation - Papier pour documents - Prescriptions pour la permanence"

ISBN: 90-420-0398-7

Printed in The Netherlands

Imprimés avec une subvention de la Fondation Konrad Adenauer

Printed with a subsidy of the Konrad Adenauer Foundation

Introduction

When Heinz Kimmerle came to visit Dakar for the first time in June 1993, he had very fruitful discussions with several members of the Department of Philosophy of *Cheikh Anta Diop University*, especially with Souleymane Bachir Diagne and with Massaër Diallo. During this first stay the idea already came up to organize a symposium of West African and some Western philosophers in Dakar. Fortunately, the director of the *Goethe-Institut* in Dakar, Berthold Franke, agreed that Dakar would be a good place for such a symposium. Before Franke could promise definitely that the symposium would be organized by the *Goethe-Institut* in cooperation with the *Cheikh Anta Diop University*, he had to find an agreement with the directors of the German cultural institutes in the whole West African region. He succeeded in doing so and even found the support of another cultural institute of a European country at Dakar: *La communauté française de Belgique*.

However, one problem was still unsolved. To organize the symposium on an adequate scale and in an adequate manner a second source for financing it was necessary. Kimmerle discussed this problem with Jürgen Hengelbrock from the University at Bochum. Hengelbrock suggested to ask the *Konrad Adenauer-Stiftung* at Sankt Augustin near to Bonn for an additional subsidy. At that time this foundation had published the proceedings of another conference of African and some Western philosophers. These were the proceedings of a regional conference of East African philosophers at Mombasa in 1988. Wolfgang H. Koll from the *Adenauer-Stiftung* and Kimmerle found it a good idea to regard the symposium at Dakar as a follow up of the Mombasa-conference, which they both had the pleasure to attend. So the *Adenauer-Stiftung* was willing to participate in the organisation of the Dakar-symposium.

In December 1995 a small conference was held at the *Goethe-Institut* Dakar to discuss the set up of the symposium. Representatives of all institutions which were willing to organize the symposium were present at this conference. They asked Souleymane Bachir Diagne and Heinz Kimmerle to act as scientific directors, and all agreed that the concept and the consciousness of development in sub-Saharan Africa should be the main issue of the symposium. And also the suggestion was accepted to use *the concept of time as a key notion* which could help to generate *new ideas about development*.

From December 1995 until May 1996 when the symposium had to take place, a lot of work was done by the organizing institutions. The scientific directors were very grateful for this. They had to concentrate on the task to elaborate an adequate theoretical framework for the whole symposium, its lectures and its discussions. The specific notion of time in African thought in comparison to the Western way of thinking and as a presupposition for the theory and the politics of development had to be the focus of the whole enterprise. In the survey of the contents one can find the four groups of themes by which a certain structure was given to the symposium.

After three and a half days of lecturing and discussing, from May 22nd to 25th, 1996, the participants could look back to the experience of a real dialogue. The results of this dialogue can be summarized by formulating the following issues:

It has been largely admitted, during the discussions, that different chronologies could be found, not only between different societies (and, form that standpoint, it must be said that African societies and cultures are extremely diverse, and that, therefore, their representations and experiences of time, depending on the socio-economic activities, religions, et cetera are quite different), but also, within one given society, between different groups: the time of people in the villages is not the same as the relation to time of most of the groups living and working in the big cities like Abidjan, Lagos or Dakar, the time in the so called informal sector is not the time in the modern sector. In a word, it is not possible to choose for Herakleitos and against Nietzsche: for the ongoing flow of time and against the circle of eternal recurrence. African cultures and western cultures have in their experience of time both aspects or even more. What we find in the different cultures are different mixtures of linear, cyclical and punctual time conceptions.

Just how far can one go beyond those disparities, beyond the real complexity of the picture they present to be able to grasp the notion of a global African experience of time to be compared and/or opposed to a global western experience of time? What light would the experiences in other cultural areas, oriental and Asiatic for instance, bring in such a comparison? These were among the important questions at stake.

In the same way, while the participants agreed that there is no reason to presuppose that 'Africa refuses development' by the very nature of its cultures, the question was raised about the necessity of many different paths to development for socio-culturally different human societies. The space-time-field with its differentiated structures which are subjective and objective at the same instance can offer us the opportunity to think various kinds of development. On the one hand a world time is coming up together with a world society. This is the abstract notion of a completely regular flow of time. On the other hand, specifically concrete kinds of time experiences in

African and western cultures remain relevant. They should be maintained as a counterforce against the one-sidedness of the abstract character of world time.

Anyway, one can draw from the discussions which took place that one constant condition of development, if any, is a philosophy of work founded upon the prospective of an organised and planned time, although it does not have to be in conflict with a certain wisdom of life. From this perspective, the participants of the symposium regarded it as a privilege that they could listen to the message of an old sage of Mali and to the wisdom encapsulated in African proverbs, poetry or music. These messages bring into light a universal human wisdom reminding us that you are a slave of time if you think you have no time. In fact, in our life, we do not have time and time does not have us. For 'life is time', we are the time and time is our being. In this sense, time has a religious dimension. It lets us know when the *kairos* is there to act in a certain way. Of course, it remains the responsibility of the human actors to determine what has to be done and how it has to be done.

Finally, this important meeting on time, and the way we experience it and organise it, was a reflection upon crucial conditions of development; these are: the diminution of the demographic growth, the priority that has to be given to education and training, the philosophy of regular planned work and the process of democratization. That reflection was literally nourished by the following communications.

Souleymane Bachir Diagne
Heinz Kimmerle

Liste des participants / List of Participants

Prof. Félix Nestor Ahoyo
Musée Ethnographique / Ethnographical Museum
BP 299, Porto Novo
Bénin / Benin

Prof. Dr. E.J. Alagoa
Université de Port Harcourt / University of Port Harcourt
Département d'Histoire / Department of History
PO 125, 4 Georgetown Street, Port Harcourt - Gambiama - Choba
Nigéria / Nigeria

Dr. Eveline Baumann
ORSTOM
Centre de Bel-Air, BP 1386, Dakar
Sénégal / Senegal

Mongo Beti
Librairie des Peuples Noirs
BP 12405, Tsinga Yaoundé
Cameroun / Cameroon

Prof. Dr. Tanella Koné Boni
Université Abidjan, Faculté des Lettres / Faculty of Arts
BP V34, Abidjan
Côte d'Ivoire / Ivory Coast

Prof. Dr. Félix Eboussi Boulaga
Université de Yaoundé / University of Yaoundé
Yaoundé
Cameroun / Cameroon

Prof. Dr. Aminata Cisse Diaw
Université Cheikh Anta Diop / University Cheikh Anta Diop
Département de Philosophie / Department of Philosophy
Dakar
Privé / private: BP 5337, Dakar-Fann
Sénégal / Senegal

Prof. Dr. Souleymane Bachir Diagne
Université Cheikh Anta Diop / Cheikh Anta Diop University
Privé / private: 7 Cité Mamelles-Université Ouakam, Dakar
Sénégal / Senegal

Université Abidjan / University of Abidjan
Département de Philosophie BP V34, Abidjan
Côte d'Ivoire / Ivory Coast

Dr. Berthold Franke
Goethe-Institut Dakar
2 avenue Albert Sarraut, BP 3264, Dakar
Sénégal / Senegal

Prof. Dr. Sémou Pathé Gueye
Université Cheikh Anta Diop / Cheikh Anta Diop University
Département de Philosophy / Department of Philosophy, Dakar
Sénégal / Senegal

Dr. Jürgen Hengelbrock
Markstrasse 260, 44799 Bochum
Allemagne / Germany

Dr. Gerd-Rüdiger Hoffmann
Bergbaustrasse 8, 01968 Senftenberg
Allemagne / Germany

Prof. Dr. Paulin Hountondji
Université Nationale du Bénin / National University of Benin
privé / private: BP 1268, Cotonou
Bénin / Benin

Prof. Dr. Danielle Jonckers
Université Libre de Bruxelees / Free University of Brussels
Privé / private: 19 Esplanade des Chauffours, 63 110 Beaumont
Belgique / Belgium

Abdoulaye Elimane Kane
Ministère de l'Education, Dakar
Sénégal / Senegal

Prof. Dr. Heinz Kimmerle
Nieuwewater 35, 2715 BP Zoetermeer
Pays-Bas / The Netherlands

Dr. Wolfgang Koll
Fondation Konrad Adenauer / Konrad Adenauer Foundation
Rathausallee 12, 53757 Sankt Augustin
Allemagne / Germany

Prof. Dr. Yacouba Konaté
Université Nationale / National University
Faculté des Lettres / Faculty of Arts, BP 301, Abidjan
Côte d'Ivoire / Ivory Coast

Prof. Dr. Oumar Konaté
Ecole Normale Supérieure
Département de Philosophie / Department of Philosophy, BP 241, Bamako, Mali

Prof. Dr. Abel Kouvouama
Université Marien Ngouabi / University Marien Ngouabi
BP 2642, Brazzaville
Congo

Dayo Oluyemi-Kusa
Université de Lagos / Lagos State University
c/o Goethe-Institut Lagos, PMB 1087, Apapa
Nigéria / Nigeria

Prof. Dr. Kuamvi Maluwé Kuakuvi
Université du Bénin-Lomé / University of Benin-Lomé
Faculté des Lettres, BP 1515, Lomé
Togo

Issiaka Prosper Lalèyê
Université de St. Louis / St. Louis University
BP 234, St. Louis
Sénégal / Senegal

Dr. Henle Lauer
Université de Ghana / University of Ghana
Département de philosophie / Department of Philosophy
POB 66, Legon
Ghana

Prof. Dr. Abib Mbaye
Ecole Normale Supérieure
Université Cheikh Anta Diop, Dakar
privé / private: Im. Résidence Liberté, App. 41, Dakar
Sénégal

Prof. Dr. Imbuli Mbolokala
Université de Kinshasa / University of Kinshasa, BP 109 Kinshasa XI
République Démocratique de Congo / Democratic Republic of Congo

Prof. Dr. Campbell S. Momoh
Université de Lagos / University of Lagos
Fuculté des Arts / Faculty of Arts, Akoka, Yaba, Lagos
Nigéria / Nigeria

Prof. Dr. P. Ngoma-Binda
Université de Kinshasa / University of Kinshasa
BP 109, Kinshasa XI
République Démocratique de Congo / Democratic Republic of Congo

Prof. Dr. Luaba Lumu Ntumba
Université de Kinshasa / University of Kinshasa
Faculté de Droit / Faculty of Law, BP 146, Kinshasa XI
République Démocratique de Congo / Democratic Republic of Congo

Prof. Dr. Sophie B. Oluwole
Université de Lagos / University of Lagos
Département de philosophie / Department of Philosophy
Faculté des Arts / Faculty of Arts, Akoka, Yaba, Lagos
Nigéria / Nigeria

Dr. Michael Singleton
Département des Sciences de la Population et du Développement
1 place Montesquieu, Bte. 4, 1348 Louvain-la-Neuve
Belgique / Belgium

Prof. Dr. M. Dangui Sissoko
Ecole Normale Supérieure, Faculté des Lettres / Faculty of Arts
BP 241, Bamako
Mali

Daniel Sotiaux
Délégation de la Communauté française de Belgique
14 avenue des Jambaar, BP 542, Dakar
Sénégal

Dr. Douwe Tiemersma
Université Erasmus / Erasmus University
BP 1738, 3000 DR Rotterdam
Pays-Bas / The Netherlands

Dr. Heidemarie Traeder
Fondation Konrad Adenauer / Konrad Adenauer Foundation
c/o Ambassade d'Allemagne / Embassy of Germany
BP 2100, Dakar
Sénégal / Senegal

Table des Matières / Contents

Espaces/temps hétérogènes et conscience du développement

Abdoulaye Elimane Kane, Dakar (Sénégal)

Un artiste sénégalais aujourd'hui disparu, mais demeuré vivant dans la mémoire du grand public, chantait l'An 2000 au son d'un saxophone un peu ébréché, aux notes mêlées de tristesse et d'espoir. Il y avait dans sa musique un refrain significatif. Il disait 'L'an 2000, Année de la prospérité.' C'était l'époque où l'An 2000 paraissait si lointain que dans l'imaginaire du commun et même dans celui de beaucoup d'élites, il faisait figure d'horizon au double sens de limite et d'objectif. Aujourd'hui on parle plus volontiers du troisième millénaire.

Si dans les deux expressions apparaissent les mêmes sentiments de mystère et d'aventure, le changement de vocable me semble, quant à lui traduire, aussi un glissement sémantique qui nous fait passer de l'idée de frontière à celle de profondeur et d'abstraction du virtuel.

C'est autour de ces deux notions spatio temporelles que je voudrais proposer à votre jugement une réflexion très schématique sur la place de la créativité dans le processus de développement à la lumière des notions de limite et de virtuel.

Auparavant je dirai encore un mot sur les rapports que les historiens semblent avoir toujours établis entre la périodisation du temps historique, la production et le développement. Ils l'ont fait souvent, soit par commodité, soit par volonté d'introduire une philosophie de l'histoire dans la lecture des événements. Il m'est impossible dans le cadre d'un exposé aussi succinct de m'appesantir sur les formes variées, les modalités par lesquelles différents auteurs ont proposé cette périodisation.

Je prendrai ici l'exemple bien connu et sans doute le plus volontairement systématique, celui de la périodisation introduite par Marx en Engels en couplant des formations sociales avec des modes de production et des forces productives. Un exemple:

Antiquité/esclavage, Moyen-Age/moulin à vent, capitalisme/machine à vapeur. Avec l'intention d'y faire apparaître les notions d'évolution et de sens de l'histoire, on voit dans cet exemple une connection très étroite entre temporalité et développement, entre temporalité et progrès.

Il est possible de discuter les termes exacts de ces couplages, de mettre en doute l'idée d'un sens de l'histoire, et de débattre des rapports de causa-

Etudes de philosophie interculturelle, tome 8 (1997), p. 1-4

lité entre telle formation sociale et le mode de production qu'on lui fait correspondre. Mais on ne peut nier l'intérêt de cette manière de présenter l'expérience humaine en montrant qu'elle est productrice de sens et qu'elle est la résultante de déterminismes donnés combinés avec l'initiative et la volonté d'acteurs historiques.

En d'autres termes, à défaut de pouvoir démontrer que l'histoire est orientée et qu'elle est au service d'une fin, il est philosophique et politiquement intéressant de pouvoir noter que cela produit du sens et que ce sens c'est la capacité des hommes à agir sur le cours des événements.

J'y ajoute une autre considération relative à la dimension de l'espace-temps dans les rythmes de production et de développement.

Nous nous limiterons ici aux deux exemples suivants.

Marx et Engels parlaient de mode de production asiatique, et plus près de nous on rencontre le concept de mode de production africain élaboré il y a quelques années par Catherine Coquery Vidrovitch. Nous savons qu'ils y voyaient des modes différents de celui qui avait cours dans la Grèce antique et dont le prolongement 'naturel' semblait être le mode de production capitaliste avec comme épicentre l'Angleterre et l'Europe occidentale. Nous savons aussi combien ces thèses ont été discutées et retournées contre leurs auteurs comme signe manifeste d'une insuffisance d'élaboration conceptuelle quand ce n'était pas tout simplement un reproche d'eurocentrisme qui leur était adressé.

L'important à ce point de mon propos est de sonder la pertinence d'une prise en compte de l'espace-temps dans une réflexion sur les rapports entre la conscience du temps et celle du développement.

Aujourd'hui avec la notion de mondialisation de l'économie, se trouve posée au coeur même du développement, la question du rythme d'évolution des différentes sociétés en rapport avec la révolution technologique de notre époque.

L'abolition des distances par la maîtrise de la vitesse constitue l'instrument et la cause les plus déterminants de cette mondialisation.

Ce n'est certainement pas la première fois qu'un effort de pensée synthétique ou globalisante du développement, à l'échelle mondiale, se produit. L'idée que le capitalisme à l'échelle mondiale doit être lu comme manifestation et accomplissement de l'impérialisme constitue également une des catégories, auxquelles Marx, Lénine et leurs épigones nous avaient habitués.

Il reste que si l'économie mondiale avec comme corollaire la révolution du multimédia est désormais vouée à être le modèle auquel toutes les politiques de développement devront se conformer, la situation des différentes aires géographiques, à quatre années du prochain millénaire, commande de considérer avec lucidité l'existence de différentes données spatio-temporelles auxquels correspondent des rythmes de développement.

En particulier, dans un continent comme l'Afrique et plus particulièrement la sous-région que constitue l'Afrique subsaharienne, nous aurons, coexistant dans des espaces voisins ou constituant une unité politique et culturelle, des communautés qui vivront les unes en temps réel, les autres en temps différés les événements du monde, notamment ceux qui entrent dans le tourbillon de la mondialisation. Il en résultera, il en résulte déjà, des niveaux différents de conscience du temps et du développement.

Schématiquement, l'An 1999 à zéro heure, mais très certainement pour les années qui suivront, dans une région comme l'Afrique subsaharienne, nous aurons dans un même pays, une même région, la juxtaposition, le voisinage physique immédiat de trois types de communautés avec chacune un type différent de rapport au temps et par voie de conséquence un type différent de rapport au caractère mondial du développement.

En premier lieu nous continuerons d'avoir des terroirs correspondant grosso modo à ce qu'on appelle les zones rurales. Les populations y vivent et risquent de continuer d'y vivre dans les représentations et des pratiques d'un espace et d'un temps concrets, celui de la proximité immédiate. Les relations parentales, l'arbre à palabres, différentes formes de solidarités continueront d'y dominer les rapports au monde, à l'autre et aussi différentes formes de la vie sociale. Le rapport à l'économie mondiale sera lointain. Certes les conséquences de cette mondialisation auront des ondes de choc jusque dans ces terroirs, mais la conscience qu'en auront les victimes sera très faible. Ces victimes risquent d'être à la véritable périphérie.

Entre cet espace-temps du terroir, du village et le monde qui deviendra bientôt l'hypercentre de toute pensée et de toute action de développement, se dresse une réalité intermédiaire, hybride, complexe, critique: *la Ville africaine*. Elle est transition, limite, péjoration à la fois de la ville européenne et de la brousse africaine, avec des caractéristiques du monde rural et des règles de la vie urbaine. On y vit un autre rapport au temps un mélange de proximité immédiate telle que je viens de la décrire et de proximité mécanique introduite par les moyens de transport moderne, la voiture, le bateau, l'avion. Ajoutons que depuis peu la proximité électromagnétique due au téléphone à la radio et à la télévision fait de la ville africaine un maillon du dispositif de mondialisation.

L'introduction prochaine et progressive du multimédia dans la ville africaine achèvera de la connecter au réseau mondial et les élites qui en bénéficieront vireront en temps réel les événements et les informations qui contribuent à bâtir le visage du troisième millénaire et la place que l'économie et les autres facteurs de développement y occuperont.

Il est bien évident que ces différents rapports au temps et à l'espace, où de plus en plus le temps mondial tendra à l'emporter sur le temps local, engendreront des niveaux différents de conscience du développement.

D'où la nécessité de réfléchir à tout ce qui est possible et nécessaire pour éviter la désintégration sociale comme conséquence potentielle de ces différents rythmes.

Beaucoup de solutions économiques, culturelles et sociales peuvent être envisagées. Je suggère qu'au coeur de toutes celles qui pourraient être étudiées et mise en oeuvre, figure la question cruciale de la créativité. Celle-ci demeure le meilleur moyen de permettre à chaque niveau de temporalité de vivre sa propre cohérence et de proposer sa diversité et son identité au monde. Cette créativité n'est pas seulement l'antidote au nivellement général ou généralisé. Elle sera dans tous les domaines économique, culturel et social au centre des réponses locales à des besoins que la mondialisation ne résoudra sans doute d'abord que partiellement et de manière tangentielle et qui n'entreront pas immédiatement dans les normes de l'hypercentre du développement.

Le sens du temps

Souleymane Bachir Diagne, Dakar (Sénégal)

Je voudrais tout d'abord m'interroger sur le lien, problématique, que certains établissent, sur le ton de la plaisanterie ou avec le sérieux que semble conférer l'anthropologie ou l'ethnologie, entre cultures et sens du temps. Sur le ton de la plaisanterie: ainsi au Sénégal et dans d'autres pays d'Afrique où l'on s'entend à l'humour de l'auto-dérision, on parle, par exemple, de 'temps CFA' pour évoquer ce qui semble soulever des difficultés dans tous les secteurs, à savoir la question d'une gestion rigoureuse du temps. Avec le sérieux de l'ethnologie: on pourra entendre, souvent sur le ton de la résignation ou de l'irritation, divers énoncés sur les Africains et leur sens du temps.
'Les Africains'et 'leur sens du temps'. Voilà deux expressions auxquelles l'habitude de penser que l'on comprend les significations parce que l'on est familier des mots, pourrait conduire à accorder le statut de notions claires et distinctes.

Le bon usage ou scepticisme que pratique la philosophie et que précise, d'une certaine manière, la philosophie analytique conduit à s'interroger d'abord devant des énoncés où figurent les expressions de 'conception du temps' ou de 'sens du temps': est-on bien sûr qu'une dénotation précise correspond à ces notions? Si oui, y-a-t-il un sens à mettre celle-ci en relation avec tout le continent, avec sa partie sud-saharienne? Ou ne faut-il pas descendre jusqu'à la micro culture d'un village, d'une concession, pour que cela ait un sens?

Cette question n'est pas seulement à inscrire dans une approche purement notionnelle, car elle comporte un enjeu essentiel qui est au principe même de notre rencontre. Cet enjeu, c'est le développement, ou encore le progrès socio-économique. Les réflexions qui nous occuperont ici s'inscrivent, en effet, dans le cadre de ce qu'il est convenu d'appeler 'la dimension culturelle du développement'. On admettra donc que, dans cette perspective, la relation que des sociétés entretiennent au Temps est un aspect essentiel de cette dimension.

L'enjeu est donc celui-là. Mais c'est précisément parce qu'il est important que l'approche notionnelle impose sa nécessité: il est capital de s'assurer, avant tout, que les questions sont convenablement posées et que

Etudes de philosophie interculturelle, tome 8 (1997), p. 5-10

l'on ne se laisse pas simplement porter par une approche impressionniste, livrant des significations parcellaires ou superficielles auxquelles on prétendrait accorder quelque vérité a posteriori en les réunissant sous la notion de 'conception du temps', leur conférant ainsi, en quelque sorte, une essence métaphysique.

Prenons au sérieux ce que je viens d'appeler une approche impressionniste, approche comportant de nombreux enseignements.

J'évoquerai d'abord un point auquel nous avons déjà consacré un début d'analyse, Henri Ossebi et moi-même (dans *La question culturelle en Afrique enjeux et perspectives de la Recherche*, Codesria, Dakar 1996), relatif au cinéma. Plus précisément, au 'temps africain' tel qu'il s'exprimerait dans le cinéma du Continent auquel il conférerait donc une marque spécifique.

Sur ce point, nous nous sommes intéressés, entre autres aspects, à 'la lenteur' qui caractérise si souvent les films africains, lenteur où les critiques ont vu le signe d'une réalité ethnologique particulière, l'indice d'une vision du monde impliquant un sens spécifique du temps. Ainsi Med Hondo, cinéaste mauritanien bien connu, met il cette 'lenteur' en relation avec 'la technique narrative des contes et récits traditionnels' où, dit-il, 'la digression est reine, plusieurs histoires se juxtaposant sans se télescoper'. Dans le même sens, le Père Jean Vast constate que le film africain 'ne connaît pas encore l'ambiance surexcitée nerveuse, des films d'Europe'. Par parenthèse, on pourrait s'interroger sur le 'pas encore': est-ce à dire que l'évolution des choses mènerait à la surexcitation et à la nervosité? Toujours est-il que le Père Jean Vast rapporte ce constat à une dimension ethnologique plus large selon laquelle 'on sait attendre en Afrique, on marche sur de longues routes. On prend son temps. On sait s'entretenir avec ses amis, on discute ...' Bref, tout cela relèverait ici d'un 'sens intemporel du temps' directement lié à un 'sens de la palabre'.

Que faire de ce qui se donne ainsi pour un constat? Peut-on, sans autre forme de procès, se confier à une raison ethnologique qui s'empresserait d'opposer, par exemple, un temps linéaire de la vitesse dont les 'films d'Europe' donnent l'exemple, à un temps, pour ainsi dire tortueux, de la circonlocution, du détour, de la palabre?

Autrement dit, d'un constat à l'explication ethnologisante la relation est-elle réellement claire? D'autres explications qu'un 'sens du temps' spécifique ne peuvent-elles pas se présenter, et peut-être, de manière plus immédiate?

Nous avions noté, dans le petit ouvrage que j'ai évoqué, que le même Med Hondo qui parlait de l'homologie entre la narration traditionnelle et l'écriture cinématographique moderne pouvait également attribuer à des 'réalisateurs maladroits' une multiplication de digressions tenant à leur envie de tout dire en un seul film: cela n'a plus rien à voir, bien sûr, avec le fait d'être travaillé par certaines démarches narratives inscrites dans la culture; en revanche cela a tout à voir avec le fait de faire du mauvais cinéma. Dans la même veine d'une explication alternative, celle qui concerne la technique cinématographique elle-même, le père Jean Vast rappelle, lui aussi, que 'l'impression de longueur' est totalement contraire aux exigences de rythme qui font un bon film.

Alors choisira-t-on de dire 'ce film n'est pas bon car il présente d'insupportables longueurs', ou dire: 'ce film, dans sa manière de prendre son temps (et le mien), traduit l'essence même de la relation qu'entretiennent les sociétés africaines au temps'. (On notera, d'ailleurs, que l'on pourrait dire l'un et l'autre, sans contradiction.)

Je pense, pour ma part, qu'il y a, pour répondre à cette question, d'une part le point de vue qui est celui de l'art du cinéma et d'autre part celui de l'ethnologie. Pour le premier point de vue, il est clair que le Cinéma s'écrit avec 'de l'image-temps' et 'de l'image-mouvement' comme dit Gilles Deleuze, selon les exigences de rythme qui font le genre et c'est cela même qui vient remettre en question le point de vue ethnologique: on n'écrit pas avec 'de l'image-temps' comme l'on raconte un conte à des enfants qu'il s'agit justement d'endormir. Si tant est donc qu'il s'agit, au cinéma, de la continuation d'une esthétique de la digression, elle-même fille d'une conception circonvolutive du temps, il faut dire que ceux qui feraient ce cinéma-là se trompent de genre parce que de public: les publics africains - leurs préférences en la matière le montrent - préfèrent, eux aussi les montages rapides qui permettent d'autant mieux parfois, d'apprécier, par différence, les moments où le film, par nécessité *interne*, dirons-nous, donne à voir de la lenteur, de la durée, de l'immobilité.

Ce cinéma-là, au bout du compte, n'existe que pour un regard d'ethnologue et c'est là l'un des enseignements que mon propos a voulu tirer de cet exemple, par excellence, de la représentation du temps qu'est le cinéma.

Cet enseignement pourrait d'abord prendre la forme d'un avertissement méthodologique: toujours prendre garde, dans la réflexion, de ne pas se donner une Afrique véritablement forgée par une volonté de subsumer des impressions ou des constats éclatés sous la notion unique d'une 'vision du monde' à laquelle tout renverrait.

En d'autres termes ne jamais s'empresser de se donner une 'vision du monde' globale comme explication de ce qui peut trouver sa raison dans l'oeuvre elle-même.

Le second enseignement est que cet avertissement méthodologique vaut, au-delà de l'exemple de l'écriture cinématographique, pour la réflexion sur le rapport social au temps en général, auquel je reviens maintenant.

Que veut-on dire, en réalité, lorsque l'on oppose en une dualité métaphysique hâtivement construite un temps *évolutif* qui serait caractéristique de la conception occidentale et un temps que j'ai appelé *circonvolutif*, qui serait la marque d'une vision africaine du monde? Pour répondre à cette question, demandons-nous d'abord ce qui pourrait fonder l'affirmation selon laquelle le monde occidental aurait une conception évolutive du temps. La physique du temps telle que la science moderne, puis contemporaine enseigne à la concevoir? On sait bien que l'histoire des Sciences n'est pas celle des mentalités, plus précisément que le temps de ces histoires, lent pour l'une, en accélération pour l'autre, n'est pas le même. On ne peut conclure que la rationalité scientifique engendre la conception globale du temps dans les sociétés d'Occident. L'organisation du travail telle qu'elle traduit, elle-même, un système économique, pourrait alors constituer une médiation peut-être? Sans doute, mais on voit bien alors qu'il est nécessaire à la pensée de se donner quelque chose de bien plus complexe que la notion d'une conception du temps qui serait inscrite dans une culture donnée.

Il me semble donc que ce que l'on vise est plutôt une notion liée au temps et à l'organisation sociale du travail qui m'apparaît devoir être traduite, de la manière la plus adéquate, par l'expression de *sentiment de l'urgence*.

Cesser de parler, par ethnologisme, de conceptions relatives du temps pour faire varier la notion de 'sentiment de l'urgence' non seulement entre des cultures ou sociétés différentes mais, à l'intérieur des sociétés, entre des groupes sociaux différents: voilà qui permet de comprendre, sans qu'il s'agisse d'évoquer, par un présupposé culturaliste, toute une métaphysique du temps, que le sentiment de l'urgence lié à une organisation du travail donnée dans une société donnée se traduit par un investissement général dans le respect des horaires qui fasse de l'imprévisibilité un scandale.

Il faut aussi insister sur sa variation intrasociale: il serait absurde de dire qu'en voyageant, au sein d'une même ville d'occident de la banlieue pauvre et frappée par le chômage, de la 'zone' que présente un film comme *La Haine*, à un immeuble cossu où les 'golden boys' de la Finance travaillent, les yeux rivés sur des écrans qui indiquent, en temps réel comme l'on dit, les fluctuations des cours de ceci ou de cela ... partout dans le monde, on passe d'une *conception* du temps à une autre. En revanche, il est vrai que l'on passe d'un degré (zéro?) du sentiment de l'urgence, dans les zones déshéritées où les jours se traînent et ont du mal à passer, à une toute autre intensité dans la surexcitation d'une activité où le temps *est* de l'argent.

De la même manière la configuration du travail, de l'activité socio-économique et de son organisation, non seulement définissent dans les sociétés africaines modernes une sorte de degré moyen du sentiment de l'urgence mais font varier celui-ci de manière différenciée selon les lieux (ville ou village, bidonville pauvre ou quartiers riches), les secteurs (formel ou informel) et les catégories sociales.

Pour me résumer, l'approche que je propose, ainsi, à nos réflexions, celle qui éclaire la pensée du Temps dans son lien au développement économique et social par la notion de sentiment de l'urgence, me semble présenter un triple intérêt.

Tout d'abord, celui de nous faire sortir de ce qui constitue, à mon sens, l'aporie de la conception culturaliste de l'idée de progrès. Ainsi, il est tout aussi irrationnel de dire que les cultures africaines véhiculeraient une conception du temps en porte à faux avec le développement en multipliant à l'envi des exemples épars que de dire, à l'inverse, en procédant de la même manière, par des exemples contraires, que tel ou tel aspect de ces cultures est particulièrement favorable au développement. De telles généralisations sont toujours à la merci d'un contre exemple ou alors elles s'enferment dans un justificationnisme permanent.

Ensuite cette notion est dynamique, elle nous porte à l'action. Après tout, une conception du temps, cela ne se réfute guère, cela se constate. Un sentiment de l'urgence, en tant qu'il est lié à l'organisation sociale, à la philosophie même du travail dans une société, en étant tout à la fois cause et effet, cela est une invitation à agir. Au point de vue ethnologique, il s'agit de substituer une 'attitude prospective', pour reprendre une expression de Gaston Berger.

Enfin, et il eût peut-être fallu commencer par là, elle permet d'analyser la complexité réelle des ensembles sociaux africains dans leurs différenciations internes qui, dans le cas qui nous occupe, correspondent à des rapports différenciés au temps au sein d'un même ensemble culturel. Les conceptions culturelles y négocient diversement les évaluations et les réévaluations qui traduisent la dynamique sociale. Y être attentif est la condition de l'attitude prospective tournée vers l'action que j'évoquais plus haut.

Des rapports différents au temps, des intensités variables du sentiment de l'urgence coexistent, du reste, non seulement dans une société donnée mais aussi chez un seul et même individu. Pour ne superposer, en un seul individu, que deux conceptions incomparables du temps, on sait parfaitement qu'une même personne vit le temps de son travail et de ses entreprises sous un rapport tout autre que celui sous lequel il vit par exemple, le temps eschatologiquement orienté de la croyance religieuse. Vivre pour ce monde comme si l'on ne devait jamais mourir, adorer Dieu comme si l'on devait mourir demain ou alors, dans les termes de Gaston Berger parlant de l'homme: 'loin d'être dans le temps et pour la mort (...) il est dans l'éternité mais pour le temps'. Ces paroles rendent compte de deux urgences par essence différentes, celle qui fait de l'humain, sous toutes les latitudes, un être de projet, celle qui fait que la prière de l'homme ne prend pour le croyant sa plus haute signification que lorsqu'elle bascule le temps dans l'éternité.

Brève contribution à la réflexion sur le temps

Daniel Sotiaux, Dakar (Sénégal)

> 'Le temps á deux visages, deux dimensions; la longueur est au rythme du soleil, la largeur au rythme des passions'
>
> *Omar Khayyam*

On pourrait se demander pourquoi un diplomate s'intéresse à la question du 'temps'. Ne devrait-il pas laisser aux philosophes et autres penseurs le soin de se pencher sur cette notion et attendre sagement quelque éclairage pertinent capable de l'aider dans sa tâche?

Confusément, et depuis très longtemps, j'ai le sentiment que la question du 'temps' est au centre des débats ou plutôt de l'absence de débat devant conduire à mieux organiser nos sociétés.

La première des évidences est que la question de la recherche du 'temps' est étroitement liée à la recherche de la 'gestion économique' de la société.

La maîtrise du temps équivaut à la maîtrise des mécanismes de production. La capacité à gérer le temps correspond donc à la performance économique, à la gestion de la productivité.

Savoir gérer le temps est donc aussi important que fut la recherche de la capacité de naviguer par le calcul fiable des positions (longitudes-latitudes) du navire.

Ce besoin de gestion du temps implique de plus en plus des techniques de pointe souvent élitistes et de toute façon de plus en plus onéreuses. Les exclus du temps risquent donc d'être de plus en plus nombreux alors que parallèlement la mondialisation exige de tous les partenaires, mais surtout des plus pauvres, une mise à niveau contraignante.

Les pays du sud, africains notamment, sont à cet égard dans une sorte d'impasse. Les programmes d'ajustement exigés, imposés, par la puissance de l'économique dominant, impliquent l'ajustement temporel, le temps de la mondialisation. Malgré les efforts de ces pays, le risque d'échec est grand tant le niveau de performance exigé est immense. Mais tout cela en vaut-il la peine?

Le temps a besoin de nous pour exister. Sans l'homme, il disparaît laissant à la nature son rythme, son accomplissement.Les fourches caudines

Etudes de philosophie interculturelle, tome 8 (1997), p. 11-13

que nous nous imposons à nous mêmes, comme unique solution pour remplir une vie qui, selon les credos actuels, doit être productive, ne sont pourtant pas inévitables.

J'ignore si la tradition africaine peut nous aider en cela. Quand nous nous penchons sur les concepts du temps en Afrique, il me semble que, confusément, on espère que ce continent nous apportera la solution à une des épreuves les plus dures que l'homme connaisse depuis qu'il a pris le chemin de l'évolution: affronter le carcan temporel autoproclamé comme une nécessité.Avec le temps linéaire, l'économie s'en vint. Dans la généralisation de l'heure des banques, on assiste à la mondialisation de la culture. Cette volonté de rationalisation, née au XVIIIème siècle, ne se limite d'ailleurs pas au temps.L'espace connaît la même transformation. Le labyrinthe des villes fait place aux boulevards rectilignes, ou quadrillage. Les noeuds font aussi peur que le temps non contrôlé. On croit à la finalité. Tout ce qui peut apparaître comme confus, complexe, riche d'impasses et de transformations fait peur. Les bulldozers passent par là et réorganisent temps et espace.

Or, aujourd'hui, d'une certaine manière, on redécouvre que tout est complexe et riche. Les 1000 rythmes du temps et le labyrinthe de villes, de l'espace correspondent mieux à la complexité de la vie, au besoin d'accomplissement des hommes.

Le temps circulaire, le temps de la nature, le temps spirituel, le temps des labyrinthes ... avec ses impasses, ses échecs, ses erreurs ne sont-ils pas, en définitive, plus proche de l'expérience de l'homme, autant d'épreuves pour son accomplissement?

N'idéalisons pas! Mais l'Afrique fascine par sa capacité de résistance aux linéarités imposées.L'ajustement structurel n'a pas réussi à changer le rythme de la marche du berger Peul, des caravanes dans le désert, de la cueillette dans la grande forêt.

Fascination, craintes aussi, car l'occident s'use à 'vouloir faire évoluer' cette terre d'Afrique alors que la compréhension de la recette du temps africain pourrait peut-être aider à comprendre les blocages qui empêchent la recette de 'l'évolution'.

Le temps a besoin de nous pour exister. Le temps de la mondialisation a aussi besoin de nous pour exister. Or, on y est ... Tout porte à croire qu'on ne peut plus refuser l'hyperlibéralisme, la pensée unique. Et pourtant, il suffirait d'arrêter le temps, de reprendre le chemin de l'enfant Peul, pour que toute cette machine s'arrête.

Ne rêvons pas! Ce modèle du temps arrêté, du temps zéro, est aussi impossible que le rêve d'une économie saine avec une croissance zéro. Il nous reste donc à négocier, à réapprendre à vivre dans ce temps mondial, sans le refuser, puisqu'on y est, mais sans s'y soumettre. Il s'agira de modifier l'ordre du temps pour changer l'ordre du monde ... Pour que le temps de la vie reprenne son sens.

The Concept of Time as a Key-notion for New Ideas about Development

Heinz Kimmerle, Zoetermeer (The Netherlands)

I. Problems of development

In subsaharan Africa big problems have arisen around development politics and development theory. In other parts of the world, for instance in South-East Asia, a considerable economic progress indicates that these problems do not exist there any more. Many of the countries of subsaharan Africa, however, are stigmatized by economic stagnation or even regression. What are the reasons for that situation? In trials to answer this question the following arguments are often used. The colonization has been of a different type in Africa than in Asia or in Latin America. The African culture has never been acknowledged in its own value. Many countries have been weakened by the slave trade which nowhere in the world has taken place to a comparable extent. The fact that the role of the colonial rulers often is taken over by certain families of the newly independent states in Africa, has been labelled as 'Black colonialism'. I am referring especially to the description of this situation in the book of G.B.N. Ayittey *Africa Betrayed*.[1] His text can help to make partly understandable the extraordinary examples of corruption in Africa. One could summarize these arguments by saying that the failure of successful development politics in Africa on the one hand has historical reasons which have to do with the special type of colonial rule on this continent and on the other hand has proper African reasons which have arisen in the post-colonial era.

According to the Kenyan philosopher Odera Oruka, who has died tragically in December 1995, it is necessary to see that the historical reasons of colonial rule in Africa are primary and the proper African reasons since political independence are secondary. Although development politics of the Western states is different from colonial politics, it is still part of the 'colonial enterprise'. Oruka says about the struggle for independence in Africa, that one is not 'sufficiently conscious of freedom', for 'one demands *political* independence, but leaves out *economic* or cultural independence'. That is why the former colonial powers can state that the African people are what they are 'unfree and poor - not because of colonialism, but because of

Studies in Intercultural Philosophy, Vol. 8 (1997), p. 15-30

underdevelopment'.[2]

I do not want and I am not prepared to give a detailed analysis of the problems of development politics in Africa. My main concern is development theory which also is in a deep crisis. Firstly, there is the problem, that a Western type of economy and technique which is primarily directed at growth, is spreading all over the world but cannot be appropriated in a sufficient way by African and other non-Western cultures. Secondly, development especially in its successful forms has devastating consequences for the natural environment. Economic development leads at the same time to ecological retrogression. The Brundtland-commission of the United Nations has tried to combine the principles of an ongoing development with the necessities of conservation of the natural environment. For this combination they have coined the formula of 'sustainable development'.[3] They demand that ecology should be placed above economy on the ranking list of values. One can doubt wether this is possible in the present situation.

The German philosopher Adorno has criticized heavily the one-sided type of development in the Western world which is essentially connected not only with the concept of growth, but also with the concept of progress. He argues that there is obviously a progress in technology, especially in the technology of weapons - from the stone slinger to the atomic bomb - but there is no progress in humane thought and action. During the 20th century the most horrible eruptions of barbaric deeds have taken place.[4]

This criticism of the interconnected concepts of development, growth and progress can be worked out more in detail. Problematic is not only the *one-sidedness* of technical and economic development, but also the idea that this type of development is an *all embracing* category and that it claims to go on *endlessly*. This idea can be falsified by the simple statement that the resources for economic growth are finite, that a growing consumption of a growing world population necessarily will come to an end. The conception of a world population which is highly developed everywhere, is not realistic and - consciously or unconsciously - is not honest.

If we look at the problems of development in Africa and in the West, they seem to be of a different character. For Africa the main problem is: How can development be started up and continued effectively? For the Western world we should rather ask: How can development be saved from its one-sidedness and how can it be limited to a reasonable measure? Both kinds of questions, however, should not be treated separately. African development, insofar as it comes to an effective start, must not follow the way of Western development in its one-sidedness and its striving for being infinite. With regard to both questions and to the way they are interrelated at this moment, nobody knows how they can be answered, that is to say, how one can overcome the different problems of development which we have mentioned.

However, the situation of being at a loss, of seeing no way out of a constellation of problems in social and political life is at the same time the hour of theory, of searching for solutions by thinking deeply and in a radically new way. One could say, it is the hour of philosophy. This situation reminds me of Hegel who stated nearly two hundred years ago: 'Disruption is the source of the need of philosophy'.[5] As a fresh theoretical approach in this situation of a practical dilemma I want to suggest to rethink the problems of development by starting from the concept of time and the experience of time in Western and in African tradition. Let me give short surveys of these matters in both traditions in the following paragraphs.

II. Time in the Western tradition

As a guide for the exposition of the Western concept of time I will critically make use of an article of Jacques Derrida which he himself calls a *Note on an Note in [Heidegger's] 'Being and Time'*.[6] Heidegger argues in a rather extensive note in *Being and Time* that Hegel, when he deals with time in his 'Philosophy of Nature', does little more than reformulate Aristotle's analysis of time in the book on *Physics*. What Aristotle and Hegel are saying about time is regarded by Heidegger and by Derrida as an articulation of the main stream of the European philosophy of time. The decisive idea can be summarized by the notion of time as a subsequent series of points of the present. The 'now' of present time divides the stream of time in past and future. It is followed by a second 'now', which does exactly the same. And so it goes on without an end. Thus a line of time is originated which is put together by the same elements, points of 'now' or of the present.

Aristotle has already stated that the concept of time which is thought like that, is fundamentally aporetic. For the point of 'now' has in itself no extension, within the stream of time it cannot be measured. It is - so to speak - not existing. Thus the line of time is put together by non-existing elements. Besides its aporetic structure this concept of time can be characterized as mainly abstract. This becomes clear by the fact that the measuring of time by human mind is related to locomotion and within locomotion to the circular motion with its absolutely regular and homogeneous character.

Before Hegel, Kant had given his ideas on time by departing from a new starting point for philosophy. He does not deal with time like Aristotle before him and Hegel after him in the context of the philosophy of nature, but in the context of his epistemology. Time is not part of the objective world even though it is measured by human mind; it is a form of subjective perception only, which is 'a priori' given. Nevertheless Kant comes to the same basic conception of time as a series of equal elements, points of the present which leave behind them a past and ahead of them an open future. In his analysis Kant has essentially brought together space and time. He is dealing with time in analogy to space. That means, he thinks time like space as an empty box which can be filled deliberately.[7] The abstract character of the concept of time is expressed by this analogy even stronger than in the thought of Aristotle and Hegel.

This basic correspondence between a principally objectivistic and a subjectivistic theory of time can support Heidegger's and Derrida's conception that we find expressed here the main stream of European philosophy of time. However, I want to mention that there are different ideas about time in the Western tradition which are left aside in Heidegger's note and in Derrida's commentary on it. Just think of St. Augustine in the late period of ancient philosophy, of the mystical thinkers in the Middle Ages, and of Bergson in modern thought which is still quite close to us.

Heidegger and Derrida are searching for a way to think time as being neither principally objective in the line of Aristotle and Hegel nor subjective in the line of Kant. Time is in the event in which an objective structure and a subjective experience come together. The objective structure does not exist without being experienced, and the subjective experience does not create its contents by its own power. That is what Heidegger means when he says that 'time *is* by being timed'. It comes into being at the very moment when man in his 'subjective' existence takes over a (pre)existing 'objective' structure.

In his 'Note' on Heidegger Derrida does not mention that Heidegger in *Being and Time* lays a link, by which the new conception of time in between objective and subjective ways of being is connected to language. Time is timed within and by human existence before all when man is speaking. We can formulate this connection even stronger: Time *is* within and by being timed as language *is* within and by being spoken. According to me Derrida is missing an important aspect of Heidegger's thought of time by neglecting this connection.

I want to elaborate a bit more in detail, what it means for the philosophy of time that time and language share the same way of being. When doing so, we come to quite different metaphors in speaking about time than those of a continuous stream or flow of time in which equal elements follow up each other. The passing by of time is structured like the different kinds of rhythm which depend on the way of speaking and on its contents. Different ways of speaking can be related to different ways of time experience. Speaking in a lecture is rather close to abstract time which is represented as a stream of equal elements. Reading the capturing text of a novel makes time pass by much quicker, and listening to the message of a terrible catastrophe can mean that we forget time completely and only afterwards are able to reconstruct how long or short it might have lasted.

Heidegger does not mention these consequences of his new approach to the thinking of time. His philosophy of time is incomplete with regard to another, more historical aspect; and this incompleteness is not corrected by Derrida. When they refer to Hegel, Heidegger and Derrida mention a text of Hegel's Jena-period in which a detailed analysis of time is carried out. Both of them do not notice, however, that in this text of the year 1804-05, which is often cited as 'Jenenser Logik', but which also contains a 'Metaphysics' and a 'Philosophy of Nature', Hegel discusses at the beginning of the philosophy of nature first of all time and after that space. That means: time is not thought of here as an analogy of space (like it is done by Kant and in the Kantian tradition and after the *Logik, Metaphysik, Naturphilosophie* of 1804-05 also by Hegel); for the sequence of both is inversed. This inversion of dealing with time and space is very important. It indicates that the whole way of thought is different.

In the transition from metaphysics to philosophy of nature Hegel is treating the problem of ether, which he conceives as a matter without matter or a purely spiritual matter. One could say that ether is something in between spirit and matter or subject and object. Ether is also described as a way of speaking in which speaking is immediately hearing or in which the absolute spirit hears himself speaking. There is no medium or matter by which a sound has to be transported from where one speaks to where one hears.[8]

When Hegel after this highly speculative theory of the ether starts his analysis of time, the 'now' as the point of time which has no extension at all is not the most simple element by which the line of time is built up. It is the 'immediate sameness with itself' and therefore the immediate return into itself. That there is no extension in the horizontal dimension, means that the vertical deepness is infinite. In speech there is a dimension, the immediate unity of speaking and hearing, which determines the experience of time as a 'now', which has this infinite deepness. This idea shows the link between Hegel's philosophy and the mystical thought of the Middle Ages.

The 'now' of present time in that it negates itself, creates future within itself. What is not now, is what will be in the future. And when the difference of presence and future comes to a rest, when it does not matter any more, if something is now or will be in the future, past is originated. Time comes to a standstill, and one can see what time has brought about. The complete rest of time, however, its paralyse, becomes space with its dimensions of point, the negation of the point as a line, and finally the level.

Eventually I want to state that Heidegger and Derrida in their view of the main stream of Western philosophy of time neglect the influence of Christian eschatology. In this context the most important aspect of time as a line is not its abstract character. According to Christian eschatology, time is directed to an end. In a similar way as Jewish belief is characterized by waiting for the arrival of the Messiah, the time aspect of Christian theology can be described as waiting for the return of Christ. For the believers this event at the end of time is the fulfilment of their hope, the plenitude of being.

As we know since Löwith's book *Meaning in History,* philosophy of history from St. Augustine to Karl Marx can be understood as a progressive secularisation of Christian eschatology.[9] Certainly this is also true for Hegel after 1805. Although it is a fact that before all, the philosophy of history is strongly determined by Christian eschatology, it goes without saying that the concept of time is also influenced by it. The theory of time as a line which is built up by equal elements can easily be combined with the idea of a course of time which is directed at an end, where all the hope of the believers will be fulfilled.

I have to finish my survey of time in Western tradition by mentioning a text of Heidegger which has been written after *Being and Time.* In this text a radical change of Western thinking about time announces itself. The concept of time as a line in its Greek and Jewish-Christian version, is left behind; and the new starting points for the thinking of time in Hegel's early

Jena-period and in Heidegger's hint that time and language essentially belong together, are placed in a new framework of thought.

In his *Contributions to Philosophy* Heidegger introduces the notion of 'time-space'. He does not want to say that space has to be dealt with *after* the analysis of time, like Hegel did in 1804-05. The analogy between space and time in the sense of Kant and many others is not only not inverted by this notion, it even does not play a role in it any longer. The concept of time itself needs for its understanding the connection with the concept of space. Time can only be thought of in an adequate manner if we say *where* it passes. So the notion of 'time-space' should be understood as 'time-place'. Time is not abstract or empty, it is related to a place where something concrete is happening.[10] This relation can only be left aside provisionally, for instance when scientific research is done, and it has to be re-established by integrating the results of this research into the context of practical life.

The new way of thinking time is expressed by the German word 'Ereignis' which can be translated as 'event'. Time like language gives itself in events; that means: on the one hand it will happen by itself, but on the other hand it comes into being only if man does let time happen in his experience. *As an event* the 'in between' of object and subject, where man uses language and does let occur time, takes shape more concretely. And also Hegel's interpretation of the 'now' as a point of time with an infinite deepness, can be understood in a new way. That objectively given language and flow of time come together with subjective speaking and letting time be in the event is not guaranteed, but is 'open'. Heidegger calls this openness the 'abyss' of 'time-place'. This new way of thinking time, however, is only a small beginning within Western thought. The main stream of the philosophy of time is still to think time as a line of equal elements.

III. Time in African thought

As we have seen, there is not *one* Western concept of time. What we have pointed out, may be called a main stream of philosophy of time in Western traditions. In order to find out what can be called African philosophy of time, I have studied quite a number of articles about this subject, especially some research on the concept of time in Nuer, Tiv, Ewe, and Yoruba thought and in the Bantu-languages.[11] What I can say about African philosophy of time, however, remains very provisional and much too general. I hope that African colleagues will bring to the fore much more details about and different views on time in African traditions of thought.

Let me start with a short reference to the discussion about John Mbiti's thesis that in African languages there is no possibility to express the distant future, which is further away than two years. According to Mbiti, African languages have a preference for a long past; present time is short, and it contains a horizon of the future which belongs directly to the presence. However, Mbiti's thesis is based only on two African languages, which are spoken in Kenya: Akamba and Gikuyu-language. The background for this thesis is his religious conviction that only by Christian eschatology for Africans the horizon of a more distant future is opened up.[12]

This position has been criticized heavily by many African philosophers. The criticism aims especially at the theological background of Mbiti's argumentation and at the poor linguistic evidence. Other African languages obviously do have special forms to express the distant future. In the languages of the Luo and of the Kisii there is even a fourth tense besides past, presence and future, which has no equivalent in Western languages. What the Luo call 'chieng' expresses a duration which stands apart from past, presence and future. Something of the infinite deepness of time which is formulated by Hegel in his Jena-period and by mystical thinkers of the Western tradition might be expressed in 'chieng'.[13]

Despite of this criticism, which certainly is right to a great extent, I want to stick to a core-idea of Mbiti's thesis. The way in which distant future is dealt with in African philosophy seems to be very different from European thought. The argument is often repeated that diviners have predicted certain events which were to come much later, for instance: a terrible draught, a war with the neighbouring people or the appearance of the white man in Africa. Kwame Gyekye from Ghana refers to certain proverbs in the Akan language which express a view on time by which it is regarded as everlasting or certain expectations that will always come out. Thus the Akan say: 'Time is like a bird: If you do not catch it and *it flies*, you do not see it again'; 'No one reigns forever on the throne of time'; 'The vulture says he is learning to walk in the royal manner for *someday (da bi),* a day unknown to him, he might be a king'; 'Everything will end up in the hereafter (the world of spirits) *someday*'.[14]

It is my impression that in these examples events in the future which are expected and predicted are dealt with in a much less precise way than in Western thought. The African concept of time is lacking the abstractness and the regularity which belongs to the notion of a line of time which is put together by the same elements and which constitutes the representation of a regular flow of time. In African thought time is much more concrete, because it is connected with special events in the past, present, future or 'chieng'. This has, of course, consequences also for the way of predicting events in the future.

After this first look on African ideas of time we can say already that it does not mean much if we confront linearity of time (directed at an end or going on endlessly) in Western thought and its cyclical character in Africa. Certainly it is true, that many of the events which mark time in African thought, such as sunrise and sunset, dry and rainy seasons, the return of the market days and the celebration of ritual feasts, are characterized by a cyclical rhythm. Other events belong to the order of linearity; I mention here: the way from birth via certain stages of age to old age and to death, the chain of generations from the ancestors via the living grand parents and parents and the own generation to the children and grandchildren, and finally the expectation that by good and peaceful actions in the own group the destiny of the people, of the whole continent and virtually of mankind will be changed for the better.

Compared to that, in Western experience of time we find a lot of cyclical elements besides the prevailing concept of a continuous line. The change of day and night, the return of different seasons and also of certain feasts play a rather important role for this experience. It is a strange phenomenon that these cyclical elements scarcely have an influence on philosophical thinking of time in the West. In fact, in African and in Western thought linearity and cyclical time aspects are mixed up. The main difference seems to be the abstractness of Western and the concreteness of African time concepts. And this difference too has to be understood as a difference of prevailing aspects within the respective traditions.

In his article on *Time in Yoruba Thought* Ayoade gives a clear survey of the different indicators which are used by this people to think time and to measure time. The main distinction is that of 'human' and 'environmental indicators'. The first are divided again into 'egocentric' and 'communicentric or structural time'. And the second group of indicators is related to 'celestial' or 'cosmic time' and 'terrestrial' or 'ecological time'.[15] This scheme of concrete indicators of time-measuring does not mean that time as such is not thought of, but that also time as such is related to concrete experiences.

There is no doubt that in modernizing Africa the abstract notion of time in the sense of a line put together by equal elements is also playing an increasing role. For me it is an open question how this abstract notion is going to be combined or can be combined with the more concrete way of thinking time. How do both ways of thought influence each other? How can African thought open itself more effectively for the Western concept of time? Is a correction possible of the one-sidedness and abstractness of Western thought by the more concrete African notion of time?

These questions cannot be answered at this moment. More and more profound work of thinking has to be carried out, before this might be possible. But I think that we can prepare those answers when we consider Kagame's analysis of the unity of time and place in Bantu-languages. Kagame shows that for instance in the language of the Chinyanja, who live in the present states of Malawi, Zambia, and Mozambique, 'Nthawi yeing 'ono' means 'a short time' or 'a little room'; which meaning is chosen, can be known from the context. 'Nthawi' is used for 'time' and also for 'room' or 'place'.[16]

According to Kagame there is a 'metaphysical justification' for this way of speaking. In his philosophical language, which I believe is too much determined by a scholastic terminology, Kagame says that time and place are of the same essence. Only for the sake of situating events, both determinations are distinguished. The place situates the material existence, while time gives an immaterial characterization. Situating things or living beings means to attribute them to the material and immaterial order at the same instance. Every event takes place at a point of intersection of time and place. As the different events are neither of the same importance nor in the same way linked to each other, the ongoing movement of being is given a certain rhythm.

Kagame summarizes his interpretation of this linguistic state of affairs by comparing it with certain conceptions in modern sciences: 'One has to distinguish this unity of time and place from the four-dimensional unity of time and space in the sciences - with Minkowski and Einstein ... In the framework of their scientific discoveries these scientists have called the coming together of place and time *chronotopic coordinates;* for our research we would prefer to call them *individualizing coordinates* of each movement (albeit active or passive) of existing entities.'

The affinity of these ideas to the conception of time-space with the later Heidegger is easy to notice. This conception could be the meeting point of the primarily abstract concept of time in Western tradition and the primarily concrete concept in African thought. It seems to be important that according to Kagame and Heidegger, practical life ranks higher than natural sciences. Let us see how we can rethink the problems of development by making use of these surveys of the philosophy of time in Western and in African traditions.

IV. Time and development

In her opening article of the volume *The Idea of Development Between Its Past and Its Future* Ioanna Kuçuradi argues that the 'deadlock' of development theory can be understood from the fact that economic development and cultural development are not considered in their opposite goals. Economic development strives after a world system that is constituted everywhere by the same principles, which have come to the fore in the West: efficiency, profitability, growth et cetera. Opposite to this trend towards uniformity, cultural development means 'affirming and enriching cultural identities', and that implies a search for the own values of different cultures. At the same time cultural development is also interpreted in the line of economic development, it is functionalised as a support of economic development. Therefore, Kuçuradi states, 'the search for 'one's own', different 'cultural values' ... which is going around the world, reflects ... a revolt against *the present state* of western culture'.[17]

As it seems to me, the gap between a one-sided economic and technical development and cultural history is even deeper. I think that we have to speak about cultural history in a double way: first of all with regard to the basic function of culture and secondly with regard to culture in its supporting function for development. Let me explain this by the following argumentation. There is a theoretical correspondence between economic and technical development and the abstract concept of time, which is dominant in Western philosophy and in which certain experiences of time are neglected. At this stage I want to ask whether cultural history insofar as it is related to the basic function of culture, corresponds to a concrete concept of time that we have found in African thought and which meets with a new approach of the thinking of time as 'time-place' in recent streams of Western philosophy. On the way to an answer upon this question, a definition of culture is needed. The following definition seems adequate in the present context: *Culture is the organisation of a human community by which it can maintain itself sustainably among other communities and amidst nature.*

When we work with this definition, we can say that all cultures that are existing now, are of the same age. They have fulfilled the basic function of culture from the beginning of mankind up to now. Therefore, we can say that they are on the same level and that it does not mean much with regard to this basic function to distinguish between low and high cultures. The histories of all the different cultures are not lines which are put together by equal elements or directed at an end that gives meaning to the way which leads to it. The cultural histories have their own rhythm determined by social and natural conditions at the respective time and place. Their time-structures can be described as differentiated and occasionally concrete.

At the very moment when development of economy and technique in the above mentioned sense comes up within a culture, the time-structure as a whole changes. The basic function of maintaining itself is mixed up with aims as progress, growth, and ongoing processes. As a result of this kind of development something is brought about which is just as admirable as it is seductive: the need of hard labour is diminished and the comfort of life is increased. In the Western cultures these aims have thrust aside the basic function of culture to a great extent. By the enormous economic and technical progresses the natural environment has been damaged severely, the construction of destructive weapons and of dangerous sources of energy are no longer fully under control. In the concept of time the concrete dimension is largely forgotten. One can ask whether these cultures are not jeopardizing the basic function of culture to make human life sustainably possible. With regard to these cultures it seems to be a vital demand that development is subordinated to culture, that the development of economy and technique is reintegrated into the history of culture in its basic function.

In the African cultures the situation is different. The traditional way of life with its concrete experience of time and the linkage of each event to a certain place, is still in practice, although it has been shaken deeply. And also the aims of progress, growth, and ongoing processes are striven after most eagerly. Especially the promise of less hard labour and more comfort, which is linked to these aims, is ranking high on the list of desires. The problem is, how the values of the traditional way of life and the aim of economic and technical development can be brought together. In the framework of our discourse we can formulate the problem as follows: How can the concept of time as a line of equal elements effectively be adopted without leaving aside its concrete dimension and its linkage to the own cultural regions? This seems to be very difficult; in a certain sense it seems to be the squaring of the circle.

A few things, however, are certain and can be learned from the way of thought which we want to suggest. In the history of Western cultures development has brought about certain results which are admirable and seductive at the same time. However, this type of development, if it is not re-embedded into the history of culture, can lead to risky situations for the existence of mankind. Therefore Africa must not repeat the faults of Western development politics and development theory. Sticking to its own cultural history, especially to the traditional concept of time, can help to prevent such faults. Nevertheless development politics and development theory in Africa have to concentrate on learning the attitudes of regular work and exact ways of long term planning, which presuppose a concept of time as a line of equal elements. Economic and technical development remaining integrated parts of cultural history, must not be regarded as a hindrance to development, but as a condition for its effective instalment.

To make my intention quite clear, let me make a statement with regard to an issue, about which president Mandela has spoken recently. The link between the concept of time and new ideas about development in Africa which I want to suggest, does not include at all Africa should remain in a position of severe disadvantage in the process of installing electronic means of communication. On the contrary, it is absolutely necessary that this position of disadvantage is changed in order to make it possible for Africa to participate in this process and to bring in its specific views via the electronic media. These media can help in a decisive manner to set in motion and keep going the dialogues between African partners and those in any other part of the world.

In this field we need the dialogue and the common endeavour to cope with the problems of development in a very special way. This kind of development brings us more comfort of life and more leisure time. And it brings less opportunities for work for everybody. That is to say it puts us, all of us, before the necessity not only to share the wealth which is the result of the work, but also to share the work. New struggles of distribution are coming up. We need cultural values that make this struggle bearable. And even our bodies are involved. Sitting in front of the television and in front of the computer means less necessity to move. We can do everything sitting in the armchair of our living room. But our bodies will get weak and thick. And we know for certain that the jogging movement and the culture of body building is not yet the adequate answer to that. May be that sports and playing games have to be organised on a broad scale, that the 'homo ludens' is a highly utopian figure. I do not know that. But I feel that we have to search for solutions together, to find out how the problems of development can be coped with, how development can be thought of as limited and culturally determined.

We can conclude that regional and culturally determined development has to be looked at as a supporting force for the process of development as such, if it is understood correctly. It is a counterforce to a kind of development which has to be judged as one-sided and unlimited. The more we know about the concrete dimension of time in African philosophy, the better we can judge, how it can be combined with the more abstract concept of time in Western thought. Development cannot and has not to be culturally neutral, it can and it has to be linked to the different cultural regions. It is part of the desirable limitation of development, that it is thought of in the plural. Different developments are beginning, continuing and coming to an end within different cultures. And also within one culture we must learn to think of different limited developments. This theoretical exercise may help us to solve the difficult problems of how developments in the Western world can be limited, how developments can be made more effective in the African countries and how they can be rendered to be more culturally determined in different ways all over the world.

NOTES

1. New York: St. Martin's Press 1992; see especially p. 1-14.

2. H. Odera Oruka: *Freedom and Independence in Development: The African Case.* In: I. Kuçuradi (ed), *The Idea of Development Between Its Past and Its Future. (Ideas Underlying World Problems. Vol. 1.)* Ankara: Philosophical Society of Turkey/International Federation of Philosophical Societies 1993, p. 117-130; see 118-119.

3. World Commission on Environment and Development (Chairperson: G.H. Brundtland): *Our Common Future.* Oxford: Oxford University Press 1987. The task of the Commission is described, among others, by the demands 'to propose long-term environmental strategies for achieving sustainable development' and 'to take account of the interrelationships between people, resources, environment, and development'. See p. IX.

4. Th. W. Adorno: *Negative Dialektik.* Frankfurt a.M.: Suhrkamp 1982[3], p. 314.

5. G.W.F. Hegel: *Differenz des Fischte'schen und Schelling'schen Systems der Philosophie. 1801.* In: Gesammelte Werke. Vol. 4: *Jenaer Kritische Schriften.* Ed. H. Buchner/O. Pöggeler. Hamburg: Meiner 1968, p. 12.

6. J. Derrida: *Ousia et grammè. Note sur une note de 'Sein und Zeit'.* In: *Marges. De la philosophie.* Paris: Minuit 1972, p. 31-78.

7. I. Kant: *Kritik der reinen Vernunft.* Edition B (1787), p. 37-58. There are other important passages on the problem of time in this *Kritik* and in other works of Kant, which I do not deal with here. For our context the main thing is time as an a priori form of perception as it is worked out in the 'transcendental aesthetics'.

8. Hegel: *Gesammelte Werke.* Vol. 7: *Jenaer Systementwürfe II.* Ed. R.P. Horstmann/J.H. Trede. Hamburg: Meiner 1971, p. 188-202; see also for the following passage in the text.

9. K. Löwith: *Weltgeschichte und Heilsgeschehen* (=German translation of *Meaning in History*). Stuttgart: Kohlhammer 1953[2].

10. M. Heidegger: *Beiträge zur Philosophie (Vom Ereignis).* In: *Gesamtausgabe.* Vol. 65. Ed. F.-W. von Herrmann. Frankfurt a.M.: Klostermann 1994[2], p. 371-388; see also for the following passage in the text.

11. E.E. Evans Pritchard: *Compte du temps chez les Nuer.* In: *Africa* 12 (1939), p. 189-216; P. Bohannan: *Concepts of Time Among the Tiv of Nigeria.* In:

Southwestern Journal of Anthropology 9,3 (1953), p.251-262; F. N'Sougan Agblemagnon: *Du 'temps' dans la culture Ewe.* In: *Présence Africaine* 14/15 (1957), p. 222-232; P. Erny: *La perception de l'espace et du temps dans l'Afrique noire traditionelle.* In: *Revue de psychologie des peuples* 25,1 (1970), p. 67-74; J.A.A. Ayoade: *Time in Yoruba Thought.* In: R.A. Wright (ed), *African Philosophy. An Introduction.* Washington, DC: University Press of America 1979^2, p. 71-90; A. Kagame: *Das lokalisierende Existierende = Ort, Zeit.* In: Kagame, *Sprache und Sein. Die Ontologie der Bantu Zentralafrikas.* Transl. A. Seiler-Dietrich. Brazzaville/Heidelberg: P. Kikouvou/Editions Bantoues 1985, p. 135-154 (Original French edition: *La philosophie Bantoue comparée,* 1976.)

12. J.S. Mbiti: *African Religions and Philosophy.* New York: Anchor 1970; see also *New Testament Eschatology in an African Background.* Oxford: Oxford University Press 1971.

13. R.M. van Zuylekom: *The Notion of Time in African Philosophy. A Survey of Some Approaches.* In: H. Kimmerle (ed), *I, We and Body.* Amsterdam: Grüner 1989, p. 93-101; H. Odera Oruka: *Sage Philosophy. Indigenous Thinkers and Modern Debate on African Philosophy.* Leiden/New York/Kobenhavn/Köln: E.J. Brill 1990, p. 137.

14. K. Gyekye: *An Essay on African Philosophical Thought. The Akan Conceptual Scheme.* Philadelphia: Temple University Press 1995^2, p. 169-177.

15. Ayoade (1979), p. 75.

16. Kagame (1985), p. 143; for the following passage see p. 144-147.

17. Kuçuradi (ed), (1993), (ref. in note 2), p. 13.

Complementarity in Development Diplomacy

Henle Lauer, Legon (Ghana)

The applied sciences are notorious for deluging some cultures with the artefacts of technology and engineering - artefacts which substantially affect people's habits, sensibilities, expectations, opportunities, and general outlook on the world. And products of applied sciences affect everyone worldwide - via telecommunication satellites, hydroelectric and nuclear power installations, new dependency upon raw natural resources required by major industries that engage in world trade. Physicists claim that the concepts of time that they employ to do all these things differ fundamentally from the varied beliefs that people have learned in the course of everyday life. (For instance in physics the 'present disappears altogether, and in mathematics all the qualities distinguishing time from space are disregarded.'[1] Yet Heinz Kimmerle and Douwe Tiemersma have raised a question about our varied everyday notions of time, not the sense in which science depends upon a mathematical parameter sometimes called 'time'.[2] The philosophical question raised by them is whether a connection exists between certain culture-specific beliefs about time and the responses to technological and related changes in those cultures.

Here I will suggest that unless one is referring elliptical to particular social relations, intentions, and activities when one talks about time, the hypotheses proposed to connect a culture-specific metaphysics of time with evidence of development may be wholly idle. Hypotheses connecting time as an abstract feature of reality to development as a collection of perceived features in the social world, may overlook the proximate contingent norms and the historical facts that motivate people's reactions to change.

Consider the fact that I can worry about when I will get this essay finished, or I can worry about when the rains will come, with or without any accompanying beliefs or images capturing time itself either conceiving of time as flowing irreversibly forward or as expanding to a point of fruition at the moment when the expected outcome occurs: the essay or the rains, respectively. In either case my worry can be construed either as being about time; or it may be boiled down to a worry about the completion of an assay or the germination of a newly planted crop. There are many occasions when

Studies in Intercultural Philosophy, Vol. 8 (1997), p. 31-38

an individual may be said to be concerned or worried or thinking about time but not explicitly. Clearly the content of our thoughts on any given occasion does not readily imply any definite formulation of our beliefs about the structure of time. I asked about what they believe time to be like, individuals' reports may vary with their abilities to articulate or discern the sporadic flow of images and impressions that sometimes accompany their reasoning about what to do. Such reports may reflect learned ways of expressing beliefs about time; or they may reflect the influence of learned myths or dogmas to which the speaker has been exposed. But whether reports about time's structure issue from the stream of immediate inner impressions or learned phraseology, such reports are not a reliably definitive source of information about how our own time-related thoughts must be connected to other kinds of thoughts we have when making decisions and acting intentionally. For a person can be wrong about the thoughts that have led him to make a certain decision or policy. Often we stand corrected about our motives by close associates who may know us better than we know ourselves in certain situations.

I hope it is obvious why our analysis needs to focus on decision making and intentional activities. It is simply because when we speak of the initiatives, projects, institutional arrangements and resource distribution that go into developing an economy and improving living standards, we are speaking of human intentional actions - usually orchestrated interpersonal activities. I am arguing that if we want to understand the link between time as a cultural construction and development activity or inactivity, we need to acknowledge that explicit talk about time may be a vehicle of indirection or a neutral medium for amplifying and contesting the public relations and policies generic to the so-called development process. However development may be defined or understood tacitly, in practice it surely involves reconstructing the relations initially established cross-culturally in West-Africa through military protocols. Reflecting on the metaphysical implications of beliefs about time will not illuminate the residual tensions and conflicted legacy inherent in today's politics of expertise and technological transfer. In light of the significance for West-Africans of controlling the seat of causal efficacy in West African economies, the dysfunctions that are regarded as symptomatic of a fundamental resistance or conflict of world views may have a covert practical utility. The patterns of delay, intractable setbacks and indecisions, indeterminacy of accountability and theatrics of inefficiency may function to partially defeat foreign investors' control over the means of production and investment decisions, for instance.[3] Nurturing foreign interests is not necessarily an essential component of improved living standards. For Ghana, it has been argued by J.B. Dadson and J. Songsore, for example, that what is required is to draw attention and support inward to the established systems of credit and financial flexibility, to facilitate import licensing and contract bidding, to heed the political influence of civilian entrepreneurs.[4] In any case, time management may have a practical utility in the cultural business of staging and highlighting a new order and a repositioning of authority between the trainee-recipient and the supervising agent selling skills and technology.

So conventions and norms in the use of time and of space, along with the allocation of expendable wealth, resources and opportunities, and political influence, are inseparable components of a social structure. It is important for my argument to stress that the way these dimensions define and sustain social roles and status is not by means of the beliefs in matters of fact that individuals embrace.[5] It is rather the norms that people follow, the tendency to do what seems to be the normal thing to do in a situation, and to be doing it for no other reason than because it is the accepted way to act, the received attitude to assume - this is often what constitutes people's receptivity or resistance to changes encountered, and it may be all that is needed to determine individuals' responses to the agents of such change. People act intentionally often just because they want to convey a certain image or to seek group approval or to assert a certain kind of identity or allegiance or influence. In a situation where I can choose whether or not to conform to a new work policy, my choice of response will be impelled by my relation to the one imposing the suggestion, my group's apparent view of what to do, the common sense norms of my culture about how to act when faced with such a decision. I need not explicitly formulate any beliefs or opinions at all about the utility or the significance of my choice or about the consequences of the new policy.

I might well perceive it as not my place to initiate such evaluations. People often act rationally in accordance with other people's preferences and convictions without investing in any beliefs or desires of their own particularly, except the intention to do whatever is proper to do, to take a normal course of action. This is not a posture that accords only with subordination or low status. Consider preferences of successful men in Ghana, as described by Dowse and Hagan for maximising security by building many houses, expanding farms, investing in several wives and fostering many children and part-time labourers, for retaining funds to sponsor as many legal, social and religious functions as unanticipated occasion may call upon one to sponsor.[6] This risk-avoidance policy is certainly contrary to the capitalist rationale of maximising profit potentials by streamlining expendable costs, in order to sustain regular pulse-feeding of high risk ventures with expected delay of returns.

Either one of these conceptions of success do not necessarily flow out of any individual's own store of beliefs and privately considered cost-benefit analysis. They are certainly individual, uncoerced expressions of preference. But they need not entail any commitments of the individual in his fund of beliefs - beyond his holding to a certain policy of action based on an image or norm of how a big man behaves. There is no definitive, specifiable set of beliefs or convictions about relevant matters of fact entailed by adherence to his norm. Likewise, although following a norm entails acting according to a pattern prescribed as the normal way for a big man to behave, there is nothing prescribed or compulsory about holding to the norm. The big man could switch his style. But in doing so he would be adopting a new policy of behaviour, following a different, perhaps contrary, norm. A change in a man's beliefs about what is the most prudent, or ethical, or efficient use of time and money does not, in itself, entail that he will manage his time or plan his future or spend his money any differently - as Hume is famous for highlighting. A man's policy of resource and time management will change rather because he senses that the norms of success have changed - that a new image has emerged in the minds of his people of what is proper for a big man to do.

It is important to stress that from the very evidence of contrast between cultures abiding different norms for time-related behaviour, and between individuals' different descriptions of time, nothing further can be deduced regarding social or psychological sorts of conflict. There is no basis for supposing that the sense of time that I have learned to be authoritative in my culture C cannot also be recognised and adopted by someone else whose different sense of time was inherited from her culture D. What could decide whether my beliefs about time were different from hers, except a contrast emerging in the descriptions of time that we each offer? But then the very appearance of contrast to each of us indicates that the two orientations are not mutually untranslatable. And unless both of us can grasp the difference between C-time and D-time orientations, there is no telling whether the proposed contrast has been accurately portrayed, or indeed whether it actually exists at all. Hence the very articulation of cultural polarities presupposes a cross-cultural medium of expression which obviates the claim that one pole of the contrast is inaccessible to adherents of the other.

In principle, there is no reason to suppose that a dramatic change in social and material circumstances cannot typically encourage a shift of orientation as part of one's adapting to new circumstances. The tolerance of reluctance to embrace such a shift will depend contingently upon favourableness of the circumstances and the conceptual resourcefulness of the individual and the prevailing social structure, not necessarily upon the syntax of the individual's language nor the metaphysics of his intellectual heritage. Hence the evidence of different beliefs about time does not in itself suggest that individuals are prohibited or indisposed (by any a priori, or logical force, or inherent demand of cultural identity) from acquiring a repertoire of complementary orientations, each adaptable to suit different social contexts, analogously to code-switching. For instance in cosmopolitan centres of Ghana, generations of individuals have been accommodating to rival orientations towards work and worship, family structure and obligation, legal and health care systems, land tenure and political protocols. Functioning in more than one conceptual scheme has been a successful tactic of assimilation and eventual victory over a foreign military intervention. The bifocal ability to succeed by absorption of apparently conflicting conceptual schemes renders it difficult to state in Ghana where 'traditional thought' leaves off and attitudes of 'modernity' begin.

Nor is accommodation a peculiarly West-African cultural characteristic. Consider The European Tiemersma after visiting Ghana, who reports a situation in an Accra bus-station where his orientation in time radically shifted. Sensitive to his surrounding social milieu he was released from the stress of endless uncertainty about his departure for Kumasi, by surrendering his focus on time as a linear ordering of predictably uniform fulfilment of specific expectations. The placid serenity of an elderly gentleman waiting next to him impelled Tiemersma to grasp a profoundly different experience of the protracted period of waiting, deprived of information for forming predictions. He left West-Africa with complementary images of time - the uniform one-way motion ahead, and an other sense of time as an expanding and contracting volume around the present moment, wherein singular events accumulate and mature in their idiosyncratic ways, like fruit ripening on a vine.

In any case there is an artfulness in talk about time as an isolated object of conscious reflection. And with perfection of the art one may acquire assumptions about its results that are false. For instance Kant may have been wrong in assuming that his categories of intuition and pre-linguistic beliefs about space and time could be used in only one way to determine the unity of experience that constitutes our sense of empirical reality.[7] Rival philosophical traditions share the mistake of treating immediate sense experiences and impressions of space and time as having singular metaphysical importance. Consider someone who reports his experience of time seeming to be a one-directional flow. Compare this with the report of experiencing time to be a one-directional flow. Both reports describe experiences, but the second one reports more than experience. Sellars stressed this distinction by drawing the contrast between having an experience of the table looking green, and seeing the table to be green.[8]

In the case of time, there may be no answer to the question, what is time really? Just as Bohr insisted there is no answer to the question, what is an electron really? For if time is a cultural construction, then the linguistic apparatus of the individual may function like the experimental design for tracing an electron - the means of observing the electron will resolve its dual nature into a particle or a wave aspect. Analogously, perhaps features of a conscious individual will specify a definite nature for time - and time may simply have no characteristic structure other than or prior to that. Yet it may not be the individual's preconceived or 'pre-linguistic' beliefs about time that determine its character. It is not clear what justifies our philosophical confidence that we can discern among expressed descriptions which ones report consciousness at a pre-linguistic level.[9]

It is even less obvious what could determine whether we are right in our speculations about the contents of such thoughts. Surely we first learn to sense that we are late for school, or that the rains are late; and only later do some of us learn to see green rectangular patches rather than tables, or time flowing forward but never backward or in cycles. In any case what we believe may be incidental to the cultural conditions that give the dimension of time its definition through our individual consciousness of it. Recall Tiemersma's epiphany while waiting for public transport. Consider the placid serenity of the gentleman waiting patiently in the next seat. Suppose Tiemersma's presence had been that of a highly prestigious local figure, revered by the old man, instead of a ruffled tourist. Perhaps the attitude of detached placidity in the man would have reverted to sympathetic agitation - turning to stressed apology for the circumstances, as the delay continued to impose on the great man's convenience. The point her is that waiting for public transport to Kumasi or to London may carry no intrinsic cultural significance in itself. Its significance may emerge only relative to the social identity of the one who is waiting. A cattle herder's patience may be interminable in a city bus depot, where his own assessment of his significance is subdued. Of course this has nothing to do with being a cattle herder, but rather to do with being a cattle herder in the central city. Near his home, a leading cattle herder's command of other people's attention and concern - their time, in effect - may be quite close to the Wall Street corporate executive's stature in a well-managed restaurant. Whereas the blue-collar worker in New York waits placidly for days in a crowded agency to place a social security claim, or to renew a driver's license for him time stands still, or may even seem to be pulling him backward in the competitive career world.

The conceptual contrasts that we recognise in one another presuppose a shared cross-cultural field of reflection and resolve. The terms of engagement that bring the forces of that field into being partly determine the features of what we discover within the field. Different ways of describing reality as it seems may be vehicles for stipulating the acceptable conditions and limitations of obligation that we can tolerably place on each other. It may be things like the way we understand time, that get spoken of, but in fact it is the way that we relate to each other that constitutes the course that development will take.

NOTES

1. Denbigh, K.G.: *Three concepts of Time*. Berlin, Springer Verlag, 1990; Davis, P. and Gribbin: *The Matter Myth*. London, Pinguin, 1992.

2. Tiemersma, D.: *Organic Time* manuscript, received 1995; Kimmerle, H.: 'Introductory Text' in preliminary papers for this symposium.

3. Bell, M.: *Contemporary Africa*. New York, Longman Scientific & Technical, 1986.

4. Dadson, J.A.: 'The Co-operative Sector and Rural Development in Ghana' in *Rural Development in Ghana*. Ed. C.K. Brown, Accra, Universities Press, 1986, p. 137-145.

5. Cohen, L.J.: *An Essay on Belief and Acceptance*. Oxford, Clarendon, 1992. Cancian, F.: *What are Norms? A Study of Beliefs and Action in a Maya Community*. London, University Press, 1975.

6. Hagan, G.P.: 'African Cultures as Parameters in the Planning Process' in *Planning African Growth and Development*, Proceedings of the ISSER/UNDP, International Conference. Ed. E. Aryeetey, Accra, 1992. p. 57-71. Dowse, R.: 'Industrialism and Ideology. The Ghanaian Experience' in *Knowledge and Belief in Politics*. Ed. R. Benewick et al, London, Allen & Unwin, 1973.

7. Tiles, M.: 'The Mathematical Mythology of Space and Time' in *Fundamenta Scientiae*, vol. 7, 1987, p. 357-373.

8. Sellars, W.: 'Empiricism and the Philosophy of Mind' in *Science, Perception and Reality*. London, Routledge & Kegan Paul, 1963, p. 271.

9. Tiemersma, D.: 'A Philosophical Anthropological Theory and a Life-Field Theory', Chapter 8 in *Body Schema and Body Image*. Amsterdam, Swets & Zeitlinger, 1989, p. 339.

De la joie de vivre à la substance libérée en concept

Kouadio Augustin Dibi, Abidjan (Côte d'Ivoire)

L'étranger, qui arrive pour la première fois en Afrique, découvre un trait essentiel de culture qui lui semble caractériser l'être-au-monde des populations qu'il rencontre: une spontanéité joviale. Spontanéité traduit l'idée de ce qui, sans calcul ni cause manifeste, se réalise de soi-même, ce qui surgit dans l'imprévisible des choses, ou plutôt, se laisse aller hors de soi parce que précisément aucune précision ne l'y a déterminé. Sous cet aspect, ne renvoie-t-elle pas à une ouverture charnelle au monde?

Je ne vise point ici à fixer en substance l'être-au-monde de l'Afrique, comme si son histoire était déjà accomplie, qu'elle ne se pouvait dire de multiples façons et se ramenait à la plate uniformité sans vie de A=A! Seulement, pour exister, ce qui veut dire, pour se tenir au dehors, il faut, au moins, pouvoir subsister comme Soi... De ce Soi, une lecture phénoménologique est possible qui révèle un mode d'être dans le Temps.

Dans les rues, sur la place du marché, dans les gares routières, nous rencontrons des hommes, des femmes et des enfants, en général gais et souriants. Nous voyons des visages respirant une humeur allègre, malgré les conditions précaires de l'existence quotidienne. Tout se passe comme si la vie, venue faire signe, ne se contenait plus elle-même.

Dans le mouvement invisible de sa propre étreinte, elle est venue innerver les individus pour susciter en eux un désir intense de communion fortifiante.

Puisque le principe existentiel est une participation à la surabondance de la vie, la conscience du temps ne sera-t-elle pas liée au rythme naturel des choses? Le cours régulier des saisons, avec leurs caprices ou leur générosité, l'alternance du jour trouble et de la nuit muette, donne aux hommes le sentiment que la vie ne se déploie à l'extérieur que pour parvenir à son commencement, dans l'unité absolue de l'intérieur et de l'extérieur, et que, sous le soleil, rien ne se passe de fondamentalement nouveau. Cet éternel retour conduit à un temps cyclique, embrassant toutes choses, réconciliant le matin et le soir, le jour et la nuit, dans une danse en rond, sans commencement ni fin. Recevant d'un tel cycle un baiser assurant une chaleur bienfaisante, l'homme se sent chez soi, dans la certitude de vivre de la flamme de l'éternel. Le temps, de cette façon, n'est pas primor-

Etudes de philosophie interculturelle, tome 8 (1997), p. 39-42

dialement vécu comme tension active vers l'imprévisible nouveauté.

Comme conséquence, présent et futur ne seront-ils pas de simples variations ou répétitions du passé? Tout se passe comme si le temps lui-même ne passait plus, que tout s'était déjà réalisé. Pour fixer l'heure d'un rendez-vous, ne dira-ton pas le plus souvent: 'Je viendrai le matin' ou, dans le meilleur des cas, 'Je viendrai vers dix heures?'. Pour justifier un comportement, n'arrive-t-il pas d'entendre dire: 'C'est ainsi chez nous au village, depuis toujours, selon les coutumes ...' ? La question de savoir pourquoi il en est ainsi, et s'il n'aurait pas pu en être autrement, ne se voit pas posée! De la sorte, le passé traditionnel se transfigure immédiatement en référence absolue transcendantale et normative, répondant d'avance à toutes les interrogations ardentes du présent...

Sans doute, le désir d'éternité est ce qui définit fondamentalement l'homme: il révèle sa transcendance par rapport à tout donné. Ainsi que l'a noté Jean Cazeneuve, 'Il y a au fond de l'âme humaine, telle qu'elle se révèle dans ses comportements archaïques, une sorte de nostalgie de l'ontologie, un refus de ce qui n'est pas fondé dans l'être immuable'[1]. Sans l'idée d'un horizon d'où nos actes tirent leurs sens et que le passage du temps ne peut effacer, l'existence humaine elle-même s'étoufferait, faute d'une instance respiratrice et inspiratrice. Quel homme accepterait d'agir, s'il avait la conscience qu'à chaque instant, se diluaient les moments successifs de son agir, sans la perspective d'une percée vers un ailleurs, sans que le temps fasse signe vers l'éternité en tant que l'autre de lui-même, constitutif de son épaisseur intrinsèque? Le néoplatonicien Proclus avait dit: 'C'est pour avoir compris que telle est la nature du temps qu'on l'a, me semble-t-il, dénommé Choronos, c'est-à dire, l'intellect qui danse en rond'.

Tout ne dépend-il pas de la manière dont un peuple assume, pour son propre compte, en effectivité, cette danse en rond? Danser en rond renvoie à l'idée de cercle, mais il y a cercle et cercle ... Le risque est permanent de tomber dans le cercle de la monotonie sans nouveauté de l'oscillation pendulaire, dans un temps où toutes les choses sont confondues, dans une éternité qui serait quiétude impuissante. Nos sociétés en Afrique, le plus souvent, figent l'éternité qui, de cette façon, conduit à un mode d'exister dont la figure est l'être plein, sans contradiction, se suffisant à soi-même. Parce qu'elle ne donne pas toujours l'occasion d'innover, parce qu'elle ne livre pas des ressources permettant, à nouveaux frais, d'interpréter la vie, une telle éternité s'exprime dans une joie de vivre incapable d'assumer en sa vérité ce qui est: le présent.

'Je l'aimais trop, je l'ai assassinée', c'est ainsi que s'expriment les auteurs des crimes que nous nommons, à juste titre, passionnels. La soif de l'éternité rejetée sur le contingent s'identifie au contingent. Dans une dialectique subtile, elle finit par vouloir occuper sa place dans un baiser sans distance, nécessairement mortel.

Dans le penser hégélien, nous voyons qu'une réalité nouvelle ne vient au jour que quand le mouvement qui a lieu, a fini par se recourber dans soi. Le mouvement est parvenu à un point tel que désormais il infléchit sa réflexion en autre chose, en réflexion dans soi. Ainsi, la substance, en tant que la puissance se rapportant à soi, est cause. Comme cause, elle produit un effet. L'effet produit est l'être-posé de la cause, son effectivité. De la sorte, la progression de la cause à l'effet, bien loin d'être simplement rectiligne, exprime l'échange du négatif avec soi, en lequel la substance dévoile sa propre nécessité pour la laisser être librement. Cette nécessité dévoilée ou posée est la liberté, identique au concept. Hegel parlera alors de la '*substance libérée en concept*'.[2]

Le mouvement en cause dans cette expression hégelienne me semble être ce qui à l'Afrique s'impose comme une tâche pour sauvegarder à la fois le présent et la soif d'éternité. Toute vie s'exprime comme ouverture à quelque chose, aspiration à une fin. Quand il est question de l'existence humaine, toujours se trouve en cause l'effort pour réaliser une transcendance par rapport à la captivité de l'environnement. Un tel effort ne signifie-t-il pas que ce qui honore l'histoire de la vie des hommes, c'est la recherche d'une forme normative située à l'infini et imposant ce que Husserl appelle une 'tâche infinie' (*eine unendliche Aufgabe*)?

Tâche infinie, cela signifie ne plus se mouvoir dans le monde clos d'une éternité figée que le regard ordinaire pouvait survoler en y trouvant d'avance des réponses à tout. C'est être, avant tout, capable d'une révolution affectant sa propre histoire et ne conduisant à bâtir, ni pour le jour qui passe, ni pour le jour qui vient, mais à édifier sans cesse, dans l'espace et dans le temps, pour ce qui doit sur-venir.

Est donc nécessaire une téléologie historique ordonnant les buts finis, instituant des sens et invitant à agir selon des sens. Si l'on se représente la vie d'un peuple comme une marche, les pieds, symboliquement, ne vont que là où la tête a quelque projet. Le projet est seulement possible à la condition de lever la tête pour voir plus loin. Voir plus loin, c'est d'abord se convaincre que le monde clos de l'éternité figée ne convient pas tout à fait à l'existence historique comme réalité de médiation.

Ainsi que l'a vu Merleau-Ponty, 'Pour se posséder, il faut d'abord sortir de soi; pour voir le monde même, il faut s'éloigner de lui'. La vie elle-même ne semble-t-elle révéler que si le but de l'homme est l'éternité, il ne peut y parvenir qu'en sentant la douleur de chaque moment du temps?

J'ai essayé ici de procéder à la lecture d'un fait de culture. Cette lecture ne saurait constituer une sorte d'ontologie, épuisant entitativement l'être-là de l'Afrique. Formulons ensemble le voeu que ce qui est manière d'être puisse, sans cesse, se mettre en mouvement dans la conscience qu'il est un moment relatif dont la vérité est d'accueillir l'unité du fleurir et du flétrir, en libérant la substance en concept!

Notes

1. Jean Cazeneuve: *Bonheur et Civilisation.* Paris: Gallimard, 1979, p. 60.

2. G.W. F. Hegel: *Wissenschaft der Logik.* Ed. J. Hoffmeister, Hamburg: Meiner, 1966, t. 2: *Die Lehre vom Begriff*, p. 214.

Temps et politique

Réflexions à partir de la notion Aristotélicienne
du temps opportun (kairós)

Jürgen Hengelbrock, Bochum (Allemagne)

De prime abord, il semble plutôt étrange de rapprocher l'idée du temps à celle de la politique , si ce n'est que dans un sens bien superficiel: par incapacité d'agir dans le présent, les chefs politiques promettent des solutions futures et s'excusent pour les erreurs du passé (commises par les autres, bien sûr). La politique a nettement tendance à s'esquiver dans le temps, passé ou à venir, le moyen d'esquive du présent étant la parole vide.

Or, les subterfuges des chefs politiques ne manquent pas tout à fait d'assises réelles: le présent est produit et victime du passé et en proie à l'avenir. Et le présent glisse entre nos mains pour devenir passé. Ainsi l'attention faite au temps n'est pas du temps perdu quand il s'agit de réfléchir sur ou de faire de la politique.Mais qu'est-ce que c'est, le temps? L'incertitude est grande, et c'est peut-être parce que, en réalité, le temps n'existe pas. Le phénomène du temps serait alors de l'ordre de la conscience.

Nier l'existence réelle du temps, n'est-ce pas une idée aberrante? Pourtant Aristote avait déjà des doutes très forts par rapport à sa réalité: Le passé n'est plus et l'avenir n'est pas encore, et ce qui est composé de non-êtres est soi-même non-être. (*Physique* IV, 217b 32 - 218a 6) Pour lui, enfin, le temps est le résultat d'une activité de l'âme, et sans âme il n'y aurait pas de temps. (Ibid. 223a 21-28) Ce qui est réel, c'est le 'mouvement' (au sens physique et métaphysique), c'est à dire le fait de l'altération ou de l'usure des choses et des corps, le fait que les êtres naissent et périssent. Donc le fait que les êtres changent, qu'ils passent d'un état dans l'autre. Le temps, pour Aristote, c'est la manière de 'compter' le mouvement selon les critères 'avant et 'après' (ibid..), c'est le moyen par lequel l'âme prend acte ou réalise le changement naturel. Le temps est donc un outil de l'âme ou pour parler de façon plus moderne: un fait de conscience.

L'altération des choses et des corps est un phénomène de la nature, de

Etudes de philosophie interculturelle, tome 8 (1997), p. 43-53

l'ordre physique et biologique, et n'a pas le moindre respect des différences culturelles. La désintégration radioactive des atomes suit exactement le même rythme linéaire dans un tissu africain que dans un vase germanique. Et le virus du SIDA s'installe avec la même rapidité dans un corps africain ou européen, produisant des effets tout à fait identiques. Avant la culture, l'homme est soumis à un vaste ensemble de conditions et de lois naturelles identiques pour tous et qui forment la base commune de l'existence humaine.

En revanche, la manière de prendre acte de l'altération ou du changement, n'est pas 'naturelle', elle relève de l'ordre de la culture. Car pour compter, il faut une unité de mesure. Et il n'y a pas d'unité de mesure qui s'impose nécessairement. Aristote constate que les gens avaient choisi la révolution des sphères célestes, c'est-à-dire le mouvement régulier et circulaire selon l'astrophysique de son temps. A son avis, ce choix est bon: ce mouvement est bien intelligible, et à cause de sa régularité il offre une base bien précise comme unité de mesure. Le temps, c'est la manière de 'compter' le 'mouvement' selon les révolutions des sphères célestes. Aristote n'aurait pas nié qu'il y ait d'autres manières de compter, c'est-à-dire d'autres perceptions du temps.

Celles-ci existent déjà à l'intérieur d'une même culture: Bien sûr, en Europe, nous sommes habitués à mesurer le changement par le mouvement régulier circulaire, réalisé par le mécanisme de la montre. Ce temps, je l'appellerais 'temps mécanique', à cause de sa perfection, sa régularité implacable et sans états d'âme. Mais on ne peut pas nier qu'au niveau psychique, le temps n'est pas toujours perçu de la même manière. A ce niveau, le temps n'est pas vécu quantitativement, mais plutôt qualitativement, selon l'intensité du vécu. Parfois, on a l'impression que le temps ne passe pas, dans d'autres moments on a l'impression qu'il s'envole. Dans les deux cas, il y a un non-coïncidence, éprouvée comme tension entre le temps vécu et le temps mécanique. Il n'est point étonnant qu'une tension semblable surgisse quand il s'agit de rapprocher différents horizons culturels.

Avant de faire un rapprochement entre temps et politique, il faut donc s'entendre sur quel temps on parle, et sur le sens qu'on accorde à cet outil de l'âme, car ce fait de conscience n'est point uniforme chez tous les hommes.

De prime abord, dans toutes les cultures, le temps semble être appréhendé par l'alternance ou la suite des jours et des nuits, et on ne peut pas nier que ces rythmes existent avant la culture et indépendamment d'elle, ni qu'elles exercent une forte influence régulatrice sur la physiologie du corps. Ce sont ces rythmes ou alternances naturels qui engendrent au sein de la conscience la notion d'un 'avant-après'. Sur cette base-là on aura un temps linéaire (irréversible) ou un temps cyclique, si 'l'avant' est interprété comme le retour de 'l'après'.

Or si cette appréhension d'un avant-après est à la base de l'expérience du temps, cette expérience même ne se réduit pas à cela. Beaucoup plus riche, l'expérience du temps ne comprend pas seulement une mesure quantitative de 'compter le mouvement', mais aussi une interprétation qualitative; elle implique un sens que j'appellerais même métaphysique et qui détermine largement notre manière de 'compter le mouvement'. C'est ce que je tenterai d'élucider à partir de la notion aristotélicienne du *kairós*.

Aristote fut le premier à mettre en relief les qualités ou les vertus requises pour un homme politique, pour un homme qui réussit dans la vie (*spoudaíos*): la bonne volonté n'y suffit pas, ni l'intelligence, ni la mauvaise volonté, c'est-à-dire la volonté de puissance. La première vertu requise pour bien agir dans le monde humain, c'est la *prudence*. La prudence, c'est le sens du concret, c'est la saisie intuitive d'une situation, des êtres humains (*'prosopolepsía'*), la saisie des rapports de forces qui déterminent le milieu de l'action. Elle est le savoir-faire-usage de la force, de l'intelligence, de la justice et de la science à la fois. La prudence est donc une faculté multiforme, et elle est la vertu politique par excellence. Entre autres, elle comprend l'éloquence (qui sait faire l'unité sans la violence) et aussi le sens du kairós: c'est cet aspect qui nous intéresse ici.

Le kairós, c'est le temps opportun pour agir. 'Ceci est utile aujourd'hui, mais ne le sera pas demain, utile pour l'un, mais pas pour l'autre, utile dans certaines circonstances, mais non dans d'autres', dit Aristote. (*Grand Morale,* I, 34, 1197a 38 - b 8) Et il écrit ailleurs: 'La vertu morale, c'est agir et pâtir quand il faut, dans le cas où et à l'égard de qui il faut.' (*Eth. Nic.* II, 5. 1106b 21) Pour expliquer l'idée du *kairós* il est utile de recourir à deux exemples, l'un d'ordre physique et un second d'ordre psychologique: Le forgeron qui met un bout de fer dans le feu prend son temps: Il attend le moment précis où il faut retirer le fer du feu pour le former. S'il retire le fer trop tôt, celui-ci est encore trop dur pour être forgé. S'il agit trop tard, le fer ne prend plus la forme qu'il veut. L'art du forgeron, c'est l'art de choisir le bon moment, et c'est cela, le *kairós*. L'exemple psychologique va dans le même sens: Vous voyez un de vos proches s'enfoncer dans une affaire passionnelle sans issue. Si vous l'avertissez trop tôt, par obstination, il va s'y enfoncer encore plus; si vous l'avertissez trop tard, il est perdu. L'homme prudent qui a le sens du *kairós* l'avertira au bon moment, qui est celui où l'autre commence à entrevoir l'abîme avant de tomber dedans. Voici la conclusion d'Aristote: 'C'est aux acteurs eux-mêmes de tenir compte du temps opportun, comme c'est aussi le cas pour l'art médical et celui de la navigation.' (Ibid. II, 1104a 8 - 9)

Encore faut-il dire que ces exemples, surtout celui du forgeron, ne sont pas assez parlants. Le forgeron a un critère sûr du bon moment: la couleur du fer qui lui indique, par expérience, quand le fer est bon à être forgé. Or, dans des situations beaucoup plus complexes comme celles de la politique il n'y a pas de critères ni de signes évidents qui indiquent quand le bon moment est venu, quand il faut agir. Les tendances, les tensions, les facteurs économiques, les volontés concernées etc. qui déterminent la situation politique sont loin d'être au clair. Le sens du *kairós*, c'est la capacité de saisir le bon moment dans l'imprévu, dans l'ombre.

Ce sens du *kairós*, Gorbatchev l'avait bien en disant à Honecker: 'Celui qui est en retard est puni par la vie'.

Or pourquoi parler de cette théorie d'Aristote à un colloque sur le monde africain? Dans les débats sur la politique en Afrique, il est souvent question de la palabre traditionnelle comme modèle africain de démocratie. C'est ce modèle dont je voudrais discuter avec vous sous l'angle du temps et de l'idée du *kairós*.

Si je comprends bien, il n'y a pas de limite temporelle de la palabre; elle continue jusqu'à ce que l'unanimité soit faite, interrompue peut-être pour le repos de la nuit. Elle se passe donc hors de toute dimension temporelle, et ceci implique aussi une certaine valorisation ou interprétation du temps: celui-ci n'importe pas pour l'évolution des choses.

Pourquoi en est-il ainsi? J'ose avancer deux hypothèses, reconnaissant mes limites de familiarité avec le monde africain:

1. La vision africaine du monde a ses racines dans la vie du village. Cette vie se passait plus ou moins sous un rythme cyclique, sous le rythme du retour du même: jours et nuits, saisons de pluie et de sécheresse, disparition physique des parents et retour spirituel. L'irrévocable et l'imprévu étaient plutôt marginaux. Dans ces conditions-là, le temps restait à l'arrière-plan, ne faisant guère problème.

2. Par opposition à la vision métaphysique occidentale - et ceci me semble très important - la vision africaine du monde attribue un pouvoir extraordinaire à la volonté (des âmes ou des esprits). Je dirais même qu'elle est basée sur une métaphysique volontariste: l'homme a le pouvoir de rendre autrui malade par sa mauvaise volonté, les maladics sont attribuées aux mauvaises intentions des hommes ou des esprits ou des démons qui sont aussi responsables des catastrophes (inondations, sécheresses etc.). Dans une telle vision des choses, il y a peu d'intérêt de compter le mouvement des choses par une mesure quantitative. Pour assurer la vie, il faut s'assurer des volontés, par la prière, par la palabre, par la menace ... La force magique de la volonté est maître du temps. Un temps 'mécanique' au sens défini (aristotélicien) ne pouvait donc guère avoir de signification dans la vision traditionnelle des choses en Afrique.

Par contre la pensée occidentale, dans ses origines grecques, était beaucoup plus sceptique quant au pouvoir de la volonté. Le monde était dominé par deux forces aveugles: le hasard (*túche*) et le destin (*moíra*) auxquels les dieux mêmes étaient soumis.

Il vaut la peine de regarder de plus près l'idée du destin et celui du hasard: le destin n'était point conçu comme produit d'une volonté bonne ou méchante, spontanée ou préméditée. Il s'agissait seulement d'une nécessité intérieure des choses et des événements (*anánke*) dont on ignorait la 'loi' interne et qui était hors de l'emprise de la volonté. Le hasard (*túche*), selon l'idée grecque, n'avait rien d'irrationnel non plus: il était le fruit de l'indétermination des choses dans le monde sublunaire laquelle rendait les événements imprévisibles. Un exemple nous éclaircira: je me promène dans la rue, et puisqu'il fait soleil je longe les maisons pour chercher l'ombre. Sur un balcon, une dame arrose ses fleurs. L'eau déborde et descend sur ma tête. Il n'y a rien d'irrationnel là dedans, il s'agit de deux séries d'événements cohérents qui, à un certain moment, se rencontrent, et cette rencontre produit l'effet déplaisant.

C'est ici qu'intervient la prudence: elle ne peut pas prédire l'échéance exacte de l'événement futur, mais par une appréciation juste des choses elle déconseille de passer trop près des balcons à l'heure où on arrose les fleurs. La prudence, c'est la saisie intuitive d'un événement à venir et du *kairós*, c'est-à-dire du moment décisif ou il faut agir.

Il semble que l'idée du temps linéaire (mécanique) et l'idée du *kairós* sont solidaires de cette métaphysique de la nécessité et de la contingence (c'est le terme latin et français qui correspond à la notion de '*túche*'): quand les événements se déroulent de façon quasi- 'automatique', il vaut bien la peine de 'compter le mouvement' pour calculer ou prévoir l'évolution future quant à sa nature et quant au moment de ses échéances. Et dans le monde de la contingence (sublunaire selon Aristote) le sens du *kairós* est d'une importance majeure pour ne pas être victime des séries d'événements concurrents. Il va de soi que dans une vision du monde de type volontariste la notion du *kairós* n'est pas aussi évidente.

Bien sûr, le christianisme a substitué aux idées de la nécessité et de la contingence celle de la providence divine. Le hasard n'existe pas, tout est prévu et voulu de Dieu. Mais d'un côté, la théologie des pères de l'église n'a pas cédé à une métaphysique volontariste. Fidèle à l'inspiration platonicienne, plus tard aristotélicienne, la théologie chrétienne a misé sur la rationalité de l'être, c'est-à-dire sur la calculabilité du mouvement des choses. Celle-ci n'était pas en contradiction avec la volonté divine, elle-même à la fois suprêmement rationnelle et incompréhensible pour l'homme. Dans le monde déchu par le péché originel, la prudence gagna encore un sens plus aigu. Le Christ conseille aux siens: 'Soyez prudents comme les serpents et candides comme les colombes' (Mt. 10,16). De l'autre côté, le message biblique du retour du Christ à la fin des temps accentua encore le sens d'un temps linéaire, comptant le mouvement dans son irréversibilité 'mécanique' selon l'avant-après'. C'était d'ailleurs à cause de cette conception linéaire du temps, allant d'un passé sombre vers une fin définie et positive, que les auteurs chrétiens du 5è siècle se croyaient 'modernes' par rapport à l'antique vision cyclique des choses, répétitive et déprimante (le mot 'moderne' - du lat. 'Modo' ('récemment') - date précisément de cette époque). On sait que cette idée de linéarité et d'irréversibilité du temps, allant vers un état final rédempteur, était encore le modèle de base du marxisme. On voit donc combien la notion du temps est solidaire des présupposés métaphysiques.

Revenons en la question de la politique. La palabre peut-elle donc servir de modèle pour une démocratie à l'Africaine?

J'ai bien des doutes à ce sujet. Les temps du village sont révolus. La colonisation, puis, ensuite l'indépendance, l'industrialisation et l'état administratif moderne ont détruit le rythme cyclique de la vie et ont forcé les peuples Africains à entrer dans une évolution linéaire (vers le meilleur ou vers le pire) qui ne permet plus le retour du même et qui impose une 'lecture' du 'mouvement' à partir du temps aristotélicien, mécanique. La technique moderne dont l'Afrique ne peut plus se passer est basée sur une homologie du temps selon le modèle aristotélicien. L'avertissement de Gorbatchev ('celui qui est en retard est puni par la vie') s'est avéré pour Honecker, il est valable aussi pour l'Afrique contemporaine tout comme pour l'Europe, bien sûr. D'ailleurs, après quarante ans de prospérité et de tranquillité à l'ombre du rideau de fer et protégés par les bombes atomiques américaines, les Européens ont pris de l'embonpoint et ne réalisent guère que le monde n'est plus tel qu'il était avant l'écroulement du rideau de fer. Jaloux, ils se cantonnent dans leurs 'régions' et n'arrivent pas à s'unir. L'Europe d'aujourd'hui manque du sens, et du courage de saisir le *kairós*.

Ce manque n'est pas sans rapport avec la démocratie. Platon déjà ne l'aimait pas. Il compare les chefs démocrates aux mauvais échansons (ou patrons de bar) qui enivrent les citoyens avec leurs vins forts. (Rép. 562d) Dépassés par le nombre et la complexité des informations et des problèmes, l'électorat recourt aux réponses simples des démagogues qui rassurent, et aucun chef politique (ni démocrate ni autoritaire) n'ose offrir le vin amer de la vérité.

Il est à craindre que la situation politique en Afrique réponde bien à ce modèle. Le divorce entre le temps 'mécanique' et le temps intérieur vécu s'y fait sentir d'autant plus cruellement que le mode traditionnel africain d'agir n'impliquait pas un sens du temps qui s'écoule vite et que l'on ne rattrape plus. Volontariste et cyclique, la vision traditionnelle du monde ne tolérait guère l'idée qu'on puisse être en retard par rapport aux événements. Alors plus encore que l'Europe, parce que subissant des changements beaucoup plus brutaux, l'Afrique a besoin du sens aigu du temps qui passe et du courage du *kairós*.

Le sens du *kairós*, rappelons-le, c'est le sens du bon moment, du moment précis où il faut agir. Or, manquant de ce sens, on est ou bien en retard ou on va trop vite. Il a été souvent dit que le développement de l'Afrique (par exemple l'industrialisation) a été hâtif. Marx avait déjà dit qu'on ne pourrait pas passer directement d'une société rurale à une société industrielle. Il faut d'abord passer par une société bourgeoise (au sens défini par Hegel). Dans la logique de la pensée de Marx, la révolution d'octobre 1917 est venu trop tôt. Lénine a cru qu'on pourrait rattraper le retard de la réalité par rapport à la révolution par la dictature du prolétariat qui est devenue dictature tout court. Les parallèles avec l'Afrique s'imposent.

Manquer le *kairós*, rater le bon moment, cela me semble le danger inhérent à la politique africaine avec son fond, si j'ose dire 'palabrant. En tant que telle, la palabre traditionnelle est peut-être la manière la plus humaine de résoudre les conflits sociaux: elle fait l'union à l'intérieur des volontés concernées sans recourir à la force et sans limites temporelles; et elle fait parler, ce qui est déjà une thérapie, une manière de guérir.

En revanche, la démocratie classique 'à l'européenne' fonctionne différemment: après un temps donné de débat et de délibération, on tranche et on vote. Après le vote, la décision adoptée est acceptée par tous (même par ceux qui étaient contre), car, comme disait John Locke, il faut que le corps marche dans une direction déterminée, et ce sera nécessairement celle dans laquelle la plus grande force le pousse..

Au niveau politique les habitudes palabrantes ont l'effet que chacun veut non seulement s'exprimer, mais aussi que chacun insiste à faire valoir sa volonté personnelle. (De ce point de vue, la vie politique en Europe devient aussi de plus en plus palabrante. On respecte de moins en moins la décision majoritaire. Il y a là un rapprochement culturel qui s'effectue.) Les deux exigences ne sont pas réalisables, d'une part à cause de la complexité des problèmes qui résulte de la complexité de la société moderne, de l'autre à cause des limites temporelles du débat imposées nécessairement par le rythme accéléré de la vie. Il en résulte un éclatement des partis politiques (si ce n'est pas pour des raisons ethniques) et/ou un débat interminable qui finit par s'éloigner des problèmes réels et par rater le *kairós*. Au niveau de la politique dans une société complexe, la palabre est vouée à l'échec.

Et ceci non seulement à cause de son manque de gérance de temps, mais aussi à cause de sa vision volontariste sous-jacente. On a partout tendance à croire que la politique, c'est le domaine du volontaire, que les faits politiques, économiques et sociaux sont les effets des volontés (bonnes ou mauvaises) du peuple, des partis ou du grand chef. Cette conviction, je l'appellerais 'animisme politique'. L'animisme politique est peut-être valable pour le village traditionnel, mais nos sociétés modernes, immenses et extrêmement complexes par opposition aux structures sociales traditionnelles, ne sont plus maîtrisables par la volonté, ni d'un seul ni d'un ensemble de volontés réunis. Les faits politiques, économiques et sociaux se sont globalisés et se sont constitués comme systèmes autonomes qui évoluent selon leurs 'mécanismes' internes, à peine prévisibles, et ils se soustraient en large mesure à la volonté politique. Marx en avait fourni une définition claire: 'Le produit de notre activité se constitue comme pouvoir étranger sur nous'. Il s'agit de l'aliénation de l'homme par les moyens qu'il a créés lui-même: la production, le capital et le marché international. La théorie des systèmes (surtout celle de Niklas Luhmann) a élucidé ces mécanismes.

L'exemple le plus évident est le fait des cycles de la conjoncture internationale. Tout gouvernement démocratique tremble si les prochaines élections tombent dans le creux de la vague conjoncturelle et se réjouit dans le cas contraire. L'animisme politique impute au gouvernement en place la crise économique ou la relance. L'animisme politique est un danger majeur pour nos sociétés tant européennes qu'africaines.

Une politique à la hauteur du défi du présent serait d'abord consciente des contraintes inéluctables des systèmes globaux d'ordre économique, politique et social. (il s'agit, au-delà des cycles conjoncturels, par exemple du rapport de forces militaires et économiques qui, pour ne pas collapser, doit trouver un certain équilibre ou de l'équilibre démographique mondial). Croire que la palabre traditionnelle ou moderne y change quelque chose, c'est être aussi naïf que nos braves pasteurs allemands qui déclarent leur paroisse zone libre d'armes atomiques. L'animisme n'est point un phénomène africain.

Une politique lucide n'est cependant pas réduite aux paroles vides. La prudence, c'est le calcul de probabilité de l'imprévisible physique et humain. Jean Giraudoux fait dire à Cassandre: 'Je crains deux bêtises, celle des éléments et celle des hommes.' Aristote aurait approuvé, mais il aurait dit que tout n'était ni déterminé ni décidé d'avance. Il y a toujours moyen d'influencer le cours des choses, il faut seulement trouver les moyens appropriés, et il faut avoir le sens du *kairós*, le sens du choix du bon moment.

Une politique saine, tant africaine qu'européenne, doit prendre congé de l'animisme. Elle expliquera aux citoyens les contraintes inéluctables et profitera des marges d'action libre qui restent pour trouver le chemin du moindre mal.

Or, je sais bien que ces propos font rire tous ceux qui connaissent le métier de la politique. Parler vrai, c'est suicidaire et pour le démocrate et pour le tyran. Mais, dirait Aristote, il faut attendre le *kairós*, et non seulement attendre, il faut le préparer ou le produire.

Comment le *kairós* se prépare-t-il? Il n'y a pas de recette ni de mode d'emploi qui résoudraient tout. Mais permettez-moi de jeter, sous cet angle, un coup d'oeil, peu original d'ailleurs, sur la réalité africaine:

Toute aide au développement disparaît comme l'eau dans le sable aussi longtemps que les récipients ne sont pas disponibles. Le récipient majeur qui se sert de l'eau offerte pour en faire des jardins de fleurs et de fruits, c'est l'intelligence humaine. Or l'intelligence ne manque pas en Afrique, mais elle est, comme partout, sous l'emprise de l'analphabétisme, des habitudes mentales ou de mauvais résidus de ce que, aujourd'hui, on a tendance à fêter comme identité culturelle.

Ce n'est pas la culture qui fait l'homme. L'homme en a besoin, bien sûr, sortant du règne de la nature. C'est la conscience qui distingue l'homme de l'animal. C'est encore la conscience qui lui évite d'être victime de sa culture quand les choses changent et les habitudes traditionnelles ne sont plus appropriées à faire face à la réalité nouvelle.

Alors, préparer le *kairós* d'une politique saine, c'est investir dans l'éveil des consciences. Il faut investir avant tout dans l'enseignement, il faut assurer à tous une formation scolaire solide. Ces investissements se rentabiliseront dans un espace de temps pas trop large: Dix ou vingt ans suffiront pour former une nouvelle génération de citoyens et de parents.

Toutes les recherches montrent qu'à partir d'une formation scolaire générale et poussée, la natalité baisse à un niveau raisonnable, l'hygiène s'installe, les emplois se créent, l'activité économique progresse, la délinquance diminue; la politique peut se permettre et est même forcée d'être moins irrationnelle, le gaspillage des ressources naturelles diminue. D'ailleurs, une population éclairée est le seul garant d'un état de droit, d'une politique non corrompue et de la prospérité qui en résulte. Les institutions démocratiques n'y suffisent pas.

Le *kairós* me semble exiger, aujourd'hui, de la part des autorités africaines et de la part des pays donateurs, un vaste programme de formation scolaire qui impliquera aussi une pédagogie du *kairós*.

Ceci me semble d'autant plus nécessaire qu'il y a déjà une autre heure qui sonne, de façon encore beaucoup plus brutale et implacable que la pauvre heure mécanique de type aristotélicien: celle qui annonce le glas funèbre du collapsus écologique et démographique du globe. Comme tous les continents l'Afrique vit dans le stress des événements globaux qui nous menacent dans une cadence accélérée. On sait que la plupart des microbes résistent déjà aux antibiotiques, et qu'il faudra dix ans à la recherche médicale pour prendre le dessus, pour ne pas parler des nouvelles épidémies contre lesquelles il n'y a encore aucun remède. L'humanité se trouve dans une course contre la montre en compétition avec les microbes et les virus qui se moquent de nos états d'âme culturels. La nature, violée, exploitée, cruelle, se venge.

En face de cette cadence accélérée d'événements menaçants ou catastrophiques, la recherche de l'identité culturelle et le regret des temps où il n'y avait pas encore de temps me semble ridicule.

La catastrophe politique non seulement africaine mais de tous les continents me semble s'annoncer par le fait que, tandis que les problèmes (économiques, écologiques etc.) de l'humanité se globalisent, les esprits se régionalisent. Les chefs rageurs des tribus Caucasiens ou Balkaniques aspirent à l'indépendance nationale. Les Canadiens francophones réclament le 'Québec libre' comme s'ils vivaient sous la dictature. En revanche, il est bien intelligible que les femmes africaines ne comprennent pas pourquoi on ne doit plus déboiser la forêt pour faire la cuisine à leurs enfants. En effet il serait difficile de faire comprendre aux femmes africaines qu'elles doivent renoncer au feu de bois parce que les gens des pays de l'autre hémisphère ont besoin de leurs voitures pour faire leurs courses, et que l'atmosphère qui entoure la terre a besoin des forêts pour supporter la pollution causée par les voitures.

Pourtant, les vrais problèmes qui sonnent l'heure sont là. Pour le moment, il n'y a qu'une seule société qui est à la hauteur du temps et qui a le sens du *kairós*: c'est la Maffia internationale qui a compris qu'aux problèmes de dimensions globales, il n'y ait que des réponses globales.

Or, il est à craindre que l'humanité, excepté la Maffia, rate le *kairós*, le moment où l'arrêt du glas funèbre est encore possible. Peu éclairés, les hommes ont tendances à deux sortes de peurs: celles des dangers qui sont à la portée de leur vue, et des peurs magiques, peur de vieux démons qui, depuis longtemps, ont achevé leurs services, peur de démons modernes, tels que, le cas échéant, en Europe, l'énergie atomique.

Non seulement en Afrique, mais sur tous les continents, le sens du *kairós* réclame d'urgence une formation scolaire poussée pour que l'humanité soit à la hauteur de ses problèmes. Il est à craindre que le *kairós* soit déjà passé.

Les figures éclatées du temps

Abel Kouvouama, Brazzaville (Congo)

Introduction

Nous avons choisi dans le cadre théorique défini par le colloque de méditer sur la signification de ce qu'on peut appeler les 'figures éclatées du temps'. A travers ce titre, nous voulons saisir le double mouvement par lequel le sujet établit de manière implicite une relation consciente du sujet individuel avec le sujet collectif dans une temporalité élaborée, ainsi que la prise de conscience d'une certaine altérité.

D'entrée de jeu, nous pouvons admettre dans ce rapport entre le sujet individuel et le sujet collectif, l'existence première du temps de soi comme une des modalités de production de sens, c'est-à-dire d'établissent du rapport du sujet historique (individuel et/ou collectif) avec le monde et la nature; relation appréhendée, tantôt en termes d'antériorité, tantôt en termes de simultanéité ou bien en termes de postériorité. Cette mise en rapport entre un fait de conscience et un événement du monde s'établit dans un cadre à la fois réel et symbolique où se modèlent quotidiennement entre les individus, les mises en forme multiples de l'être-ensemble.

Notre travail partira d'abord de l'analyse de figures éclatées du temps dans les messianismes (mouvements religieux et politiques de salut) et dans la musique moderne de variétés du Congo et du Zaïre pour appréhender les modes multiples d'inscription de l'être-ensemble dans la modernité composite des sociétés africaines. L'hypothèse centrale sur laquelle repose l'argumentation qui va suivre s'énonce de la manière suivante: la pensée du temps en Afrique subsaharienne se laisse déchiffrer au delà de son mode de désignation unitaire comme la totalisation dynamique des expériences variées du temps et des rationalités des individus considérés dans leurs sites culturels spécifiques et à travers des pratiques et situations concrètes.

Ces pratiques sont l'expression d'une modernité composite qui s'articule sur des logiques inter culturelles du cumul accordant dans toute activité d'innovation entreprise par le sujet ou par le groupe, le primat, tantôt à l'individu par rapport au groupe, tantôt au groupe par rapport à l'individu. Cette modernité composite perceptible aujourd'hui dans les sociétés africaines à travers les comportements des acteurs sociaux est le produit du téles-

Etudes de philosophie interculturelle, tome 8 (1997), p. 55-65

copage des dynamismes culturels ou des traditions culturelles endogènes et exogènes.

I. Les figures éclatées du temps dans les Messianismes

Pour tenter d'appréhender les figures éclatées du temps, nous ferons appel aux procédures de prescription et de régénération du temps par les messianismes (mouvements polatouche-religieux) dans la perspective du changement et de recherche du salut. Ces nouvelles procédures et directives d'invention de la société par le biais du religieux visent à assurer le monopole et la transformation des structures symboliques qui constituent pour les individus un des sites de construction de l'ordre et de l'hégémonie[1]. Aussi, la mise en rapport effectuée par les dispensateurs des biens de salut, entre un fait de conscience et un événement du monde ou entre un temps de l'âme et un temps du monde selon l'expression de Paul Ricoeur, a inauguré une nouvelle tradition religieuse des sociétés africaines en mutation; précisément, celle qui consiste à subvertir le discours religieux étranger à des fins pratiques de libération de l'être-ensemble, suivant des logiques sociales et symboliques particulières qui sont, soit la logique adventiste (attente pure) et la logique de l'espérance, soit la logique active de la subversion. Ces logiques adventiste et active, parce qu'elles sont des logiques d'indocilité et d'insoumission, impliquent l'expérience du temps dans la lecture des événements par les prophètes et dans l'appel à la révolte eschatologique. L'évocation de deux mouvements messianiques, la mahdisme et le matsouanisme permettent de bien appréhender cette dimension de la temporalité.

1) 'Le *mahdisme*, messianisme religieux et politique à composante musulmane s'était développé dans le Soudan oriental puis dans le Cameroun septentrional depuis la fin du 19è siècle jusqu'à la première moitié de 20e siècle, en réaction à l'occupation anglaise. En effet, le Mahdi, (c'est-à-dire le bien guidé) du nom de Mohamed Ahmed prophétisait, en s'appuyant sur le mythe d'attente du nouveau monde, l'avènement du jour du jugement marqué par une période de crise et d'oppression, laquelle sera éliminée définitivement grâce à l'intervention du Mahdi. Cette période de crise correspond à l'oeuvre de destruction dans un temps historique de Dajjàl, sorte d'Antéchrist que le Mahdi reviendra de nouveau tuer au cours d'un

temps sacré et réaliser le règne de l'Age d'or.

La logique de la subversion et de la destruction mise en place par le Mahdisme s'effectue en des séquences temporelles significatives. En effet le messianisme mahdiste à caractère prophétique surgit dans un temps de crise et de domination des populations soudanaises et c'est-à-dire partir d'une situation concrète que le Mahdi a pu spéculer les virtualités latentes du mythe du 'monde renversé'; autrement dit, le procédé d'inversion du monde ne peut se réaliser que dans un temps de rupture, de désordre social qui correspond au temps historique d'intervention du Dajjàl. Par ailleurs, ce temps de rupture est à la fois un temps historique, un temps profane et un temps de devenir dans la mesure où le Dajjàl prépare inévitablement l'avènement du nouveau règne du Mahdi lequel s'effectue au contraire dans un temps sacré, répétitif et cyclique; et le règne du Mahdi, avant et après celui du Dajjàl a lieu *'in illo tempore', c'est-à-dire qu'il se situe ainsi non seulement au commencement, mais aussi la fin des temps'.*[2] Il convient de préciser que la régénération du temps dans la mahdisme ne se fait qu'au moyen de la mise en mouvement de l'être-ensemble dont la référence au mythe de la création primordiale sert d'archétype exemplaire; autrement dit, ce qui importe dans la revendication messanique mahdiste ce n'est pas tant la simple réactualisation de l'acte cosmogonique primordial, mais la valeur exemplaire qu'elle représente pour la communauté messianique. La relation synthétique que fait le Mahdi entre le temps mythique de la création primordiale, qui est un temps sacré, et le temps actuel, qui est un temps profane et historique, permet de faire prendre conscience aux individus de leur situation misérable présente; étant entendu que pour le Mahdi, le temps mythique correspond toujours à un temps de richesse et d'opulence et que le temps présent est celui de la misère et de l'oppression du Dajjàl; le règne éphémère du Dajjàl (sorte d'Antéchrist) apparaît comme la condition de réalisation de l'Age d'or.

2) Par contre avec le '*matsouanisme*, autre mouvement messianique qui surgit au Congo en 1945 la logique adventiste mise en place en l'absence du 'messie' Matsoua, déjà venu et encore attendu, s'est construite malgré tout, autour de la figure messianique et rédemptrice de ce dernier. La référence au temps futur du retour imminent du 'messie' Matsoua et l'invalidation du temps présent, temps de la misère et de l'oppression, introduisent la scission dans la conscience et le vécu des adeptes du mouvement matsouaniste.

En effet, les séquences, d'événements sur lesquels se sont bâtis les discours d'invention, de légitimation et de perétuation du matsouanisme jusqu'à ce jour, viennent conforter l'idée d'une totale opacité de l'expérience collective qui 'ne peut être dite que dans des systèmes symboliques dont l'articulation culturelle est inéluctablement multiple, divergente, voire contradictoire'.[3]

'*Le temps d'invention*: Le mouvement syndical 'Amical' que crèe en 1926 à Paris André-Grenard Matsoua se popularise rapidement au Congo et en Afrique centrale comme mouvement anti-colonialiste. Pourchassé, arrêté plusieurs fois après maintes évasions des prisons, Matsoua est arrêté, jugé et condamné à Brazaville. Il meurt le 13 Janvier 1942 dans la prison Mayama (région du Pool) au Congo. Mais les populations ne voient ni le corps, ni la tombe du leader syndicaliste. Commence la mise en place du processus de mythification du personnage puisque les fidèles matsouanistes n'admettent jamais sa mort, mais seulement sa disparition pour un temps dont le mystère ne pourra être levé qu'à la faveur d'une nouvelle apparition située dans la temps-à-venir.

'*Le temps de légitimation*: Le matsouanisme, mouvement religieux se crée en 1945, trois jours après la mort du leader syndical et une semaine avant l'organisation des premières élections législatives du 21 Novembre au Congo. Le matsouanisme va alors asseoir son action religieuse et politique dans une vision apocalyptique du monde avec comme idée dominante, la croyance au retour imminent du 'messie' Matsoua qui viendra libérer le Congo de la domination étrangère. Des églises se créent sur tout le territoire multipliant des prières du genre de celles-ci:

'Rassemblons-nous pour admirer
Le sang des Sauveurs
Ah Matsoua, viens dans notre sang
Allons, allons les martyrs sont devant nous
Ils marchent et arrivent bientôt
Chez Notre Père Tout Puissant
Matsoua est arrivé pour délivrer le Congo
Il a établi son siège dans un beau royaume
Où tous il nous attend'

Le temps de perpétuation du matsouanisme

Depuis 1945 jusqu'à ce jour, le mouvement religieux s'est refusé à toute collaboration tant avec l'administration coloniale qu'avec tous les pouvoirs post-coloniaux. La logique adventiste est construite en permanence par les responsables religieux à travers la référence constante des matsouanistes à la figure intemporelle de Matsoua, l'évocation emphatique de sa grandeur et de sa puissance ainsi que la contestation ouverte du pouvoir politique.[4]

Qu'il s'agisse du matsouanisme d'inspiration catholique ou du mahdisme d'inspiration musulmane, les modèles de temporalisation du vécu articulent les expériences significatives de l'être-ensemble aux deux dimensions de la temporalité, à savoir le mini-temps et le maxi-temps. John Mbiti utilise les mot swahili 'Sasa' et 'Zamani' pour désigner le mini-temps et le maxi-temps; le 'Sasa est le moment du temps où l'homme est conscient de son existence et où il se projette à la fois dans une avenir proche mais surtout dans le passé (Zamani). Le Sasa est en soi une dimension du temps complète ou totale, avec son propre futur proche, son présent dynamique et son passé dont il a fait l'expérience. On pourrait le nommer le mini-temps. Le mini-temps n'a de signification pour l'individu et la communauté que grâce à leur participation à l'expérience qu'ils ont acquises. Le Zamani n'est pas limité à ce qu'on nomme en français le passé. Il a aussi son propre 'passé',son 'présent' et son 'futur', mais sur une plus large échelle. On pourrait l'appeller le maxi-temps. Le Zamani recouvre le Sasa et tous deux sont indissociables (....). Le Sasa en général associe les individues à leur milieu. C'est la période de la vie consciente. Le Zamani, d'autre part, est le temps du mythe qui donne le sentiment d'un fondement ou une 'sécurité' à la période Sasa'.[5]

Par cette fusion apparente du temps profane et du temps sacré dans les entreprises collectives et individuelles de réévaluation du sens, les sujets conservent tout de même une marge d'autonomie et d'action; ce qui leur permet d'être créatif en permanence jusque dans les activités religieuse et ludiques réalisées au moyen de la chanson moderne de variétés.

II. Les représentations du temps dans les chansons modernes de variétés

Les chansons modernes de variétés du Congo et du Zaïre introduisent dans la quotidienneté et dans la modernité par un sondage permanent des problèmes vécus par les acteurs sociaux. Elles s'organisent en un espace de chant qui définit un espace de langage; un espace du dire de l'un à l'autre ou bien aux autres; ce dire qui est en réalité un 'oser-dire' s'ordonne de manière critique dans des séquences temporelles et historiques au cours desquelles, le chanteur déstabilise l'ordre des choses établies.

Un premier exemple est pris dans les textes de la chanson 'Congo na biso' (Notre Congo), réalisée en 1964, c'est-à-dire un an après le Soulèvement Populaire d'Août 1963, par l'artiste-musicien Pamelo Mounka et l'orchestre les 'Bantous de la capitale'; il y évoque les situations urbaines congolaises du temps de la colonisation, puis du temps des indépendances, ensuite du temps de la révolution; c'est ce que traduit cet extrait de texte produit initialement en ingala:

La vie a commencé ainsi
Jeunes et adultes nous devons le savoir
La vie du temps des grandes-parent diffère de la nôtre
C'était le temps de l'impôt des 3 francs
Tous les fils du pays ont souffert pour vivre
Mon pays le Congo avaient des personnes valeureuses
Du temps de Matsoua
Le Congo, mon pays, était différent
Du temps des grand-parents
Ils ne s'habillaient pas comme de nos jours
Ils n'avaient pas d'hôpitaux
Mais plutôt des guérisseurs
Cependant comment ont ils survécu?
Nos grands-parents bâtisseurs du Congo?
De nos jours
Nous peinons pour tout avoir
Ce n'est plus comme du temps des grands-parents
Une autre peau est venue coloniser les gens du pays.
Que pourrions-nous faire par la suite
Sinon revendiquer l'indépendance
Et faire la révolution.

L'artiste-musicien Pamelo Mounka adopte ici tour à tour le ton du narrateur, puis celui du héros mobilisateur. Le temps du récit renvoie d'abord au temps des origines qui se présente comme le temps fondateur au cours duquel les grands-parents ont façonné un ordre social meilleur.

Puis vient une temporalité historique plus mouvementée que restitue la souffrance coloniale marquée par l'impôt dit des trois francs imposé au Congo par la Société Indigène de Prévoyance (SIP); mais cette temporalité historique contient paradoxalement une séquence plus tumultueuse: le 'temps de Matsoua', c'est bien le temps du messianisme dont le 'messie' est Matsoua, ce résistant congolais autour duquel s'est formé un mythe d'attente, c'est pourquoi le 'temps de Matsoua' peut se déchiffrer également comme le temps répétitif du mythe qui sert de modèle exemplaire auprès des communautés humaines vivant dans l'attente du retour imminent de leur 'messie'.

Assurément, Pamelo Mounka explore ici l'imaginaire du temps pour mieux signifier le choc de plusieurs dynamismes culturels: en effet, il invoque alternativement le 'temps de Matsoua' , le 'temps des grands-parents' le 'temps de la colonisation'; le 'temps de l'indépendance' et le 'temps de la révolution'; toutes ces figures éclatées du temps arrivent de la conscience du désordre en même temps qu'elles traduisent la volonté inespérée de l'homme de maîtriser l'à-venir dans sa quête permanente de la nouveauté et de l'inédit.[6]

Autre part, la chanson moderne de variétés du Congo et du Zaïre exprime parfois, sous de formes tantôt tragiques, tantôt dramatiques, la volonté de vivre le temps social à travers des modalités multiples. Elle théâtralise le conflit pour mieux contrôler ses effets. L'imaginaire de la chanson moderne de variétés du Congo et du Zaïre se nourrit de ces instants de joie et de méditation qui effacent momentanément les différences de classe et d'âge entre les aînés et les cadets sociaux; elle abolit illusoirement le temps de la souffrance, du malheur au profit du temps de l'espérance. Devant le fort déficit d'éthique et de démocratie, le chanteur convoque les héros de l'indépendance pour sauver le pays en péril. C'est le sens critique des paroles formulées par l'artiste-musicien Tabu Ley dans cette chanson des années 90 intitulée: 'Démocratie'.

1 La cloche sonne
Voici venu le temps
O Dieu j'ai pleuré
Vraiment nous sommes au bout
Trop de malheurs dans la pays
Les amis nous voilà au terme de la vie

La pays manque de dirigeants
Le peuple ne sait auprès de qui pleurer
O Dieu (bis).

Devant la misère grandissante du peuple, le chanteur invoque Dieu pour le sauver. Cette réactivation du religieux dans l'invention démocratique est légitimée par la symbolique de la cloche qui annonce l'avènement du grand temps ou maxi-temps.

2 Nous avons combattu le Blanc
Gagné la bataille de la décolonisation
Nous avons l'indépendance du peuple
Pour que les gens vivent mieux
Nous avions perdu le temps
Pour des querelles entre dirigeants
Ils se disputent le pouvoir
(et) laissent le peuple crever de faim
Le pays est foutu, quelle honte aux yeux du monde
Un pays si riche
Un pays plein de richesses
Vraiment les dirigeants de ce pays
N'aiment pas le pays
Voici le temps.

L'événement colonial est ici décodé à travers la victoire du peuple sur le Blanc; mais une victoire vouée finalement à l'échec du fait de la crise permanente de gouvernabilité.

L'évaluation du temps consentie par le peuple au regard des échecs répétés amène le chanteur Tabu Ley à prononcer la disqualification des dirigeants politiques actuels dans la société imaginaire du Zaïre.

3 Kasa-Vubu, Lumumba (bis)
Bolikango, grand frère Tshombe (bis)
Où vous cachez-vous?
Avez-vous tourné le dos au pays?
Demandez à Dieu
Qu'il considère ce peuple si fatigué
Voici venu le temps.

4 Malula, Kimbangu (bis)
Kabasele, Lwambo (bis)
Nous sommes si ridicules, ridicules et
Fatigués O Dieu
Que nous soyons là, à attendre, nous
Sommes fatigués et
La douleur est si grande
Que le peuple attende chaque année
Seulement la même affaire:
Manger, le matin
Manger à midi puis le soir
Que les enfants aillent à l'école chaque jour
Que les pères et les mères trouvent de l'emploi
Que les malades trouvent l'hôpital
Plein de médicaments
Là on se comprendra bien
La cloche sonne
O Dieu, O Dieu
O Dieu, O Dieu

L'inflation de la misère et de la famine au sein de la société imaginaire du Zaïre conduit le chanteur à remonter le temps social et historique pour revendiquer sur le registre de l'invisible et des morts-vivants, des personnages à la fois du monde religieux, catholique (Cardinal Malula) et kimbanguiste (le prophète Simon Kimbangu); du monde politique (Kasa-Vubu, premier Président de la République du Congo-Kinshasa, Patrice Lumumba, Bolikango et Moïse Tshombe); enfin, du monde culturel (Kabasele et Lwambo Makiadi alias Franco). L'érosion du sens de la responsabilité collective, l'incompréhension du peuple ouvrent de nouveaux sites de transactions symboliques entre les héros et les ancêtres d'une part, le peuple d'autre part.

5 Kasa-Vubu, Lumumba (bis)
Bolikango, grand-frère Tshombe (bis)
Malula, Kibangu (bis)
Kabasele et grand-frère Lwambo (bis)
La cloche sonne, voici venu le temps

6 (Psalmodie)
La puissance et le pouvoir d'un pays
C'est le peuple
Et le dernier mot apparait au peuple
Seul!

7 Ancêtres écoutez
Ici nous sommes foutus
nous ne savons pas si nous pourrons encore nous relever
tout est entre vos mains!
O Dieu, O Dieu
O Dieu, O Dieu
Toi (mon) Dieu, toi (mon) Dieu
Aie pitié de nous
O Dieu, O Dieu (bis)
Aie pitié de nous
Toi (mon) Dieu, toi (mon) Dieu
Toi (mon) Dieu[7]

Comme le fait remarquer Ndaywell è Nziem, 'Démocratie', de Tabu Ley, chanson prophétique, s'ouvre sur un son de cloche, marquant la fin d'une époque ou la fin des temps'.[8]

A partir des exemples pris dans les domaines religieux et culturel, nous pouvons indiquer les territoires variés de la temporalité. Les expériences du temps ici évoquées indiquent que celles-ci sont constitutives de l'existence humaine qui s'actualise dans le quotidien. Que l'on évoque le temps historique, le temps social ou le temps du mythe pour désigner les différentes séquences par lesquelles se réalisent les actions humaines, on se rend bien compte avec Hans-Georg Gadamer que 'l'expérience acquise par l'homme en passant par ces différentes étapes (enfance; jeunesse, maturité, vieillesse, mort) est une forme authentique d'expérience du temps en soi. Cette expérience ne se confond pas avec la mesure et l'utilisation du temps et elle ne relève absolument pas des théories du temps (...). Elle est liée, en revanche à l'expérience de l'histoire, qui n'est à proprement parler que la conscience des époques, sa propre époque ...'.[9]

En définitive, les expériences du temps dans les sociétés africaines sont-elles aussi et seulement les expériences historiques multiples d'invention de leur modernité sans cesse réajustée à travers les liens que le sujet individuel tisse en permanence avec les autres pour reprendre une idée chère à Albert Jacquard?

Notes

1. Mbembé, Achille, *Afrique indocile christianisme, pouvoir et état en société post-coloniale*, Paris, Karthala, 1988, p. 29.

2. Eliade, Mircea, *Le mythe de l'éternel retour,* Paris Gallimard, Idées, 1969, p. 126.

3. Ricoeur, Paul, *Introduction à l'ouvrage le Temps et les philosophies*, Paris, Payot, UNESCO, 1978, p. 13.

4. Kouvouama, Abel, *Du devenir du Matsouanisme dans le Congo contemporain* dans Gruenais M-E, Kouvouama, A., TONDA, J., *Prophètes, prophéties et mouvements religieux dans le Congo contemporain* , Paris, Orstom, 1992, p. 66.

5. Mbiti, John, *Philosophie et Religions africaines*, Yaoundé, Clé, 1972.

6. Balandier, *Le détour, pouvoir et modernité*, Paris, Fayard, 1988.

7. Ndaywell è Nziem, I, *La société zaïroise dans le miroir de son discours religieux* (1990-1993), Cahiers africains, Zaïre, 1990, tome 3, pp. 83-84.

8. Ibid., p. 13.

9. Gadamer, Hans Georg, *L'expérience intérieure du temps et l'échec de la réflexion dans la pensée occidentale.* Dans: *Le temps et les philosophies,* Paris, Payot/Unesco, 1978, p. 48.

Sur le dur métier du temps

Abib Mbaye, Dakar (Sénégal)

Un peintre, Paul Klee, nous permet d'introduire quelques observations au sujet du dur métier du temps. Il fait la remarque suivante:

'L'oeuvre est au premier chef genèse et son histoire peut se représenter brièvement comme une étincelle, mystérieusement jaillie d'on ne sait où, qui enflamme l'esprit, actionne la main et, se transmettant comme mouvement à la matière, devient oeuvre. Des mots comme 'excite', 'provoque' disent tout à ce sujet. La notion de provocation désigne la préhistoire de l'Acte créateur, la liaison du Commencement avec l'arrière. La possibilité pour le sentiment de dépasser un commencement est contenue dans la notion d'infini qui le prolonge en avant'.

L'Acte créateur a donc besoin d'une occurrence qui, en suggérant l'irrégularité du hasard, paraît s'échapper brusquement d'une sorte de présent immobile. En effet, il est dit que l'esprit, la main de l'artiste doivent leur mission à quelque chose qui, comme une étincelle, manque toujours à sa propre place. Un tel présent affolé ne possède pas tellement les pouvoirs de la durée; et l'inspiration que l'artiste lui doit ne peut être chronique.

Tout cela suggère sans doute que le pouvoir de créer de l'artiste suppose l'irruption d'instants chargés d'incitation. En tout cas, l'instant est à la ressemblance d'une sorte d'exergue surgie de la trame du temps. Et, comme l'étincelle, il révèle une direction et un mouvement, entraîne de nouveauté en nouveauté, en retirant sans cesse ce qu'il offre. On dirait que toute intention de le saisir le congédie, et qu'il fait du temps une série de présences essentiellement furtives. En fait, il consiste à être une limite oscillante entre le passé et le futur. Et, à cause de cela, il convient assez à l'imagination: celle-ci travaille à rendre indécises les limites auxquelles nous nous heurtons d'ordinaire, le commencement et la fin.

Même s'ils ont en commun une manière d'être apparition intermittente, les instants ne peuvent parvenir à constituer un ensemble: ils récusent la juxtaposition statique en se suivant selon une espèce d'ordre irréversible. S'ils cessent d'être séparés et discernables, c'est le temps qui ressemble alors à la nuit bien complète, à un espace vide. Ils deviennent uniformes ou identiques lorsque le quotidien empêche tout rebondissement imprévu en

Etudes de philosophie interculturelle, tome 8 (1997), p. 67-71

tenant la nouveauté pour le déclin d'un ordre de choses qui avait fait ses preuves.

Le sculpteur de masque croit cela. Il lui semble que les présences qui ne fulgurent pas, obstruent ou dissimulent. Il veut s'éloigner d'elles, et préconise l'exil, le jeûne et l'abstinence sexuelle pour se préparer à la patience intime, secrète, permise par un autre temps qui abolit toute comptabilité. Et, sa décision ne doit pas être ajournée, mais maintenue présente sans délai: ce qu'il espère pour voir juste et immédiatement doit être saisi au vol, car il 'dispose l'apparition et la disparition en une simultanéité, comme l'étincelle. Une telle approche rend lucide ou clairvoyant, mais ne dévoile jamais définitivement. Car, tout comme le regard porté sur les hommes et les choses, l'Acte créateur doit être incessamment renouvelé afin de que de nouvelles oeuvres puissent être produites. Cet acte là se nourrit d'une constellation d'instants qui créent sans cesse de nouveaux rapports mais de telle sorte qu'on ne peut pas se servir de ce qui a été produit auparavant, et que des réussites précédentes ne garantissent en rien de nouvelles réussites.

Il s'engage dans les épreuves les plus extrêmes, dans une sorte d'égarement qui donne le sentiment que la vie devient plus personnelle, plus unique. Mais en provoquant ainsi un passage d'état en état, il installe l'artiste dans une position où la constellation d'instants et l'interpellation qui s'y fait entendre ne bouleversent pas l'équilibre conquis. En réalité, il donne une force d'accepter une vérité telle qu'elle arrive, et d'en rendre compte en communiquant une humeur et une atmosphère.

Il en est ainsi sans doute parce que l'instant fécond qui advient comme une étincelle, apporte une aide prodigieuse à celui qu'il oblige à créer: il influence l'artiste, c'est-à-dire lui apprend ce qu'il est sans recours, et fait savoir que l'oeuvre, à produire maintenant, est l'expression nécessaire d'une réalité unique, qui exige de racler les profondeurs de soi-même et de les faire remonter au jour. En tout cas c'est ce que dit Aimé Césaire, par exemple, en décrivant son expérience de créateur littéraire.

Lui aussi, appelle étincelle, l'instant qui rend l'oeuvre urgente, qui emplit le temps de ce dont le moment est venu. Il croit que le temps de l'écrivain est plutôt fait d'occurrences décisives et jamais permanentes qui provoquent une maturation et une explosion. Et peut-être que le fait que l'étincelle soit nécessaire veut dire qu'il y a quelque chose d'incubateur dans l'Art, qu'il y a des choses que l'artiste n'exprime pas, qui s'accumulent puis un jour jaillissent d'on ne sait où.

Et, en ressemblant à des sortes de présents affolés, peut-être les instants féconds signifient - ils que l'Acte créateur est tributaire d'un passé furtivement alerté, qu'au plus précis l'inspiration est réminiscence.

En tout cas, l'urgence de produire se manifeste par une forme de nostalgie, de surgissement de sortes de traces de caresse responsables d'une espèce d'hémorragie douce qui ne coulerait d'aucun point précis du corps. On dirait alors que l'artiste se retire en lui-même et se rend attentif à ses possibilités dues à ce qui le touche intérieurement, et qu'il se met en situation de permettre à ce qui était au-dedans de venir dans la réalité du dehors. Il part toujours de quelque chose qui est en lui-même, qui n'est jamais comme un néant travaillant dans le néant: l'étincelle nécessaire provoque seulement le surgissement en un état d'un projet déjà existant quoique sans cesse en train de se défaire, de se transformer.

Si le surgissement d'un tel projet est un événement fugitif et irréversible, c'est sans doute parce que la Beauté à produire est une sorte de qualité évanouissante qui provoque un acte impossible à ressaisir. Celle-ci n'est jamais tout à fait localisable ; comme l'étincelle, elle fait advenir sinon une fascination du moins une heureuse focalisation de l'attention. Elle est toujours exorbitante et sans ailleurs, supprime les explications en se rendant accessible pour atteindre. Mais elle est à cause de cela ambiguë: on ne peut savoir d'où elle part pour nous atteindre sans préparation par les points stratégiques que sont la vue, l'ouïe. Et elle n'est pas vraiment une propriété caractéristique comme la forme ou la couleur, mais bien plutôt un effet dû à des détails et à des inflexions en raison desquelles nous devenons essentiellement une intimité.

Elle parvient à provoquer des modifications du savoir et des interrogations, à communiquer une merveilleuse sérénité grâce à laquelle, au lieu de connaître, nous nous contentons de ce que peut nous livrer fugitivement une rencontre inattendue. Et sans doute André Breton a-t-il raison de dire qu'elle est une image errante, présente, absente, à la fois fixe et convulsive comme une étincelle.

L'artiste travaille à la rendre présente par une sorte de redite qui n'est pas répétition, à pourvoir divers genres d'être d'une force de fasciner. Pour cela, il ne préconise pas un simple respect de canons esthétiques, un recours fonctionnel à une bonne connaissance technique permettant de produire des oeuvres seulement harmonieuses, des sortes de perfections mortes. C'est sans doute pourquoi, tout en partageant le temps nécessaire à tous ceux qui peuvent s'en tenir à un savoir-faire, il attend l'envoi discontinu d'incitations. Son oeuvre est due à un instant fécond, même si elle aura longtemps été préparée.

Ce qu'il lui faut produire ne peut pas avoir la même présence que ce que Plotin appelle beauté paresseuse, beauté froide ou morte qui laisse inertes ceux qui la rencontrent. Il vise bien plutôt la production de la beauté active, dotée d'effets, qui est à même de susciter 'ce rapport de grâce et de plaisir qu'on désigne justement par le verbe plaire'. Une beauté de cette nature partage avec la force le pouvoir de ne laisser subsister aucun intermédiaire entre l'organe d'expression et l'expression elle-même. Et l'acte de la créer procède d'une intention de produire des espèces de lueur afin, peut-être, que soit partagée une capacité de voir. Cet acte-là n'est rien en l'absence d'une exigence d'exhiber des sortes de liens impalpables qui veulent dire que la distance entre le spectateur et l'oeuvre ne demeure pas infranchissable. Et de tels liens ont la charge de libérer des germes de sentiment.

Ils s'adressent davantage à notre faculté vagabonde, à l'imagination toujours prompte à leur assigner des destinations inattendues, à créer des sortes de lignes de fuite. Ce n'est pas seulement cela qui les rend atopiques: ils doivent s'ajuster à des désirs jamais fixes et jamais non plus tout à fait qualifiables. Ils sont promis à l'artiste par un temps, à la fois bon conducteur et cause de retard, auquel on ne peut pas soutirer de l'aide ou de la compassion. Pour les produire, l'artiste doit se rendre disponible à l'imprévu.

Il attend en étant contraint comme tout le monde de se conformer à un rythme imposé par la réalité sociale, de ne pas se délivrer du temps ordinaire. Mais il est aussi engagé dans un autre temps qui n'est pas classable comme un système, que l'on ne peut figurer ni par la ligne ni par le cercle. Peut-être ce temps là ressemble-t-il plutôt à une série chaotique: les possibilités qui l'emplissent s'enchevêtrent de manière à établir l'incertitude. Il faut à l'artiste de l'énergie et de l'attention pour se retrouver dans le monde qu'il partage avec nous, et une aptitude au désoeuvrement, à la distraction et à réentreprendre sans cesse une même oeuvre. Pour vivre à la fois dans un temps compté et dans un autre où il n'y a pas de perte possible, il paraît négocier avec les lois communément admises afin que soient tolérées ses dispositions à accueillir d'autres lois plus imprécises et sans doute plus contraignantes. De telles lois proviennent de l'oeuvre à réaliser: celle-ci, quoique très exigeante, accepte que l'on puisse être parfois insouciant et la laisser en esquisse. Elles attirent tout entier et abandonnent tout entier celui qui les supporte.

De telles lois qui ne rendent personne coupable de quoi que ce soit, n'imposent pas la façon dont il faut les respecter: elles reconnaissent toutes les façons qui constituent des réponses, admettent que l'on ne peut répondre qu'en fonction d'une manière de se sentir concerné. C'est sans doute pourquoi elles ne s'adressent pas uniformément à tous: on dirait même qu'elles sont sélectives, car elles n'assaillent pas n'importe qui. C'est encore Paul Klee qui en vient à suggérer ce que peut être leur assaut: il définit l'artiste comme l'occupant d'une position intermédiaire, en le comparant à un tronc. Par lui doit passer la Beauté; et celle-ci qui est l'espèce de dire immédiat à ne pas refouler, impose une charge de communiquer, de rendre perceptible.

Une telle charge que l'artiste reçoit comme une espèce de lumière transitoire n'est pas vraiment une mission; et sans doute est-il impossible d'être artiste à chaque instant. Elle signifie seulement qu'il advient que la Beauté impose un témoin de sa présence en lui confiant quelque chose de sa façon d'agir. Et le temps dans lequel l'on se trouve engagé peut gêner ou non le témoignage à effectuer. Sans doute faut-il attendre l'assaut de la Beauté et de ses exigences en étant en situation d'accueillir avec joie l'éventualité d'être à la fois désoeuvré et plein d'énergie, d'abdiquer son libre choix pour se laisser diriger par 'une étincelle mystérieusement jaillie d'on ne sait où'.

Dans certains textes de mystiques musulmans dont la lecture m'a été heureusement suggérée par mon ami Souleymane Bachir Diagne, il est possible de rencontrer une manière de distinguer le temps ordinaire et un autre temps analogue au temps de l'artiste. Ces textes là disent que la quotidienneté est un temps inoffensif, innocent dans son écoulement, et qu'il y a un temps offensif susceptible d'être profitable et d'être aussi bien un réel danger. Il faut savoir se servir, profiter du temps offensif.

C'est sans doute pour conjurer un réel danger que l'artiste adopte une attitude de soumission et de pleine confiance à l'égard de son temps et qu'il souhaite la fissure du quotidien qui rendra possible l'irruption d'étincelles.

Fin de l'histoire et perspective de développement: l'Afrique dans le temps du monde

Sémou Pathé Gueye, Dakar (Sénégal)

Introduction

Face à l'évolution actuelle du monde, faite de bouleversements de toutes sortes, et de radicales mises en question qui posent dans des termes parfois inédits, le problème du devenir des sociétés et celui de la place des peuples dans les temps à venir, l'Afrique peut-elle encore nourrir raisonnablement l'espoir de rattraper l'histoire ou, à tout le moins, d'éviter une marginalisation considérée par beaucoup aujourd'hui comme son destin le plus probable?

A bien des égards, le contexte dans lequel nous sommes appelés aujourd'hui à formuler, et à essayer de résoudre cette question, est différent de celui des années 60, premières années d'indépendance.

En effet, lorsqu'il y a une trentaine d'années, René Dumont, dans *l'Afrique noire est mal partie*, doutait que nos pays nouvellement indépendants se fussent engagés dans la bonne voie, quel tollé n'avait suscité une telle opinion, dont le scepticisme avait quelque chose d'incongru dans le contexte de douce euphorie et d'optimisme qui prévalait à l'époque! Quelques décennies plus tard, une intellectuelle africaine, Axelle Kabou, au terme d'une analyse qui certainement n'est pas totalement exempte de faiblesses, pourra parler de 'refus' de développement sans choquer ni indigner autant d'Africains que ne le fit le célèbre agronome français.[1] C'est qu'entre les deux prises de position, de longues et dures années de vérité se sont écoulées, des années qui ont vu les immenses espoirs placés naguère dans la reconquête de notre dignité et de notre souveraineté s'effondrer les uns après les autres, à la faveur des rendez-vous manqués dont on ne compte plus le nombre. Aujourd'hui, c'est un avenir autrement incertain qui se profile à l'horizon pour nos peuples, et l'Afrique, dans sa longue marche pour la quête du bonheur et de la liberté, voit les handicaps, de plus en plus lourds, s'accumuler sur son chemin. Nous en citerons trois - il y en a probablement plus - qui semblent compromettre gravement cette quête.

Etudes de philosophie interculturelle, tome 8 (1997), p. 73-101

Premièrement:

L'enthousiasme des années soixante pendant lesquelles nos peuples qui venaient de prendre en main leur destin pouvaient se sentir profondément motivés par la richesse des perspectives historiques qui s'ouvraient devant eux, et par la conscience massivement vécue d'avoir un monde nouveau à bâtir, a fondu, au fur et à mesure, à la faveur de politiques d'édification nationale qui ont pratiquement déçu toutes les attentes qu'elles avaient suscitées. L'horizon de ce fait semble plus nuageux que jamais, et la démobilisation de nos peuples est d'autant plus grande, surtout depuis la mise en oeuvre des 'politiques d'ajustement', qu'ils ont le sentiment que tous les sacrifices consentis, ne serait-ce que pour rendre leur quotidien plus vivable, l'ont été en pure perte.

Deuxièmement:

La crise des modèles de développement qui servaient de paradigmes aux politiques de construction nationale - capitaliste et socialiste - qui se rejoignent dans leur incapacité à tenir les promesses dont ils étaient censés être porteurs selon leurs adeptes respectifs, laisse désormais perplexes nos peuples sur la question de la meilleure voie à emprunter pour l'avènement d'une société qui réaliserait pleinement leurs aspirations à mieux vivre.[2] Cette situation débouche sur une crise de perspective et d'orientation, d'autant plus grave pour l'avenir du Continent que la propension y est déjà très forte, au niveau des élites dirigeantes, d'appréhender les problèmes dans le court terme et d'essayer de les résoudre au 'cas par cas'. Le pilotage à vue et le bricolage dans la conduite des affaires publiques trouvent donc là un terrain de prédilection pour s'installer et prospérer, au grand dam de populations pratiquement livrées à elles-mêmes dans la recherche de meilleurs lendemains.[3]

Troisièmement:

Les mutations qui se déroulent actuellement dans le monde, par leur rythme époustouflant mais aussi par la nature et l'ampleur des défis nouveaux qu'elles posent à l'humanité, semblent avoir pris de court une Afrique qui, dans la mise à jour de sa propre histoire, était déjà en retard de plusieurs adaptations nécessaires. C'est ainsi que notre Continent se trouve confronté avec la dramatique nécessité de devoir vivre plusieurs époques en la même, et d'évoluer au rythme forcément inégal de temporalités différentes, dont chacune lui pose des problèmes historiques spécifiques appelant des réponses tout aussi spécifiques. Par nos façons de penser et d'agir, et par les moyens dont nous disposons pour répondre aux défis quotidiens de notre propre existence, nous sommes à peine sortis du Moyen Age que le XXIè siècle, dans tous ses atours 'post-modernes', frappe déjà à nos portes.

On a donc naturellement beaucoup plus de mal à savoir aujourd'hui le meilleur bout par lequel prendre les choses pour dénouer l'écheveau complexe des problèmes de toutes sortes et de tous âges qui constituent le lot de notre présent. D'où, dans notre marche historique, des tâtonnements et des hésitations qui, à une époque où tout s'accélère et où personne ne nous attend, aggravent d'autant plus l'immense retard que sous bien des égards nous accusons déjà sur les autres.

Ces trois handicaps - qui ne sont certainement pas les seuls - pèsent déjà lourdement sur la possibilité, les modalités et les perspectives de la prise en charge de notre propre destin. La nécessité même de cette prise en charge se fraye difficilement un chemin dans les consciences et les comportements de tous les jours, dans le cadre d'une évolution mondiale aux allures d'apocalypse qui amène certains, qui n'ont pas peur des mots, à parler tout bonnement de la 'fin de l'histoire'.

Qu'est ce que la 'fin de l'histoire?' Cette notion de 'fin de l'histoire' a été replacée ces dernières années au centre des débats intellectuels depuis la parution d'un article de Francis Fukuyama devenu, à la faveur des discussions suscitées et des réflexions complémentaires qu'elles ont suggérées à l'auteur, un livre intitulé *La fin de l'histoire et le dernier homme.*[4]

Il y a 'à boire et à manger' dans ce livre, et ce n'est certainement pas dans ses pages que les spécialistes d'histoire de la philosophie trouveront la lecture la plus fidèle, des auteurs qui y sont convoqués presque au pas de charge et dans le cadre de raccourcis interprétatifs à couper pratiquement le souffle. Quoi qu'il en soit... Sa thèse centrale, qui commence à être bien connue, est cependant suffisamment audacieuse pour en mériter le rappel en quelques mots.

Avec l'effondrement du camp socialiste dont l'existence entretenait jusque là l'illusion d'une alternative au capitalisme, le triomphe de la démocratie libérale et de son pendant naturel, l'économie de marché serait désormais définitivement assuré. Ces derniers délimiteraient donc maintenant une fois pour toutes le cadre naturel d'évolution des sociétés, ce qui disqualifierait par la même occasion l'idée de 'progrès' telle qu'elle était héritée de Lumières et reprise à leur compte par les grandes philosophies de l'histoire du XIXè siècle, de Hegel à Marx, c'est-à-dire la perspective téléologique d'une marche des peuples vers un 'plus' projeté en avant d'eux, et dont l'atteinte réaliserait leur idéal de bonheur et de liberté. L'homme lui-même se trouverait, pour les mêmes raisons, condamné pour ainsi dire à concevoir sa propre réalisation dans les limites rigoureusement tracées par ce nouveau cadre historique et par les conditions qu'elles déterminent pour la pensée et l'action.

Certes un regard plus attentif, moins 'idéologique', jeté sur le vaste champ des mutations qui s'opèrent devant nos yeux révélerait une pluralité d'enjeux, donc une surdétermination de sens, que seule une lecture trop pressée de récupérer l'histoire et de l'enrôler dans son propre combat peut feindre de ne pas voir.

Mais notre propos ici n'est pas de discuter cette thèse, d'autant plus contradictoire en elle-même d'ailleurs que, tout en proclamant la disqualification définitive de toute ambition de totalisation de l'histoire elle ne se prive nullement cependant d'en faire autant en essayant d'enfermer dans un schéma unique d'explication, la diversité des évolutions en cours et l'extraordinaire multiplicité des perspectives qu'elles ouvrent à l'analyse théorique.[5]

En vérité, ce que la notion de 'fin de l'histoire', de façon très imparfaite, essaie de suggérer, c'est un extraordinaire cocktail de crises historiques dont chacune, à sa manière et à son niveau propre, reflète des tendances générales de l'évolution actuelle du monde dans ses ambiguïtés et ses contradictions, et dans l'allure souvent iconoclaste de ses remises en question. Il en découle une situation d'autant plus difficile à penser rationnellement qu'elle semble se jouer de toutes nos procédures familières de rationalisation, une situation à laquelle il est d'autant plus difficile d'assigner un 'sens', qui serait ouverte même sur l'horizon d'un 'non sens' radical.

Car ce qui se laisse entrevoir à travers la notion de 'fin de l'histoire', c'est d'abord cela: l'idée selon laquelle l'histoire ne poursuit plus aucun but dont la réalisation finale serait sa raison d'être, tout ce qui advient ici et maintenant, tout ce que nous pouvons faire ici et maintenant, n'ayant de 'sens' qu'au regard de ce but projeté à la 'fin'.

C'est donc la crise du sens de l'histoire. Devant la tournure apparemment absurde, en tout cas intellectuellement déroutante à bien des égards, que prennent la succession et l'enchaînement des événements dans le monde contemporain, l'histoire, que Hegel et ses successeurs considéraient comme le lieu par excellence d'effectuation de la rationalité ['tout ce qui est réel est rationnel, tout ce qui est rationnel est réel'] semble être 'tombée sur la tête' en laissant le monde dériver dangereusement vers la déraison et la dérision. Et puisqu'il n'y aurait plus rien à attendre d'une telle histoire, ainsi devenue sans raison et sans finalité, il ne nous resterait plus qu'à vivre le présent tel qu'il se donne à nous, tant bien que mal, plutôt mal que bien, en nous laissant convaincre par Nietzsche, dont l'immense éclat de rire suscité par l'illusion totalisatrice des philosophes de l'histoire prend ici tout son sens, que 'jamais un coup de dés n'abolira le hasard'.

C'est aussi, et dans le même mouvement, *une crise du sujet historique*. Par là on peut entendre le fait que, devant la 'trahison des clercs', l'épuisement du potentiel révolutionnaire de la classe ouvrière (dont la survie même est rendue problématique par la révolution scientifique et technologique) et la démobilisation des peuples, il semble qu'il n'y ait plus désormais aucune force capable de prendre en charge la transformation du monde, d'en assumer la direction et d'en assurer le succès final.[6]

C'est également le crise de ce qu'avec les théoriciens de l'Ecole de Francfort (notamment Horkheimer et Adorno dans *La Dialectique de la raison*), on appelle *rationalité instrumentale*. Cette crise traduirait l'impasse d'une raison qui, parce qu'orientée essentiellement vers la domination de la nature, aurait progressivement perdu son rôle émancipateur, pour se transformer en instrument de domination de l'homme par l'homme, notamment par la libération de toutes sortes de pouvoirs maléfiques incontrôlables par celui-ci, qui devient étranger à lui-même dans le monde de ses propres oeuvres et se transforme en une chose parmi les choses. Cette crise traduirait également la prise de conscience du caractère autosuicidaire d'une 'civilisation' qui, pour avoir privilégié l'avoir par rapport à *l'être*, a, au fur et à mesure, relégué l'homme à l'arrière-plan, en même temps qu'elle a considérablement contribué à compromettre les chances d'un 'développement durable', notamment en saccageant littéralement le patrimoine écologique de l'humanité. C'est ainsi que le postulat fondamental de la 'modernité', selon lequel l'humanité gagne automatiquement en bonheur et en liberté en proportion des progrès réalisés par la raison dans ses efforts pour élucider les mystères du monde, forger les instruments de la transformation de la nature et accroître les richesses matérielles, est de plus en plus perçu comme une illusion fatidique à laquelle certains n'hésitent plus à imputer les diverses formes de totalitarisme et de régression vers la barbarie qu'a connues notre siècle.

C'est par ailleurs la *crise des dispositifs traditionnels (politique, idéologique, économique, social)*, de régularisation et d'encadrement des sociétés: Etat, idéologies et 'appareils idéologiques d'Etat' (partis, syndicats, Ecole, Famille), ainsi que celle des systèmes de valeurs et de représentation qui servaient de fondement, de légitimation et de justification aux différents consensus qui assuraient la cohésion des sociétés et leur équilibre.

C'est enfin *la crise des pouvoirs traditionnels (politique, militaire, sacré, etc.*) avec l'apparition et le développement exponentiel, grâce à la révolution technologique dans les domaines de l'information et de la communication, de 'nouveaux pouvoirs' fondés sur la maîtrise des moyens de production et de diffusion des savoirs de pointe, des idées et de images.[7]

C'est l'ensemble de ces crises donc, et de la façon dont elles bouleversent notre existence quotidienne, bouscule nos conceptions et nos habitudes, redéfinissent les conditions et les critères d'efficacité de notre action et tiennent même en échec, dans une certaine mesure, notre volonté, qui donne le sentiment, quelque peu dur à vivre, que le monde est en train de basculer au-delà du temps, emportant avec lui non seulement nos espoirs et nos illusions, mais aussi tous les repères qui jusqu'ici permettaient de nous identifier et de nous orienter.

Nous serions donc entrés ainsi dans l'ère de la grande incertitude, du chaos positif et de l'absolue complexité, une ère où se brouilleraient dramatiquement nos lignes de démarcation familières entre le rationnel et l'irrationnel, entre le réel et l'imaginaire, voire entre le bien et le mal, dans un processus dont la rapidité même condamnerait d'avance à la vanité toute tentative d'en rendre compte dans une vision cohérente et systématique qui se voudrait définitive et totalisante.

Ainsi donc irait le monde dans lequel il s'agit, pour l'Afrique, de travailler aujourd'hui à se forger un destin - un dessein - qui la remette au diapason de l'histoire universelle.

Évidemment le diagnostic de toutes les crises repérées plus haut provient de l'occident, de ses réalités et de ses problèmes. On pourrait donc croire qu'il ne nous concerne nullement.

Ce serait là une illusion dangereuse. Une illusion, dans la mesure où c'est bien sur cette planète Terre que se situe l'Afrique, et non sur une autre galaxie: on voit donc mal où et comment on pourrait ériger une 'ligne maginot' qui ferait de notre continent une sorte de sanctuaire protégé de toutes les évolutions qui agitent aujourd'hui un monde devenu de plus en plus interdépendant, où les situations et les problèmes qu'elles créent s'imbriquent et interagissent de façon de plus en plus inextricable. Dangereuse, dans la mesure où elle nous ferait perdre de vue la manière dont, dans des termes spécifiques, chacune de ces crises interpelle l'Afrique, et pose devant elle des tâches dont la résolution conditionne directement son avenir.

En réalité chacune des grandes interrogations suscitées par ces différentes crises peut avoir une traduction concrète en Afrique. On peut rapidement le montrer.

La crise du sens de l'histoire: S'il est vrai qu'il n'y a plus rien à attendre d'une histoire qui serait devenue sans but et sans finalité, y aurait-il encore un sens pour nos peuples que d'aspirer à un 'développement' qui se projetterait à l'horizon de leurs efforts et de leur sacrifice comme la promesse d'un futur qui pourrait leur apporter tout ce que le présent leur refuse aujourd'hui? Faudrait il qu'ils s'accommodent donc une fois pour toute de la fin de non-recevoir opposée jusqu'ici par l'histoire à la réalisation de leurs légitimes aspirations au bonheur et à la liberté, en se contentant désormais comme Sisyphe, de rouler éternellement leur rocher sans espoir et sans rien en attendre?

La crise du sujet historique: S'il est vrai qu'il n'y a plus dans le monde de force capable d'impulser une dynamique porteuse de renouveau, de l'orienter de façon cohérente et de mobiliser les peuples autour de sa réalisation, sur quoi, et sur qui l'Afrique pourrait-elle alors compter pour engager son combat pour un avenir meilleur?

La crise de la rationalité instrumentale: Si la mise en oeuvre inconsidérée de la science et de la technique a eu sur l'environnement, des conséquences qui compromettent gravement la perspective d'un développement humain durable, faudrait-il pour notre continent, renoncer à celles-ci, pour échapper au risque de leur éventuel dérapage, ou faudrait-il au contraire concevoir des modalités propres à l'Afrique, et adaptées à ses conditions spécifiques, de développement et d'utilisation de cette science et de cette technique? Quelles seraient, le cas échéant, ces modalités? Ou encore faudrait-il, tout simplement, jeter aux orties la raison et ses produits, pour être dans le vent d'un irrationalisme dont on a cherché pendant longtemps à nous faire croire qu'il était notre principal atout, dans ce 'monde défunt des machines et des canons'?

La crise des pouvoirs et des dispositifs traditionnels de légitimation, de régulation, d'encadrement et de gestion des sociétés: Est-il encore possible d'inventer, pour notre propre compte et conformément à nos propres réalités, de nouveaux dispositifs susceptibles de garantir autrement aux sociétés africaines l'harmonie, l'équilibre et un nouveau dynamisme créateur, ainsi qu'à leurs membres l'épanouissement personnel, la plus large autonomie individuelle possible et la protection de leur identité?

La crise des idéologies enfin: Faudrait-il considérer, compte tenu de l'échec des idéologies locales que furent la Négritude, le Panafricanisme, l'Africain Personality', l'Authenticité, le Socialisme Africain, le Consciencisme, etc. ... qu'il n'est plus besoin de concevoir pour l'Afrique de nouvelles 'utopies concrètes' (au sens d'E. Bloch) qui seraient porteuses d'une mystique susceptible de mobiliser de nouveau les populations du Continent pour leur propre libération?

Il n'est nullement question, dans les limites de cet article, de prétendre pouvoir aborder chacun de ces problèmes et de leur trouver des réponses. Nous pouvons cependant esquisser brièvement quelques pistes de réflexion qu'ils suggèrent.

Avoir, durant tout ce temps d'épreuves, porté sur ses épaules pratiquement le poids du monde, et nourri de ses mamelles généreuses ceux qui se gaussent aujourd'hui de la situation qu'ils ont pour une part essentielle créée, avoir donc enduré tout cela et rester encore debout, n'est-ce pas la preuve d'une capacité de résistance et de dépassement qui en dit long sur tout ce que l'Afrique aurait pu faire, et ce qu'elle pourra certainement faire demain, pour peu que ses fils sachent clairement et fassent au mieux ce qu'ils ont à faire?

Et penser ainsi n'a évidemment, comme nous le verrons plus loin, rien à voir avec un nombrilisme historique et culturel qui nous fermerait au reste du monde; c'est plutôt se mettre en condition psychologique pour pouvoir tirer profit du dynamisme propre de notre histoire et nous laisser porter par elle avec force et assurance, dans notre marche vers le futur.

Mais c'est ensuite cesser de porter cette histoire comme un fardeau, comme une fatalité qui justifierait tous les renoncements et toutes les capitulations. Car sans que cela ne témoigne d'une quelconque propension à l'autoculpabilistion ou à l'autoflagelletion, nous devrions pouvoir aussi dire que tout ce qui nous est arrivé, l'est pour une part non négligeable par notre faute.[9] En effet l'histoire, à vrai dire, ne paye les peuples que pour leur peine. On y récolte que ce qu'on y a semé. Osons donc nous regarder en face pour essayer de mesurer le poids de notre propre responsabilité dans la situation actuelle de notre Continent, en essayant par exemple de répondre clairement aux questions suivantes. Travaillons-nous aujourd'hui autant qu'il faudrait pour pouvoir nous hisser au même niveau historique que les autres? Faisons-nous preuve, autant qu'eux envers eux-mêmes, de rigueur et d'exigence envers nous-mêmes? Est-il raisonnable au moment où tout urge pour tout le monde, et où personne ne nous attendra, que nous soyons si prodigues de notre temps, si prompts à le gaspiller? N'est-ce pas simplement autosuicidaire que de dilapider nos biens et nos richesses à des futilités comme c'est souvent le cas, en ne comptant parfois que sur la 'générosité' de moins en moins évidente (et qui n'a jamais été désintéressée) des autres pour construire notre avenir? Et la corruption? Et l'irrespect à l'égard des biens publics? Et le laxisme dans la gestion de ces biens? Sont-ce bien là les meilleures comportements pour conduire nos peuples vers des lendemains qui chantent?

Il s'agit en un mot de 'reconstruire' notre rapport au passé, c'est-à-dire de le revivre de façon non plus passive mais créatrice, en partant de ce qu'il a pu être objectivement, en bien et en mal, pour l'exploiter au mieux de nos intérêts actuels et dans la perspective d'un meilleur positionnement dans le monde de demain. Y réussir exige des préalables dont le premier nous semble être d'ordre méthodologique.

Une restitution convenable du passé qui serait susceptible de nous le faire revivre de façon créatrice a de ce point de vue des exigences qu'il faut savoir mesurer. Elle ne saurait nullement limiter son ambition à restaurer l'image de nos 'grandes figures' et l'éclat réel ou présumé de leur faits et gestes passés, ou à exalter à satiété des 'valeurs traditionnelles' auxquelles il ne resterait plus que le mérite d'avoir existé, car elle se rendrait ainsi incapable de mettre en lumière les facteurs de dynamisme et de créativité présents dans l'épaisseur et la profondeur des situations historiques passées. De ce fait, elle ne nous en apprendrait finalement que peu de choses pouvant alimenter et fortifier en permanence notre identité dans ses dramatiques confrontatio C'est d'abord la nécessité de repenser notre rapport à notre propre patrimoine historique et culturel. Car dans un monde aux prises avec des évolutions qui brouillent si facilement les repères et mettent en péril les identités (surtout celles qui ont été fragilisées comme les nôtres), cela nous permettrait incontestablement de disposer en permanence d'un socle solide auquel nous pourrions nous arrimer de tout notre être pour résister aux tempêtes de l'Histoire.

Mais que faut-il entendre ici par là? Qu'il s'agit d'abord de 'décomplexer' une fois pour toute notre vision du passé, en nous laissant convaincre que l'Afrique n'a pas été que ce continent 'sans histoire'qui n'aurait été capable de s'intégrer à l'histoire du monde qu'à la remorque des autres.[8] Au moment où ici et là, on cherche à prendre prétexte de notre retard pour distiller insidieusement en nous le doute sur nos propres capacités, et pour nous désarmer psychologiquement devant l'ampleur des tâches qui nous attendent, nous rappeler et rappeler en permanence aux autres la brillante contribution que l'Afrique naguère a apportée à l'enrichissement de la civilisation humaine n'est après tout qu'une simple mais importante question de vérité. Car réfléchissons un peu à l'immensité des épreuves auxquelles notre Continent a dû faire face, de la traite des Nègres, qui lui a arraché des dizaines de millions de ses bras les plus valides (et on a vu tout ce qu'ils ont pu apporter à leur continent de déportation), aux longs siècles de colonisation directe et indirecte, qui ne l'ont pas seulement dépouillé de ses ressources les plus précieuses mais qui ont aussi dramatiquement étouffé l'expression de son génie créateur au nom d'une mystificatrice 'mission civilisatrice de l'Occident' et de la 'mondialité'. Or là réside un enjeu capital qu'il convient d'expliciter.

Lorsqu'on observe l'évolution contemporaine du monde, deux tendances, entre autres, se détachent très nettement.

L'une de ces tendances, que l'apparition des 'autoroutes de l'information' va accentuer et accélérer, découle de l'explosion des moyens d'information et de communication qui ont, comme il est devenu banal de le dire depuis Mac Luhan, transformé le monde en un 'village planétaire' à l'intérieur duquel les idées et les valeurs circulent et se transforment radicalement au contact les unes des autres.[10] Elle constitue une caractéristique majeure de notre époque: la 'mondialité'. Celle-ci s'impose désormais comme une donnée de fait qui affecte fondamentalement le contenu et l'orientation des rapports actuels entre les Etats, entre les Sociétés, entre les Peuples, entre leurs cultures spécifiques et leurs identités respectives. Dans un contexte où la 'virtualité' s'impose de plus en plus comme une manière de vivre notre vie quotidienne, cette tendance réduit d'autant notre emprise sur le monde et peut-être notre volonté de le transformer.

Mais en même temps que cette 'mondialité', et peut-être en réaction contre elle, une seconde tendance se dégage tout aussi nettement: l'explosion de l'affirmation identitaire (sous différentes formes, ethniques, régionalistes, religieuses, etc.) en tant qu'expression de l'aspiration de plus en plus forte à retrouver ses propres marques, dans une évolution mondiale dont nous avons déjà dit qu'elle tendait à les effacer. C'est au regard de cette aspiration précisément qu'une bonne lecture de notre histoire prend tout son sens. Réapprendre à être pleinement ce que nous sommes en nous ressourçant à la substance vivante de notre histoire - ce qui présuppose que celle-ci ne nous lègue pas que de glorieuses 'momies'- nous permettrait d'affronter dans les meilleures conditions cette 'mondialité', non pas pour la vivre passivement, mais comme des sujets capables de créer en permanence des valeurs nouvelles susceptibles de diversifier et d'enrichir son contenu, en contribuant ainsi à faire un véritable 'rendez-vous du donner et du recevoir'. Au contraire, une approche simplement nécrophagique de notre passé risquerait de nous enfermer dans un nombrilisme nostalgique qui nous figerait dans l'invocation d'un Age d'or révolu - si tant est qu'il ait jamais existé - en nous margilisant davantage dans le monde en train de se faire.

Faut-il ajouter que c'est généralement à une mauvaise restitution du passé, donc à un mauvais rapport à ce passé, que nous devons souvent la recrudescence de tant de phénomènes hautement préjudiciables à notre marche en avant comme le chauvinisme ethnique, le régionalisme, le tribalisme et autres formes d'intolérance et d'exclusion dont l'Afrique n'a d'ailleurs plus le monopole?

Quand le passé enferme sur soi-même au lieu d'ouvrir sur l'Autre, quand il finit par nous faire considérer par nous- mêmes, non plus comme des hommes à part entière, participant en tant que tels de l'universalité de la condition humaine, mais plutôt comme des hommes entièrement à part, frileusement emmitouflés dans une identité qui ne vivrait plus que par elle-même, l'Autre devient facilement une menace, et la violence contre lui apparaît tout aussi facilement comme le meilleur moyen d'assurer sa propre place au Soleil.[11]

Deuxième préalable pour nous réapproprier convenablement notre passé, après celui d'ordre méthodologique que nous venons d'indiquer, c'est celui, mal formulé peut-être ainsi, de la production *en* Afrique du savoir et du discours *sur* l'Afrique.

Il ne s'agit pas de refuser aux non-Africains le droit de penser sur l'Afrique, de parler de l'Afrique, encore que, s'ils le font, ils soient tenus à un minimum d'objectivité et de respect. Certains du reste y arrivent fort bien et il faut leur rendre hommage. Il ne s'agit pas non plus de valider d'avance tout savoir, tout discours sur l'Afrique, pour la seule raison qu'ils seraient produits par un africain, même si ce dernier devait croire pouvoir faire fi des exigences universellement reconnues de validité des savoirs et de recevabilité des discours.

Mais il est un fait qui dure déjà depuis bien longtemps à notre grand détriment, et qui, pour cette raison, devrait à notre avis cesser au plus vite. C'est que, pour l'essentiel, et après plusieurs décennies 'd'indépendance', c'est à travers le regard de l'Autre, à travers un savoir et un discours généralement produits ailleurs sur eux et pour eux, que les Africains continuent d'appréhender les réalités de leur propres continent. Les raisons de détour par l'Autre, pour aller de nous mêmes à nous-mêmes, sont certes faciles à comprendre. Elles résident pour l'essentiel dans l'approbation par l'Occident des grands moyens de production et de diffusion du savoir, ainsi que celle des principaux réseaux et relais de collecte et de diffusion de l'information. D'où la faible amplification, voire les tentatives pures et simples d'étouffement et même de discrédit organisé, des savoirs et des discours produits de façon autonome en Afrique, surtout s'il tendent à rectifier sur tel ou tel aspect l'image de plus en plus délibérément tronquée largement répandue sur notre continent.

Or l'enjeu ici aussi est de taille. Reprendre le contrôle de la production et de la diffusion du savoir et du discours sur nous-mêmes constitue en effet une condition importante, non seulement pour pouvoir poser au reste du monde nos propres questions, mais aussi mesurer à l'aune de nos propres préoccupations, de nos propres critères et surtout de nos propres priorités, les questions que les autres nous posent et surtout la pertinence des réponses qu'ils nous proposent (et parfois nous imposent).

Il y va de la responsabilité particulière des intellectuels africains qui doivent, dans cette perspective, montrer certainement beaucoup plus d'exigences envers eux-mêmes, non seulement en allant de façon plus audacieuse à l'assaut des cimes du savoir, dans tous les domaines, mais aussi, à force de contenance et de rigueur dans le travail, en acquérant dans leurs domaines respectifs, la qualification et la maîtrise des problèmes nécessaires pour conférer un maximum de crédibilité universelle aux productions théoriques africaines.[12]

Mais il y va beaucoup plus encore de la responsabilité des Etats, plus interpellés que jamais par l'urgente nécessité de s'engager de façon plus déterminée qu'ils ne le font aujourd'hui dans l'édification en Afrique d'une puissante base autonome de production et de diffusion de savoirs et de connaissances. Ce qui, on ne devrait jamais se lasser de le rappeler, serait impossible sans la mise en oeuvre de politique conséquente d'éducation, de formation et de recherche scientifique et technique. Certes il faut, pour ce faire des moyens et des moyens de plus en plus importants, et dans notre situation actuelle, cela apparaît un peu comme la 'quadrature du cercle'.

Car, sauf à s'en reporter à l''aide' de plus en plus hypothétique, et jamais désintéressée, des bailleurs de fonds, on voit mal comment nos pays pourraient venir à bout de cette question sans la formation en quantité et qualité suffisantes, mais aussi sans l'utilisation rationnelle aux places qu'il faut, d'hommes et de femmes capables d'inventer des ressources et des moyens, de les gérer de façon à la fois efficace et efficiente, de concevoir et de mettre en oeuvre les stratégies nécessaires à la solution des problèmes que posent notre environnement naturel et social, d'anticiper intellectuellement ce que nous réserve le futur et de nous préparer déjà à les affronter dans les meilleures conditions.

Mais une autre question resterait à résoudre, celle de la perspective qui, compte tenu de son importance, nous semble appeler aussi quelques réflexions.

Savoir où l'on va

Qui ne sait pas où il va, va sûrement à sa perte. Sans une mise en perspective claire de nos actions, dans le cadre d'un projet cohérent prenant rigoureusement en compte les aspirations légitimes de nos populations pour formuler les voies et moyens pouvant les satisfaire, notre Continent risquerait de continuer d'errer comme une barque sans port dans l'Océan de l'Histoire. Nous devons donc savoir et pouvoir dire clairement ce que nous voulons faire de l'Afrique, dire de quelle Afrique nous voulons. D'autres nous reprocheront sans doute d'être quelque peu anachronique, à l'ère présumée de la 'fin des idéologies', de vouloir réintroduire par la bande des querelles idéologiques qu'ils prétendent révolues. Ce seront les mêmes peut-être qui nous reprocheront aussi de nous remettre incorrigiblement à 'faire des théories' alors que serait, d'après eux, aux approches concrètes, pragmatiques, prenant les problèmes au cas par cas et tels qu'ils se présentent, pour leur apporter des solutions ici et maintenant, en laissant l'avenir 'entre les mains du Bon Dieu'.

Voudrait-on nous faire croire que la 'pensée unique', qui se répand actuellement dans le monde, et juge tout sous l'angle des critères du libéralisme et des intérêts d'un capitalisme devenu momentanément triomphant, sans avoir, à l'expérience, apporté aucune réponse aux inquiétudes majeures de l'humanité, n'est pas de l''idéologie' mais plutôt de la 'science'? Alors qu'au sens rigoureusement scientifique du terme toute théorie a au moins une double fonction, essentielle pour quiconque refuse de vivre dans les ténèbres et la passivité, celle d'expliquer rationnellement et de prévoir, voudrait-on, contre toute évidence, nous faire admettre que la situation que vit actuellement notre Continent, et celle qui se profile à son horizon, sont devenues d'une clarté telle qu'elles rendraient désormais superflue et même désuète toute démarche tendant à les scruter attentivement par la pensée afin d'identifier rigoureusement les problèmes que nous pose la construction de notre avenir, pour les formuler et les résoudre de façon pertinente.

Ceux qui disent cela ne le disent nullement pour notre bien et leur objectif coule de source: continuer à concevoir pour nous des idéologies et à nous façonner des théories qu'ils nous vendraient par la suite comme des prêt-à-porter intellectuels destinés à nous dispenser de penser par nous-mêmes et pour nous-mêmes au futur et à la façon dont nous devrions nous y prendre pour conformer aux légitimes aspirations de nos populations.[13]

De ce point de vue, si on n'y prend garde, les 'politiques d'ajustement structurel', qui sont tout sauf des politiques de 'développement', mais plutôt de simples politiques de survie - et encore! - après nous avoir conduit à l'enlisement aux plans économique et social, risquent de tuer tout bonnement la réflexion théorique sur notre Continent. Avec l'arrogance bien connue de la 'loi du plus fort', elles ne permettent plus en effet aucune mise en question des présupposés théoriques et de l'orientation idéologique qui les sous-tendent, en nous enfermant dans l'alternative qui n'en est pratiquement pas une, entre les accepter béatement comme paroles de Coran ou d'Evangile et les répéter sans vergogne comme le nec plus ultra de la pensée économique et sociale, ou alors se taire pour ne pas paraître idiots ou rétrogrades. Ce qui nous menace ainsi, à terme, c'est l'engourdissement de notre faculté critique, avec la disqualification, par anticipation, de toute démarche qui, à partir d'autres présupposés théoriques et idéologiques, chercherait à juger, au regard de leurs résultats tangibles, la pertinence et le bien-fondé des options qui nous sont si dogmatiquement imposées aujourd'hui comme les seules à pouvoir assurer notre salut et garantir notre avenir.

Nous ne pouvons donc pas, sans dommage, nous laisser impressionner par un tel terrorisme intellectuel, ni non plus limiter notre nécessaire résistance à l'orchestration d'une chorale de pleureuses, en nous lamentant à l'infini sur notre liberté intellectuelle bafouée. Il s'agit plutôt de se retrousser les manches, en prenant à bras le corps dans leur immensité et leur complexité, les problèmes théoriques que nous pose aujourd'hui le devenir de notre Continent, en ouvrant donc ainsi un nouvel espace d'expression à notre pensée, non seulement pour la sauver de la 'goulag-isation', mais aussi pour lui restaurer sa totale latitude de concevoir des réponses alternatives aux situations que nous vivons, ainsi que des stratégies endogènes de mise en oeuvre de ces réponses.

C'est précisément sous ce rapport que la réactivation de débat théorique autour de la question des voies et des stratégies de développement révèle tous ses enjeux et revêt pour nous une importance tout à fait capitale.

Edifiés, aussi bien par l'expérience de nos propres échecs, que par ce que nous avons appelé plus haut la crise des modèles théoriques de développement, nous avons en principe maintenant une meilleure idée du fossé qui peut exister entre le possible et le désirable. Il s'agit en tournant résolument le dos à la fois au romantisme de certaines de nos vues antérieures mais aussi au défaitisme auquel nous convient certains sous prétexte de 'réalisme', de nous fonder sur la nouvelle sagesse ainsi acquise, pour nous risquer à de nouvelles 'utopies' susceptibles de prendre la relève de nos défuntes idéologies locales. Et de telles utopies auraient d'autant plus de chances d'orienter efficacement l'action, de libérer l'énergie de nos peuples et de les mobiliser, qu'elles s'appuieraient à la fois sur l'analyse sans autocomplaisance aucune de nos faiblesses et sur la prise en compte des atouts dont malgré l'apparence, nous continuons de pouvoir nous prévaloir, en transcendant par ailleurs les clivages artificiels ou subalternes qui nous empêchent aujourd'hui de concentrer toute notre attention sur l'essentiel: l'avenir de l'Afrique.

C'est sous ce rapport qu'à nos yeux, un concept de développement qui puisse être réellement profitable à nos peuples devrait intégrer dans sa définition et prendre en compte dans les politiques chargées de la réaliser un certain nombre d'exigences parmi lesquelles on pourrait, sans prétendre à l'exhaustivité, indiquer celles qui suivent:[14]

* *un environnement mondial plus propice au développement* parce que

fondé sur des relations plus équilibrées entre les Etats et les Nations, sur le renforcement de la souveraineté des peuples et de leur contrôle sur les moyens politiques, économiques, sociaux et culturels de leur promotion, donc sur la suppression des mécanismes actuels de spoliation et d'exploitation (détérioration des termes de l'échange, dette, etc.) qui, en empêchant ces peuples de jouir pleinement de leurs ressources et du fruit de leur travail, finissent par les décourager et les démobiliser;

* *un contexte international de paix* qui implique, au niveau continental, l'extinction de tous les foyers de tension pour permettre aux Etats de consacrer à l'accomplissement des tâches essentielles de développement, les précieux moyens gaspillés aujourd'hui à des fins d'armement voire de surarmement;

* *la stabilité politique et institutionnelle* de nos Etats et l'instauration en leur sein d'un climat de paix civile fondé sur un minimum de consensus autour des questions essentielles conditionnant le devenir de nos pays;

* *une refonte radicale de la structure et du fonctionnement* de nos Etats tels qu'ils nous ont été légués par le pouvoir colonial, dans la double perspective de renforcer leur capacité d'orienter et de coordonner harmonieusement les activités et les initiatives nationales en matière de développement, mais aussi de mieux asseoir leur autorité sur une plus grande proximité avec les citoyens et une meilleure aptitude à répondre à leurs besoins et à leurs attentes;

* *une façon nouvelle de concevoir et de faire la politique*, qui non seulement mettrait au centre de ses préoccupations le citoyen et de ses problèmes mais aussi viserait à développer sans cesse et à renforcer ses capacités d'autonomie et d'initiative politique, c'est-à-dire en faisant de lui le véritable sujet (au sens actif) conscient et responsable du jeu politique;

* *une meilleure intégration* aux niveau sous-régional, régional voire continental, de nos moyens et de nos ressources, donc de nos politiques nationales de développement, et une plus grande solidarité

dans la prise en charge de nos intérêts communs, tant il est vrai qu'aucun de nos Etats pris à part n'a aujourd'hui aucune chance de pouvoir s'en sortir tout seul;

* *une gestion rationnelle, rigoureuse et efficace* des ressources matérielles et humaines disponibles, dans le cadre d'institutions politiques, économiques et sociales sur lesquelles pourrait s'exercer de manière effective et permanente le *contrôle démocratique des citoyens*;

* *une volonté plus affirmée et une démarche plus audacieuse* d'appropriation des acquis de la Révolution scientifique et technologique et de valorisation de la matière grise africaine;

* *le dépassement de la logique perverse essentiellement quantitativiste et 'court-termiste'* des politiques d'ajustement structurel, vers des politiques économiques et sociales intégrant la nécessaire recherche de la croissance dans une perspective plus globale *d'épanouissement total de l'homme*;

* *une prise en compte beaucoup plus sérieuse, moins folklorique, des logiques culturelles* à l'oeuvre dans les systèmes de valeurs et de représentations forgées tout au long de l'histoire de nos peuples et qui, à côte d'exigences et de valeurs modernistes encore insuffisamment ou mal assimilées, continuent de déterminer fortement les comportements quotidiens des acteurs politiques, économiques et sociaux, notamment ceux de monde rural qui constituent encore l'écrasante majorité de nos populations;

* *l'élaboration de stratégies appropriées d'implication et demobilisation massive des populations*, surtout les femmes et les jeunes, notamment par une plus grande *responsabilisation* et un meilleur 'intéressement' dans l'accomplissement des tâches de dévelop-pement;

* *la promotion de la justice sociale*, par et pour un partage plus équitable des richesses créées, en proportion de la quantité et de la qualité du travail fourni par chacun dans la création de ces richesses,

dans le cadre d'un *environnement social* organisé sur des bases susceptibles de libérer l'énergie et la créativité de chaque individu et de lui garantir un plein épanouissement.

Penser concrètement la démocratie

Apparaissent donc ainsi comme étroitement liées aux exigences inhérentes à la perspective d'un développement durable et profitable pour nos populations, celles de la démocratie elle-même. Elles s'inscrivent au coeur des mutations en cours comme la grande question de notre époque, comme une tendance à la fois universelle et irréversible de l'évolution des sociétés contemporaines. Pour l'Afrique elle-même, dont le retard est imputable pour une bonne part aux modes de gestion inefficaces et antidémocratiques qu'elle a endurés de longues années durant, elles constituent assurément une opportunité historique exceptionnelle à saisir pour se reprendre en charge avec rigueur et esprit de responsabilité et pour réamorcer une dynamique nouvelle et se mettre à l'heure et au rythme de notre Temps. Il est heureux d'ailleurs que notre continent, poussé à la fois par des conditions d'époque mais aussi par les nécessités internes de son propre développement semble prendre une mesure de plus en plus exacte de cet impératif historique de la démocratie, même si les expériences entreprises dans ce sens ne sont pas toujours, selon les pays, totalement exemptes d'hésitation, d'ambiguïtés et même parfois de velléités de résistance et de remises en cause des modestes acquis déjà enregistrés. Mais l'essentiel de ce point de vue est, à notre avis, que la bonne direction ait été à tout le moins entrevue, et que la bonne tendance ait été amorcée. Le succès au bout du compte ne peut cependant être considéré comme totalement assuré qu'à un certain nombre de conditions parmi lesquelles nous soulignerons particulièrement celle d'une remise en perspective théorique correcte des phénomènes et processus démocratiques.[15]

En effet, si, encore une fois, la démocratie peut et doit être considérée comme une exigence universelle tant par ses principes et par les valeurs qui l'inspirent que par sa finalité qui est l'affirmation pleine et entière de la liberté et de la dignité de l'homme en tant qu'homme, elle ne se 'vit' cependant, et ne se pratique que dans la contexte de sociétés concrètes culturellement et historiquement spécifiées, par des hommes concrets se ressentant, dans leurs comportements comme dans leurs mentalités, de ces déterminations culturelles et historiques. Il s'agit là, nous semble-t-il, d'une simple évidence qu'il serait à la limite inutile de rappeler si, sans doute pour éviter de prêter le flanc au reproche de 'culturalisme, certains n'en faisaient pas si peu cas dans leur approche théorique de la question. C'est le cas de l'approche purement institutionnelle et normative dont les tenants ne semblent pas être loin de croire qu'il suffit de décliner l''universalité' des principes, valeurs et institutions démocratiques pour avoir une démocratie 'en chair et en os'. Or en s'enfermant dans cette perspective purement ontologique, qui consiste à raffiner à l'infini, et selon les disciplines sollicitées, la réponse à la question 'qu'est-ce que la démocratie?', le risque est grand de perdre de vue ce qui, à nos yeux, constitue la question autrement décisive, parce qu'éminemment pratique: celle de savoir '*comment des hommes concrets, vivant dans des situations tout aussi concrètes, en tenant compte des déterminations socioculturelles de toutes sortes qui agissent au sein de leurs sociétés, appréhendent et appliquent ces principes, normes et valeurs démocratiques, à travers leur pratique quotidienne en tant que citoyens.*'

Si la finalité vers laquelle tend la transition démocratique reste donc bien celle de la mobilisation massive de nos populations dans les processus historiques en cours, pour qu'elles en soient les véritables 'sujets', les véritables forces motrices, un renversement de notre perspective nous semble s'imposer, dont nous pourrions attendre au moins trois 'bienfaits'.

D'abord, il nous permettrait de voir si notre histoire et notre culture ne recèlent pas des valeurs et des pratiques endogènes susceptibles de constituer notre propre contribution à l'enrichissement du concept universel de démocratie. Il pourrait nous permettre ensuite, une fois exhumées ces valeurs et pratiques endogènes et leur actualité établie par une analyse critique sans complaisance et par leur confrontation avec les exigences objectives de la vie moderne, d'inventer à partir d'elles, et pour notre propre compte, des démarches politiques qui, tout en pouvant sans aucun abus de langage se dire 'démocratiques', n'en refléteront pas moins le genie culturel propre de nos peuples et leur propre expérience historique. Mais surtout elle pourrait nous permettre d'éviter ce qu'on pourrait considérer comme une fâcheuse conséquence à laquelle expose tout naturellement une approche qui resterait essentiellement institutionnelle et normative: la tendance qui consiste, de la part de ceux qui, parce qu'éduqués, comprennent et assimilent le sens des définitions qu'on leur propose, de tailler la démocratie à la mesure de leurs propres convenances politiques, tout en prétendant d'ailleurs parler et agir au nom de tous et dans l'intérêt de tous. La majorité des populations se trouve ainsi mise hors jeu dans le débat démocratique; elle y assiste en spectatrice d'autant plus indifférente parfois qu'il porte rarement sur les préoccupations qu'elle ressent elle-même comme étant les plus brûlantes. Pour tout dire, cette approche peut conduire à la démobilisation de ceux qui, malgré tout et en dernière instance, 'font' l'histoire, au moment où, précisément, la nature et l'ampleur des défis à relever posent la nécessité vitale de leur implication et de leur mise en mouvement massive.

Conclusion

A la question de savoir s'il était encore possible de concevoir pour notre continent un avenir qui soit autre que cette marginalisation à laquelle semblent le conduire fatalement ses difficultés avérées à avancer au rythme actuel du monde et à s'élever à la hauteur de ses exigences, on pourrait répondre par l'affirmative. C'est en tout cas ce que nous avons essayé de montrer tout au long de notre réflexion.

Certes, une telle réponse est loin d'être évidente, compte tenu de la façon dont l'afropessimisme, fort de nos impasses et de nos échecs actuels mais aveugle aussi à tout ce qu'il nous reste encore possible de faire pour le surmonter, a tendance à gagner les esprits, y compris ceux de bon nombre d'africains, pour y distiller un scepticisme d'autant plus pertinent qu'il prétend relever du réalisme et du bon sens.

Il est significatif cependant, à notre avis, lorsqu'on essaie de comprendre le fondement réel d'un tel scepticisme, de constater qu'il ne met nullement en cause nos potentialités naturelles encore immenses comme tout le monde le sait, même si elles ont été sérieusement entamées par des siècles de pillage colonial puis néocolonial. Il ne peut non plus, sauf à relever d'un racisme primaire, viser la qualité de nos ressources humaines puisque, malgré le retard considérable accusé dans leur mise en valeur, force est de constater qu'il n'y a aujourd'hui aucun domaine du Savoir, quelque 'pointu' soit-il, où ne brille une intelligence africaine prouvant ainsi, et à tout le moins, que nous ne souffrons d'aucun handicap 'ontologique' qui pourrait condamner irrémédiablement notre continent à demeurer l'éternelle lanterne rouge de l'Histoire. Il serait par ailleurs injuste que l'afropessimisme puisse se prévaloir de nos difficultés en matière de politique économique et sociale pour nous destiner inéluctablement à une telle fin. Car, après tout, les raisons de ces difficultés sont parfaitement assignables. Elles sont à chercher certes dans l'incompétence et l'incurie avec lesquelles les élites qui avaient la charge de nos Etats les ont gérés, mais aussi dans la complicité agissante dont elles avaient réussi à bénéficier de la part d''amis' étrangers qui trouvent plus commode aujourd'hui de se 'défausser' totalement sur eux, et d'adopter la posture somme toute confortable de vertueux donneurs de leçons de 'bonne gouvernance', après les avoir 'conseillées' des années durant et souvent maintenues au pouvoir contre la volonté de leurs peuples. A tout le moins, les responsabilités sur ce point ne peuvent donc être que partagées.

Les raisons qui pourraient donner à douter légitimement de nous sont donc à chercher ailleurs et la question essentielle qu'elles nous posent, celle dont la solution correcte conditionne précisément tout notre avenir, c'est celle de notre aptitude à définir un nouveau rapport au monde susceptible de modifier radicalement notre attitude face à nous-mêmes et aux autres, dans un sens susceptible de nous réinsérer dans la dynamique de l'évolution contemporaine. Il y a donc de ce point de vue un prix à payer, si nous tenons du moins à ce que la fin proclamée de l'Histoire ne soit pas pour nous l'histoire programmée de notre propre fin, mais plutôt le signal d'une aurore qui serait pour notre continent promesse de renaissance et espoir d'une salutaire réintégration au Temps du monde.

Et ce prix est somme toute à notre portée, à condition que nous sachions le mesurer avec rigueur et réalisme, mais aussi avec sérénité, et que nous fassions montre de toute la détermination nécessaire pour l'acquitter entièrement. Cela suppose que nous apprenions à nous libérer psychologiquement d'une certaine vision de notre propre histoire, passée et présente, d'en extirper tout ce qu'elle pourrait comporter de facteurs d'inhibition et de démoralisation pour nos peuples, afin de pouvoir restaurer leur dynamisme créateur et leur restituer l'initiative historique dans l'accomplissement de leur propre destin. Cela suppose aussi une autre libération, celle-ci essentiellement d'ordre intellectuel, pour que nous puissions penser par nous-mêmes et pour nous-mêmes, avec cette assurance et cette confiance que pourrait nous procurer le sentiment d'avoir renoué les fils rompus de notre identité propre, inventer à nos propres frais, mais aussi pour notre propre compte, les voies et les modalités d'une meilleure présence au monde, et engager sous de meilleurs auspices la construction de notre futur. Et cette double libération, psychologique et intellectuelle, ne peut réellement produire ses effets qu'à la condition, sans doute, que les rapports qui régissent actuellement le monde changent de nature et fonctionnent sur d'autres bases, mais aussi surtout, à la condition que notre continent accepte de s'engager avec plus de détermination et d'esprit de suite en faveur de la démocratie. Une telle démocratie, au demeurant, n'aurait de chance de mobiliser réellement nos populations qu'en sachant descendre du 'ciel'des institutions au 'sol raboteux' de la vie réelle de ces populations, pour prendre pleinement en compte leurs problèmes, leurs préoccupations, leurs besoins et leurs aspirations tels qu'elles les vivent au jour le jour; et elle ne pourrait prétendre être 'concrètement universelle' que dans la mesure où elle aurait à s'accommoder de tout ce qui, dans notre histoire et nos propres cultures, pourrait être intégré sans difficulté à sa propre finalité, qui est de promouvoir et de garantir la jouissance de l'intégralité des libertés et des droits de l'homme en tant qu'Homme.

Cela suppose enfin exigence et rigueur à tout point de vue, dans notre propre façon d'être et d'agir, dans la façon de gérer nos bien et nos sociétés mais aussi dans celle de gérer nos rapports aux autres, en sachant nous ouvrir résolument à eux sans nous perdre nous-mêmes.

Cette voie, qui n'est certes pas celle de la facilité, est en tout cas la voie royale qui a porté aux premières loges de l'Histoire, les peuples qui ont accepté de l'emprunter. C'est là où elle conduit que le Soleil pourra briller aussi pour l'Afrique, et l'horizon qu'elle projette devant elle n'est assurément pas cette Terre promise que Moïse ne voit qu'au moment de sa mort.

Notes

1. L'expérience semble avoir malheureusement donné raison à René Dumont, à en juger par l'échec de toutes les stratégies de développement qui ont été mises en oeuvre en Afrique depuis les 'indépendances'.

2. Evidemment, pour ce qui est de l'Afrique, il faudrait pouvoir faire la part de ce qui est imputable, dans ces échecs, à la façon dont ces modèles ont été appliqués ici et non, sans aucun effort véritable d'élaboration théorique permettant de décider de leur opérationalité dans le contexte sociohistorique africain, le peu qui a été fait dans ce sens n'ayant pas été pris en compte par ailleurs dans les politiques de développement.

3. Ce phénomène s'est aggravé avec la mise en oeuvre des politiques de 'désengagement de l'Etat' pratiquées dans le cadre de la mise en oeuvre des 'plans d'ajustement' inspirés par les dogmes néolibéraux. Sous les prétextes de rendre l'Etat plus efficace en le déchargeant des problèmes de gestion économique qui ne seraient pas de son ressort, et de 'responsabiliser les producteurs', les structures nationales d'encadrement du monde rural qui ont été mises en place dans des pays comme le Sénégal ont été démantelées et les 'programmes agricoles' qui permettaient d'assurer aux paysans à crédit les semences, les engrais et le petit matériel ont été supprimés. Le résultat ne s'est pas fait attendre. L'agriculture qui devait servir de locomotive au développement de nos pays est plongée dans une crise profonde entraînant non seulement le dépeuplement des campagnes au profit de villes devenues de plus en plus inhabitables, mais aussi le marasme général de l'économie nationale et une pauvreté de plus en plus massive.

4. Cette notion est assez familière aux lecteurs de Hegel et de Marx dans la mesure où elle a occupé, et occupe toujours d'ailleurs, une place importante dans l'interprétation du sens et de la portée de leur oeuvre. La place qu'elle occupe dans la réflexion sur l'évolution du monde contemporain traduit bien le profond sentiment d'inquiétude et d'angoisse qui a gagné les consciences et les prote à formuler, dans des termes apocalyptiques, le devenir actuel du monde. Nous avons essayé ailleurs, de montrer comment la philosophie se ressentait tout particulièrement de cette préoccupation, avec la place qu'elle occupe notamment dans les débats philosophiques le thème du 'dépassement' et la profusion de préfixe post-(cf. 'La problématique du dépassement de la philosophie. Réflexion sur le statut contemporain de la philosophie', dans les *Annales de la Faculté des Lettres et Sciences Humaines* de l'Université C.A. Diop de Dakar, N. 25, 1995).

5. Depuis la parution de l'article, puis de l'ouvrage de Fukuyama, les élections qui ont eu lieu dans la plupart des pays qui se réclamaient du socialisme donnent, à tout le moins, à réfléchir sur cette thèse. Elles ont tendance en effet à ramener au pouvoir, moyennant parfois de légers ravalements de façade idéologique, les partis communistes. Il est certes prématuré à notre avis d'en déduire que les quelques années d'expérience de libéralisme ont suffisamment édifié les populations de ces pays sur la supériorité du socialisme. Mais un minimum d'humilité intellectuelle exige que cette tendance soit intégrée dans l'analyse, ne serait-ce que pour atténuer le triomphalisme des tenants du capitalisme tel qu'il se dégage, en particulier des thèses de Fukuyama.

6. Cette expression est le titre d'un ouvrage célèbre de Julien Benda. Nous l'utilisons ici un peu dans le sens de ce qu'il est convenu d'appeler (à tort à notre avis) le 'silence des intellectuelles', en renvoyant à l'attitude de ces derniers qui semblent avoir renoncé à leur mission d'élucidation théorique du sens de l'histoire et d'orientation de l'action des peuples.

7. Sur cette transformation du statut du Savoir dans les sociétés contemporaines, nous renvoyons aux analyses développées par Jean François Lyotard dans *La condition post-moderne* (et dans d'autres publications qui en ont re-précisé les thèses) et dans les *Nouveaux pouvoirs* d'Alvin Töffler.

8. On va plus loin aujourd'hui, en affirmant purement et simplement, calculs? économiques à l'appui, que l'Afrique est devenue 'inutile' puisque son élimination de la carte des Continents ne changerait rien dans la marche du monde. Il ne resterait plus alors qu'à trouver un nouveau Führer suffisamment décidé, pour appliquer la 'solution finale' et procéder à la 'purification ethnique' qui permettrait de débarrasser l'humanité des 'sous-hommes' que nous serions devenus.

9. Cette idée d'une responsabilité partagée, qui procède d'une vision interne, critique, de l'Africain sur l'Afrique, fait actuellement son chemin. Elle traverse en filigrane les analyses développées par Axelle Kabou dans son ouvrage cité en référence bibliographique. Elle se traduit aussi à travers une tendance récente dans l'historiographie africaine à mettre l'accent, plus qu'en ne le faisait dans le passé, au rôle des Africains eux-mêmes dans la traite des Nègres.

10. La notion de 'village planétaire' répétée à satiété aujourd'hui à la suite de Mac Luhan est une notion 'idéologique' par excellence. Elle part en effet d'une donnée incontestable. La tendance à la disparition, grâce à la révolution intervenue dans les domaines de l'information et de la communication, de la distance 'physique' et culturelle entre les Etats et les Nations; mais elle occulte en même temps une autre tendance tout aussi incontestable, à savoir celle qui voit le fossé s'agrandir de plus en plus entre les 'palais' du Nord et les 'chaumières' du Sud.

11. Les exemples du Rwanda en Afrique, et des nouveaux Etats issus du démembrement de l'ex-Yougoslavie en Europe sont là pour prouver les honneurs auxquelles peut conduire une telle conception de l'identité fermée sur elle-même.

12. Il faudrait aussi que ces intellectuels aient à coeur le souci de mettre leur expertise d'abord et avant tout au service de l'Afrique, ce qui n'est malheureusement pas toujours le cas. Partant des conditions de travail ou de rémunération, nettement en deçà de ce qu'elles devraient être, que nos Etats, faute de moyens ou tout simplement par aveuglement, assurent à l'expertise locale, celle-ci préfère souvent, si elle le peut, s'exiler vers des 'cieux' plus avantageux, ou alors s'investir sur place pour exécuter, au service des bailleurs de fonds, des 'projets' et des 'recherches' qui ne vont pas toujours dans le sens des intérêts du Continent.

13. Cette situation n'accuse principalement que les intellectuels africaines eux-mêmes qui, soit par pure paresse intellectuelle, soit par l'absence d'une tradition théorique bien ancrée, ont tendance à se confiner dans des attitudes de simples consommateurs et de vulgarisateurs d'idées conçues ailleurs.

14. Nous avons abordé d'autres aspects de cette question dans notre article auquel nous nous permettons de renvoyer, intitulé 'Science, Culture et Développement' (références indiquées dans la bibliographie de la présente réflexion).

15. D'autres aspects de la transition démocratique ont été abordés par nous, entre autres, dans nos articles suivants: 'Les maladies infantiles du parlementarisme pluraliste: du bon usage de la démocratie' (dans *Démocraties*, mensuel africain d'analyses politiques, publié à Dakar Nos 1, 2 et 3, Nouvelle Série, 1995); 'Partis politiques et Démocratiques' (dans *Démocratie africaine*, revue éditée par l'institut Africain pour la Démocratie, en Collaboration avec L'UNESCO, N. 2, 1995, Dakar).

RÉFÉRENCES BIBLIOGRAPHIQUES

Adorno, T., *La Dialectique de la Raison,*
(en collaboration avec Horkheimer),
Paris, Editions Gallimard, 1974.

Adorno, T., *La Dialectique négative,*
Paris, Editions Payot, 1978.

Ake, C., '*Approches et orientations sociopolitiques pour le Développement durable en Afrique*', dans *Afrique 2000,* Revue africaine de politique internationale publiée par l'institut panafricain de relations internationales, N. 22, juillet, août, septembre 1995.

Albertini, J.M., *Mécanismes de sous-développement,*
Paris, Editions ouvrières, 1981.

Amin, S., '*Aux origines de la catastrophe économique de l'Afrique*',
dans *Afrique et Développement,* revue trimestrielle du Conseil pour le Développement de la Recherche en Sciences Sociales en Afrique, Codesria, vol. XX N.1, 1995.

Apter, D.E., *Pour l'Etat contre l'Etat,*
Paris, Economica, 1988.

Badie, B., *L'Etat importé. L'occidentalisation de l'ordre politique,*
Paris, Fayard, 1992.

Barrie, B., '*Regards Croisés sur la crise africaine*',
dans *Afrique et Développement,* VOL XIX, N.3, 1994.

Bidima, J.G., *Théorie Critique et modernité negro-africaine - De l'Ecole de Francfort à la 'Docta Spes Africana',*
Paris, Publications de la Sorbonne, 1993.

Bourgeon, H., *L'Afrique malade du management,*
Paris, Editions Jean Picollée, 1984.

Bowao, C., '*La mondialité en question*', communication présentée à la 8è Assemblée Générale du CODESRIA tenue à Dakar en juillet 1995.

Braudel, F., *Civilisation matérielle, Economie et Capitalisme,* T.3, *Le Temps du Monde.*
Paris, Editions Armand Colin, 1979.

Copans, J., *La longue marche de la modernité africaine,*
Paris, Editions Karthala, 1990.

Coquery-Vidrovitch, C., *Afrique noire: permances et ruptures.*
Paris, Payot, 1985.

Corm, G., *Le nouveau désordre économique: Aux racines des échecs du développement,*
Paris, Karthala, 1986.

Diakité, T., *L'Afrique malade d'elle-même,*
Paris, Karthala, 1986.

Dhombres, J., *Science et anti-science,*
dans *Impact*, Revue trimestrielle publiée par L'UNESCO, N.151, 1988.

Diop, C.A., *Nations nègres et culture,*
Paris, Présence Africaine, 1954.

Diop, C.A., *Civilisation et Barbarie,*
Paris, Editions Présence Africaine, 1981.

Diop, C.A., *L'Unité Culturelle de l'Afrique Noire,*
Paris, Editions Présence Africaine, 1982.

Drewermann, E., *Le progrès meurtrier,*
Paris, Editions Stock, 1993.

Elungu, P.E.A., *Tradition africaine et rationalité moderne,*
Paris, Editions l'Harmattan, 1987.

Etounga-Manguelle, D., *L'Afrique a-t-elle besoin d'un programme d'ajustement culturel?,*
Paris, Editions Nouvelles du Sud, 1990.

Faruqui, A.M., *'Science du Nord, science du Sud: plaidoyer pour un rapprochement'*
Impact, N. 151, 1988.

Finkelkraut, A., *La défaite de la Pensée,*
Paris, Editions Gallimard, 1987.

Fukuyama, F., *La Fin de l'Histoire et le Dernier homme,*
Paris, Editions Flammarion, 1992.

Gueye, S.P., *'La crise du marxisme - Mythe et/ou réalité'*,
dans *La Nouvelle Revue Internationale*, Prague, N. 4, 1988.

Gueye, S.P., *'La situation actuelle du marxisme'*,
dans *Les Recherches Internationales*, Paris, 1991.

Gueye, S.P., *'Science, Culture et Développement en Afrique noire'*
Bulletin du CODESRIA, N. 2, 1995.

Guisse, Y.M., *Tradition culturelle et développement*,
Dakar, IFAN, 1987.

Habermas, J., *Le discours philosophique de la modernité*,
Paris, Editions Gallimard, 1988.

Handy, P.S., *'L'Afrique dans le sillage de la théorie du Chaos'*,
dans *Afrique 2000*, N. 19, 1994.

Hazoume, A.T. et, E.G., *Afrique, avenir en sursis*,
Paris, Editions Grasset, 1988.

Henry, M., *La barbarie*,
Paris, Editions Grasset, 1987.

Kabou, A., *Et si l'Afrique refusait le développement?*,
Paris, Editions l'Harmattan, 1991.

Kanyana, M., *'La recolonalisation mentale, phase terminale d'une Afrique 'malade''*,
dans *Afrique 2000*, N. 22, juillet, août, septembre, 1995.

Kodjo, E., *Et demain l'Afrique?*,
Paris, Editions Stock, 1988

Kodjo, E., *L'Occident du déclin au défi*,
Paris, Editions l'Harmattan, 1985.

Koussigan, G.A., *Afrique révolution ou diversité des possibles*,
Paris, Editions l'Harmattan, 1985.

Ladriere, J., *Les enjeux de la rationalité*,
Paris, Editions Aubier Montaigne/UNESCO, 1977.

Latour, B., *Nous n'avons jamais été modernes - Essai d'Anthropologie Symétrique,*
Paris, Editions de la Découverte, 1991.

Levi-Strauss, C.L., *Race et Histoire,*
Paris, Editions Denoël, 1966.

Lyotard, J.f., *La condition post-moderne,*
Paris, Editions de Minuit, 1979.

Mappa, S., Sous la direction de... *Les deux sources de l'exclusion. Economisme et Replis identitaires,*
Paris, Karthala, 1981.

Rostow, W.W., *Les étapes de la croissance,*
Paris, Editions du Seuil, 1963.

Rurihose, N., Sous la direction de... *L'Antidérive de l'Afrique en Désarroi: le Plan d'action de Lagos,*
Presse Universitaires du Zaïre, 1985.

Thomas, L.V., *'L'Idéologie dans les problèmes de développement'*
dans *Présence Africaine*, N. 63.

Töffler, A., *Les nouveaux pouvoirs,*
Paris, Librairie Générale Française, 1992.

Touraine, A., *Critique de la modernité,*
Editions Fayard, Paris, 1992.

Urevbu, A., *'Sciences, Technologie et valeurs africaines',*
dans *Impact*, N. 151.

Conscience du temps et progrès économique de l'Afrique

P. Ngoma-Binda, Kinshasa (République Démocratique de Congo)

Trois thèses contradictoires sont essentiellement énoncées à propos de la conception du temps en Afrique. Philosophes, ethnologues et sociologues africanistes et africains estiment que l'Afrique ne connaît guère le futur, qu'elle est entièrement tournée vers le passé et que, évoluant dans un présent toujours abondant, elle ne *conçoit jamais la nécessité de se hâter. Les trois termes de la temporalité étant ainsi problématiques pour l'Afrique* (le passé, le présent et le futur), la conclusion est évidente: une telle conception du temps doit être rejetée, et il est urgent d'éduquer l'Afrique à une nouvelle conception du temps ou, plus exactement, de lui apprendre à adopter celle du monde capitaliste développé.

Je me propose de montrer les limites principales de ces thèses, en établissant leurs implications absurdes sur les plans métaphysique et économique de l'homme et de son existence, et en stigmatisant leur cécité vis-à-vis du lieu des transformations qui doivent l'opérer pour générer une conscience du temps appropriée à la mentalité libérale concurrentielle de l'économie capitaliste.

Ma thèse essentielle est que si la conscience africaine du temps (en supposant qu'elle ait été correctement saisie par les ethnologues) peut handicaper l'effort du développement de l'Afrique, développement jugé à l'aune du progrès économique et matériel de l'Occident, la transformation majeure de cette conscience devra l'opérer non sur la conscience mais sur le réel physique de l'Afrique.

1. Sur l'inexistence du temps futur dans la conscience africaine

Plusieurs observateurs occidentaux, et même des philosophes et ethnologues africains, tels John Mbiti et Alexis Kagame[1], estiment que l'Africain ne connaît point de futur. Pour l'Africain, disent-ils, le temps est relié aux événements vécus; et étant donné que le futur n'est pas concrètement vécu, il ne peut donc pas être pensé et connu. Ainsi, dans son comportement, l'Africain est, ajoute-t-on, radicalement insouciant de son devenir lointain, de l'avenir. Et même dans ses langues, et à cause de cela,

Etudes de philosophie interculturelle, tome 8 (1997), p. 103-113

il n'existe guère de temps futur. De cette vision du temps comme dépourvu de futur on peut retenir deux implications principales.

Sur le plan intellectuel, il est impossible à l'Africain de formuler une philosophie de l'histoire parce que ce temps est statique. Le futur est en effet le principe de la dynamique des choses. Gommer le futur c'est, inévitablement, s'enfermer dans l'ordre statique des choses. Dans ce dernier, il n'est point de possibilité de rêver du progrès. Il en résulte une aperception fataliste de l'existence: aucune amélioration des conditions d'existence n'est pensable.

Sur le plan économique, dès lors que la vision du futur est inexistante, il n'est plus guère de possibilité de penser ni à se préoccuper d'économie dans le sens de l'épargne cumulatif ni, de ce fait, à entreprendre de grosses activités (de grandes étendues de champs agricoles, par exemple) qui précisément devraient générer un certain surplus qui dépasse le seul souci d'économie d'auto-substance. Quiconque manque de vision du futur, comme on l'estime de l'Afrique, navigue à vue, ignore la planification et l'anticipation des choses.

Je pense que cette vision n'a malheureusement aucune pertinence, Il est fort connu en effet que, sur le plan de la métaphysique, l'africain a pour souci particulier de rechercher la vie la plus longue possible sur la terre. Cette pensée repose en toute logique sur une philosophie du temps dont le futur, la durée infinie ou l'éternité est une composante essentielle. Et il n'y a pas meilleure attestation de la dimension future du temps que le fait, pour l'homme africain, de rechercher la vie éternelle sur terre tout en se sachant néanmoins un simple passant sur cette terre de la mort. Il n'est même pas paradoxal de dire que la pensée du passé, des ancêtres, de l'au-delà ou de la vie après la mort, est essentiellement un regard intellectuel tourné vers le futur de l'être humain. Se soucier de la destinée, c'est se préoccuper du futur de l'homme. Par ailleurs de nombreux proverbes, des diverses cultures africaines, attestent le souci du futur. ainsi on dit, dans la culture Yombe/Kongo, 'ce qui est accompli très tôt le matin doit avoir été *conçu la veille'*.

Sur le plan matériel et économique, on voit bien que s'il était dépourvu de notion du futur, l'Africain ne pourrait jamais ni cultiver les champs (dont les récoltes adviennent parfois seulement une année voire des années plus tard), ni faire l'élevage (dont il faut longtemps attendre les produits), ni accumuler des biens à léguer en héritage à ses enfants. On notera aussi que le souci de laisser quelque chose en héritage à ses descendants traduit une grande capacité d'anticipation de la mort, pour soi, et de la vie, pour les siens. Déjà le fait même de se soucier de la procréation, dans le but de générer des ressources humaines, est une attestation évidente du souci du futur, de l'avenir et du devenir lointain de son clan ou de son groupe ethnique. La descendance est le reflet du futur de la société. Moins cette dernière a des fils de qualité moralement, culturellement, socialement et physiquement, moins elle a de chances d'une vie longue. Se soucier de la continuité historique de la société est une préoccupation civique noble et qui témoigne d'un sens élevé de responsabilité vis-à-vis de l'avenir de l'homme.

Dans la pensée capitaliste, l'accumulation du capital est signe majeur du souci du futur. Et dans cette mouvance idéologique, de nombreux ethno-économistes africanistes affirment ne point reconnaître la notion d'accumulation des richesses dans les sociétés traditionnelles. C'est pourtant une évidence que, dans la plupart des sociétés africaines, le souci d'héritage à léguer à sa progéniture - pour revenir sur la signification de ce fait social - amène nécessairement et logiquement à accumuler des richesses personnelles ou familiales. Par ailleurs, dans maintes sociétés africaines, la position sociale était et est encore fonction de la richesse qu'on possède, non pas exclusivement en termes monétaires mais aussi et surtout en termes d'enfants bien élevés, forts et valeureux, en termes de vaches, de chèvres, de poules, de production agricole, de couvertures, ou encore en termes de savoir, d'affabilité etc. L'accumulation de ces richesses, matérielles et spirituelles, a pour objectif de servir dans le présent mais aussi dans le futur lors des festivités, des décès ou des mariages des membres de la famille. Ces richesses ne servent sans doute pas à acheter des voitures, des maisons ou à créer des industries, mais elles aident bel est bien à acquérir d'autres biens humains, spirituels ou sociaux, à satisfaire des besoins humains nécessaires à la vie et au futur de la société.

On aura remarqué que c'est une méprise intellectuelle de considérer que l'Afrique traditionnelle a une conception du temps qui ignore le futur. Dans toutes les sociétés humaines l'éducation ou l'initiation des enfants témoigne de la préparation de ces derniers à leurs responsabilités futures. Le souci du futur est présent dans tous les actes sociaux responsables et conscients de l'homme, en Afrique comme partout dans le monde. Il en est ainsi de l'éducation, du mariage, etc. Il est également présent aussi bien dans la pensée que véhiculent les traditions spirituelles que dans le déploiement de l'activité économique de l'Afrique.

Affirmer la présence de la notion et des termes du futur dans les langues africaines c'est évoquer, pour l'Afrique, les potentialités que cette notion comporte sur le plan pratique de l'activité économique.

2. Le mal d'une conception passéiste du temps

Un regard rivé au passé ne peut jamais entraîner le développement économique, car il ignore la prévoyance, l'épargne, l'accumulation des richesses, et l'esprit risqué de conquête de l'incertitude et de l'inconnu du futur. Telle est la prémisse majeure du syllogisme épichérémique qui condamne l'Afrique à ne jamais se développer à moins qu'elle ne procède à une reformulation radicale de la métaphysique du temps, en arrachant les yeux au passé pour les fixer sur le futur.

La preuve essentielle de la fixation de l'Afrique sur la passé, faisant ainsi preuve d'une conception des paroles et faits des ancêtres, désormais sacralisés, dogmatisés et reconduits sans cesse au présent. Et, associée à cet ancestrisme, la reconduction au présent du savoir de ces derniers, lequel savoir est visiblement démodé, paralysant et inopérant dans la transformations des condition de vie de la société travaillée et sollicitée par le mode de vie, aspirations et structures capitalistes de la société occidentale. Vivant superficiellement au présent, l'homme africain est esclave des ancêtres, du passé de ses pères et grands-pères. Le culte des ancêtres et de tout ce qu'ils avaient créé, imaginé, laissé en héritage est omniprésent. Il est à la fois l'attestation la plus évidente de la négation du futur chez les africains, et aussi le signe tangible d'une volonté de stagnation sur le plan technologique. En vivant au passé, ils reconduisent éternellement les mêmes traditions, les mêmes solutions aux problèmes, les mêmes rituels et, logiquement, les mêmes intelligences non évolutives et les mêmes turpitudes.

C'est pour l'intellectuel une exigence de casser cette vision erronée et superficielle qui rend l'africain prisonnier du passé. En tout premier lieu, je note que l'évocation du passé n'est pas nécessairement un obstacle au progrès matériel des nations. En effet, il n'y a guère de différence substantielle entre la société africaine et la société occidentale en ce qui concerne la considération du passé. Si, sur le plan de la religion, c'est le culte des ancêtres qui est en honneur en Afrique, c'est visiblement le culte des saints de l'Eglise catholique qui lui est similaire dans le monde occidental. Il sera de peu d'importance de vouloir arguer que la catégorie spirituelle et sociale d''ancêtre' est trop immense, informe et non opératoire parce qu'elle devrait englober aussi bien les mauvais que les bons ancêtres et aussi bien les sages éminents que les anciens dont l'idiotie était légendaire; et que, par contre, la catégorie spirituelle de 'saint' renvoie uniquement aux meilleures personnalités de la société du passé. Il faudra simplement répondre à cette objection que jamais les paroles des ancêtres jugés idiots ne sont répétés. Si elles sont évoquées c'est alors dans un contexte approprié et pour un usage précis dont l'effet devrait souligner la leçon de devoir s'instruire auprès du passé, pour éviter de répéter leurs erreurs.

Et il est vrai que sur le plan culturel l'Afrique se réfère abondamment au passé où elle puise son savoir. Si on trouve en cela une pratique déficiente, il faudra simplement rappeler qu'il est exactement de même de l'Occident qui trouve sa force spirituelle et scientifique dans la tradition créée et léguée par les ancêtres connus, heureusement retenus par l'histoire, tels Aristote, Platon, Newton, Kant, Einstein, etc. Mais curieusement, malgré cette idéologie passéiste et du retour du même de la part de l'Occident, on dit allègrement la conception du temps non pas circulaire mais linéaire. Seule celle d'Afrique est et doit être circulaire, et contraire au progrès! Dans une étude argumentée, Laleye a montré récemment que cette vision prétendument circulaire du temps n'est pas le propre de l'Afrique. Bien plus, l'Afrique traditionnelle a témoigné d'une remarquable maîtrise du temps.

On estime que l'Afrique est irréversiblement focalisée sur le passé dans la mesure où, dans ses 'palabres' et ses tribunaux coutumiers, elle fait ample usage de la citation des exemples, événements et proverbes vécus ou forgés par les ancêtres. Mais c'est pareil pour l'Occident: la citation des ancêtres scientifiques dans le cadre de l'idéologie moderne de la production scientifique est l'attestation d'un monde occidental largement rivé au passé, au même titre que l'Afrique. Et si malgré son regard tourné au passé l'Occident a fait d'immenses progrès économiques, il faut donc logiquement rechercher ailleurs les causes du manque de progrès de l'Afrique. Il faut même croire que la prise en compte du passé permet une plus grande accumulation du savoir nécessaire à la construction du présent et du futur. C'est, en grande partie, parce que l'Occident est demeuré attentif au passé gréco-romain, médiéval, classique et moderne qu'il a pu réaliser les progrès scientifiques et technologiques actuels. La connaissance de l'histoire de son passé n'est jamais ni une erreur ni une entreprise inutile. Elle constitue une rampe d'envol indispensable à la puissance et au progrès des nations.

La question pertinente qui doit donc légitimement se poser, dans toutes les sociétés humaines, en Occident comme en Afrique, c'est celle du bon ou du mauvais usage du passé. C'est la question non seulement de l'espèce du savoir ou de la matière à puiser au passé, mais aussi celle du mode d'appropriation de ce savoir. A cet effet, le principe de sélection utilitaire doit absolument être mis en oeuvre par toute société qui aspire à de meilleures conditions de vie. Le principe que j'énonce en termes de sélection utilitaire veut signifier l'exigence du choix lucide des seuls savoirs appropriés et utiles à l'érection et à la réussite d'un projet envisagé. Et sur ce point, l'honnêteté recommande de voir qu'en se référant au passé l'Afrique ne reconduit pas nécessairement au présent, de manière globale et irréfléchie, tout le passé des ancêtres dans ses scintillations comme dans ses déficiences.

Certes, et comme toutes les autres sociétés humaines et pour des raisons diverses, la société africaine peut se tromper dans son effort de sélection et/ou d'élaboration des mécanismes d'appropriation de ce savoir du passé ancestral. Et, en dépassant la condamnation a priori - et somme toute insensée - de tout regard sur le passé, c'est là que doit commencer le travail intellectuel et politique de critique comme de recherche laborieuse des voies nouvelles d'organisation et de progrès de la société.

Il n'y a point de mal à tenir le regard fixé sur son passé. Le passé instruit, oriente et donne à l'homme la force de marcher vers le futur. Il n'y a aucun indice ni argument sérieux qui nous permettraient d'affirmer que l'Afrique, dans le contexte oral qui est essentiellement le sien, a choisi des mécanismes déficients de sélection et d'appropriation du savoir de ses ancêtres. Le point d'interrogation pertinent devrait simplement porter sur la qualité de ce savoir et sur son opérationnalité dans le monde d'aujourd'hui eu égard aux aspirations nouvelles que la société africaine moderne, si elle veut survivre à la compétition des cultures, est obligée de se forger. Et c'est ici qu'on devra rejoindre la nécessité de dépasser certaines pratiques des coutumes africaines aujourd'hui manifestement défectueuses, et de conserver le coeur de la sagesse ancestrale reconnue faite de solidarité et de convivialité. En définitive, la tâche positive de l'intellectuel est d'apprendre à l'Afrique à mieux regarder le passé de ses ancêtres, comme exigence d'un meilleur progrès spirituel, social et économique.

3. La question d'une conscience libérale du temps

La troisième thèse relative au temps comporte des conséquences néfastes pour le développement économique de l'Afrique. D'après la plupart des ethnologues et sociologues, observateurs de la société africaine traditionnelle et moderne, l'africain a une conception libérale ou laxiste du temps. Il ne se soucie guère de l'écoulement du temps [2]. Il n'est jamais pressé. Prenant tout son temps en toutes choses, il est fatalement indolent. Dans tous ses rendez-vous, il ne semble jamais comprendre la nécessité de respecter l'heure convenue. Pour l'africain, le temps est toujours présent, en abondance et pour l'éternité. Dans les tribunaux coutumiers, dans les deuils comme dans les festivités d'Afrique, le temps est à volonté tiré en longueur. Des 'palabres' innombrables et interminables peuvent durer des journées, des semaines voire des mois entiers, ainsi qu'on l'a vu récemment avec les Conférences Nationales Souveraines.

La culture occidentale, culture de progrès, est par contre réglée sur la conscience de la rareté du temps. Le temps est un bien économique parce que rare. Le 'time is money' est la règle d'or qui garantit le maximum de chances de succès au sein de la concurrence sans merci sur un marché libre aux biens rares, lesquels biens doivent appartenir au premier occupant ou au premier gagnant et donc, notamment, au plus rapide. Le temps c'est de l'argent, une ressource rare et un bien premier indispensable à la vie et au succès. En raccourcissant la distance que fait un train pour arriver à destination, on gagne du temps et, par le fait même, on économise de l'argent et génère du bénéfice. En conséquence, dans le système d'économie libérale, aucun comportement libéral (laxiste) n'est toléré vis-à-vis du temps.

Mais je voudrait faire deux remarques importantes en ce qui concerne les palabres et l'indolence (ou retards aux rendez-vous, et gaspillage de temps au lieu de travail), deux domaines dans lesquels le temps est trouvé être en grave souffrance en Afrique par rapport à la logique capitaliste. Relativement aux palabres, je voudrais rejeter la conscience du gaspillage pour soutenir que la conception africaine du temps est étroitement fidèle au sens démocratique de l'organisation de la société.

Au tribunal coutumier, le souci majeur des juges comme des parties concernées est d'arriver à éclairer l'affaire et à trouver une solution judicieuse. De ce fait, on y investit le temps nécessaire. Dans la culture africaine où prévaut la rationalité de la réconciliation par la recherche d'une solution équilibrée, la nécessité de ne point précipiter le jugement semble fort justifiée. Du reste, il n'y a en cela rien de particulier à l'Afrique. Dans les cours et tribunaux du monde occidental, soucieux du respect de la démocratie et de l'Etat de droit, l'on connaît des procès qui, à juste titre, peuvent durer des semaines voire des mois entiers.

L'essentiel, ici comme là, c'est de savoir gérer le temps. S'il n'est pas dictatorial, l'homme est un potentiel mauvais gestionnaire du temps. Et ceci est encore plus vrai dans toute société démocratique. Le régime politique démocratique contient des germes intrinsèques d'une gestion malaisée du temps. Or précisément la société africaine, dans laquelle la procédure judiciaire n'a jamais été expéditive, s'affirme être démocratique.

En vérité, c'est plus l'exigence démocratique qui paraît éclipser tout souci de rapidité dans la société africaine. C'est une erreur de ne point voir dans l'harmonisation politique de la société non seulement un facteur mais aussi le fondement de la paix et du bonheur d'une société. On sait, depuis quelques décennies, qu'il est indispensable de cesser de mesurer le développement d'une nation au seul degré de croissance économique. Le respect de la démocratie et de l'Etat de droit implique d'évoluer prudemment dans le temps et avec le temps. Cette exigence est, plus qu'un facteur de développement, un indice de développement, au niveau social et politique.

Une bonne gestion du temps dans un régime démocratique est fonction d'un apprentissage approprié, qui sache allier avec art et habileté aussi bien la vitesse que la justesse, aussi bien le droit à la liberté de parole que l'exigence de la fermeté. Et il me semble que la société africaine moderne, qui retrouve à nouveau la logique de la démocratie, devrait sans trop de peine réapprendre à ne point gaspiller du temps, c'est-à-dire à gérer ce dernier avec parcimonie, fermeté et judicie.Cela veut dire que la conception libérale du temps est circonstancielle et non point substantielle ou congénitale.

Relativement à l'indolence, ou à la paresse, qui serait la conséquence intrinsèque de la philosophie africaine du temps, je soutiens que, comme il en est des palabres, la non mise à profit du temps sur le lieu de travail est liée aux conditions de vie réelles. La première condition est la discipline. Même et peut-être surtout en parfaite démocratie, la discipline et le contrôle sont des facteurs de travail essentiels. Mais on sait fort bien que même sous le contrôle le plus sévère, il est encore possible pour le travailleur de perdre du temps au moyen de multiples artifices lorsque des conditions fondamentales ne sont pas remplies. Un travailleur qui accomplit mal son travail, et de ce fait qui oblige l'entreprise à recommencer l'étape, fait perdre et du temps et de l'argent à cette dernière. On sait par ailleurs que l'évasion psychologique est fort possible (on fait semblant de travailler), surtout dans les travaux dont le rendement est difficilement mesurable.

L'incitation efficace à l'utilisation judicieuse du temps réside dans l'instauration des conditions de travail qui respectent la dignité humaine, et d'une rémunération équitable. Les ethnologues et 'civilisateurs' ont forgé et attribué à l'Afrique une vision du monde, qui serait gaspilleuse de temps, à partir du fameux mythe du 'nègre paresseux' et qui, par conséquent, ne pourrait jamais se développer. Il est évident qu'aucun individu ne peut assumer et utiliser le temps de travail que dans des conditions adéquates de liberté, de dignité, de rémunération convenable, et non dans les conditions inhumaines auxquelles l'esclavagisme et la colonisation (implications de la rage capitaliste) avaient soumis les noirs.

Il est courant d'entendre dire que, dans des rendez-vous, l'Africain ni se soucie que très peu du respect de l'heure exacte. Mais, à mon sens, il est question en cela du genre (ou du manque) d'éducation propre à chaque individu. Et cette éducation, dans le sens de la 'ponctualité comme signe de politesse' et de 'vertu des rois', est une composante qu'il convient de détacher de la conscience libérale du temps. Bien plus encore, il me paraît juste et indispensable de noter que les retards aux rendez-vous sont largement dus à des conditions matérielles difficiles. Il ne serait pas honnête de ne point relever que même en Occident l'on constate des retards dans des occasions informelles, de la vie quotidienne, ou même formelles; tout comme en Afrique, moderne et surtout traditionnelle, le respect de l'heure convenue n'a jamais été totalement absent des comportements.

Quand on constate des retards, ceux-ci sont en général renforcés par des conditions et circonstances matérielles. Ceci veut dire que le niveau de développement technologique en présence influe sur le mode d'appropriation et d'utilisation du temps. Une infrastructure communicationnelle sous-développée constitue un facteur de multiplication d'occasions de non respect de l'heure. En Afrique sous-équipée, ces difficultés de communication (outre celles liées aux conditions climatiques non maîtrisées, comme les pluies, souvent plus torrentielles qu'en Europe) sont telles qu'une observation superficielle des réalités peut facilement faire croire à une conscience délibérée de refuser le respect de l'heure, de ne point considérer le temps comme un facteur de développement et, finalement, de refuser le développement.

Conclusion

Je me suis efforcé de faire voir qu'il n'existe point de conception spontanée. L'homme ne formule des conceptions spécifiques qu'en fonction de sa propre existence concrète, elle-même inévitablement marquée par l'environnement physique, social et culture.. Le rêve n'est jamais ni gratuit ni détaché de la vie concrète de l'homme qui le formule.

Dans cette perspective, je voudrais, pour conclure, introduire le concept de temps tributaire pour montrer que la conception du temps en Afrique est fonction de l'environnement global de la vie de l'homme africain et que, de ce fait, loin d'être statique, cette conception peut varier et varie progressivement avec les transformations de la société et de son environnement. La question pertinent n'est pas de savoir si notre vision du temps est circulaire ou linéaire. Aucune conception n'est dépourvue de défauts, principalement dans ses implications. Il s'agit seulement de savoir que notre conception africaine du temps, comme toute conception, est tributaire de nos conditions de vie. En conséquence, le sort du progrès économique de l'Afrique moderne ne saurait être lié à une éventuelle conception traditionnelle africaine du temps, qui serait invariable et radicalement contraire aux exigences de la vie économique moderne capitaliste.

Cette position impose à l'intellectuel la tâche d'interroger la pertinence de la conception majeure du temps forgée sur le dos de l'Afrique par les africanistes, à savoir la conscience passéiste et libérale du temps et qui justifierait l'impossibilité de tout décollage économique des Etats africains modernes.

Je soutiens qu'il est nécessaire d'initier vigoureusement les transformations qu'il est nécessaire d'opérer dans l'environnement social et physique de l'Afrique traditionnelle et moderne pour dépasser les failles qui persistent dans sa conception libérale du temps. Cette conscience libérale est probablement la conséquence, en Afrique traditionnelle, de l'absence d'une chronométrie mathématique, sous la forme de seconde, de minute, et d'heure. Les transformations matérielles ainsi que les exigences nouvelles de la mesure mathématique du temps et du mode de production économique concurrentiel génèrent, lentement sans doute mais inévitablement, une nouvelle conscience du temps, une conscience responsable et chronométrique, qui est appropriée aux exigences de la pratique économique moderne.

L'éducation à une nouvelle conscience du temps est indissociable, si l'on veut le succès, de l'exigence de la transformation des conditions matérielles de l'existence de l'homme en Afrique. Le chemin du développement c'est de hâter ces transformations sur le réel physique, qui devront entraîner une nouvelle vision du temps, génératrice, à son tour, de plus grandes chances de développement social, politique et économique.

Mais, en même temps, l'action sur le réel vous impose de réaliser l'une des exigences que Laleye formule: celle de nous doter du droit et du courage de casser l'obscurantisme de la temporalisation de nos activités en fonction du sectionnement occidental du temps. Pourquoi, par exemple, l'année universitaire devrait-elle toujours commencer, et se terminer, en Afrique, au moment qui arrange le mieux la fin de la prise de vacances de l'homme occidental? [3].

La maîtrise du temps en Afrique doit s'opérer à travers la exigence de casser les mythes des uns, de détruire les idioties laxistes des autres, et d'agir sur le réel physique.

NOTES

1. Kagame, Alexis, *La philosophie bantoue comparée*, Paris, Présence Africaine, 1976; voir aussi *Aperception empirique du temps et conception de l'histoire dans la pensée bantoue*, dans 'Les cultures et le temps'. Paris, Payot/Unesco, 1975.

2. Mbolokala, Imbuli, *La temporalité existentielle et le problème de développement en Afrique: critique d'une idéologie africaine du temps*, Revue Philosophique de Kinshasa, Vol. V, no. 7-8, 1991, p. 201-207.

3. Voir, e.a. Ndumba Y'oole, *L'expérience négro-africaine du temps face à la temporalité heideggerienne*, Réflexions, Philosophie et temporalité, Mbandaka, Philosophat de Bamanya, no. 10-11, 1989, p. 59-70.

L'enfant, le groupe, le développement dans mon village

Mongo Beti, Yaoundé (Cameroun)

L'autre jour, dans la coulisse du colloque, j'ai taquiné, oh très gentiment, le professeur Bachir Diagne en l'accusant de m'avoir horriblement vexé lorsque, à un moment donné de sa très brillante communication, il a paru souhaiter bannir toute approche impressionniste de cette réflexion collective sur la vision africaine du temps, si vision africaine il y a - ce qu'a d'ailleurs contesté notre ami le Professeur Bachir Diagne.

Dans cette hostilité a priori contre l'approche impressionniste, j'ai cru déceler, sans doute à tort, une tentative d'exclusion à l'encontre des non-philosophes, pour tout dire contre les littéraires et autres figuratifs, au bénéfice des seuls abstractisants. Mon approche à moi ne peut être qu'impressionniste, puisque je ne suis qu'un littéraire. Pas question que je joue au philosophe, n'en ayant ni la formation, ni les méthodes ni, surtout, le jargon, au sens le plus noble du terme –il faut dire que je suis toujours extrêmement impressionné, sinon séduit, par les particularités du langage philosophique; j'aurai été gâté au cours de ce colloque.

Mon ambition est d'apporter la note de romantisme et même d'exotisme qui, me semble-t-il, a un peu manqué ici.

A ce sujet, qu'on me permette de raconter ici une anecdote. Je ne suis pas venu directement du Cameroun à Dakar; j'ai d'abord séjourné plusieurs semaines chez ma femme, professeur de lettres à Rouen, en France. Pour lui expliquer l'objet de mon voyage au Sénégal, je lui ai soumis le libellé du thème de notre colloque: 'La pensée du temps et la conscience du développement en Afrique noire'.

Lorsqu'elle eut à plusieurs reprises, et avec cette application qui est le propre du sexe dit faible, déchiffré cet intitulé, mon épouse leva les yeux apitoyés vers moi et déclara:

'Mais c'est du chinois, mon bonhomme! Tu y comprends quelque chose?' 'Rien', lui dis-je; 'mais, justement, ça tombe bien; comme tu t'es toujours piquée de philosophie, je comptais sur toi pour éclairer ma lanterne.'

Nous sommes convenus bien vite que nous n'y comprenions rien, ni

Etudes de philosophie interculturelle, tome 8 (1997), p. 115-123

l'un ni l'autre. 'Tu ne vas donc pas aller là-bas', trancha mon épouse, 'puisque tu ne comprends rien à ce qui va s'y débattre. Ce serait de la malhonnêteté d'occasionner des frais à des gens sans aucune contrepartie.' 'Doucement', ai-je répondu, 'je ne comprends rien, c'est évident, mais c'est justement le moment de m'instruire. Et quand on s'instruit, on sert l'humanité.'

Voilà comment, chers amis, je me trouve ici la conscience tranquille. Je me suis indéniablement instruit depuis le début. J'ai en tout cas compris que, dans le train à wagons multiples de la réflexion sur le temps, je pouvais glisser comme en fraude un sujet qui me tient à coeur, à savoir la relation du groupe et de l'enfant dans la société bantou sud-camerounaise objet aujourd'hui d'infinis discours sinon de pratiques de développement .

Je vais vous parler d'abord de la difficulté de faire du développement sur le terrain en général, et ensuite de cette même difficulté dans mon village natal particulièrement, en raison du trop grand nombre d'infants. Dans un troisième moment, je vous raconterai, pour participer au débat sur le temps, comment j'ai découvert les saisons et la leçon que j'en tire.

En prenant il y a presque trois ans ma retraite de fonctionnaire français, j'avais décidé de revenir dans mon village natal pour faire, comme on dit, du développement. Faire du développement au village, c'est le nouveau romantisme, du moins en France, un pays où j'ai résidé pendant quarante-deux ans. Pendant tout ce temps, j'ai vu, comme une noria ininterrompue, des gens partir faire du développement dans les villages africains, et revenir dans une sorte d'orchestration dramatique redondante, qui me culpabilisait forcément, moi qui étais africain et qui ne m'engageais pas dans le développement au village.

En somme j'en ai eu assez de parler ou d'entendre parler du développement à la base, du village africain, de ses charmes, etc. J'ai donc décidé d'aller voir sur le terrain. C'est ainsi que je me suis retrouvé dans cette galère.

Et bien! Je vais vous dire une chose: le terrain, c'est terrible, à tel point que je ne le conseillerais à personne, pas même à mon pire ennemi.

En fait, le point de départ de mon tourment, deux grandes années après le début de mon aventure, le voici: pourquoi est-il si difficile, sinon apparemment impossible (je souligne apparemment pour ne pas être accusé d'afropessimisme) de faire du développement sur le terrain, c'est-à-dire au village? Personne n'a jamais osé poser la question en ces termes-là, parce que, le développement, il n'y rien de plus hypocrite.

Tout le monde triche en ce domaine. Prenez telle congrégation de femmes missionnaires italiennes; elles ont reçu des millions du Vatican et du gouvernement de Rome pour forer des puits dans les villages de paysans de ma province natale. Oui, elles ont foré quelques dizaines de puits, qu'elles ont fait financer par des notables du gouvernement. Puis elles sont revenues en ville et y ont fondé un collège -un bel établissement, c'est vrai, où elles font un travail très utile. Mais ce n'est plus du développement à la base. Diriger un collège payant, c'est-à-dire destiné aux enfants de familles peu ou prou privilégiées, dans une ville, c'est, ma foi, fort agréable. Au moins on laisse une trace, une signature, ambition païenne s'il en fut. Un établissement scolaire porte toujours un nom, derrière lequel son fondateur se dissimule, avec plus ou moins de bonheur. Le collège, par exemple, est associé à une date, à un moment d'une histoire repérable.

Faire du développement sur le terrain, c'est tout à fait autre chose: en particulier, cela suppose beaucoup d'abnégation, un profond détachement ... Avez-vous jamais vu un puits marqué du nom de celui qui l'a foré? Moi pas.

En fait, tout le monde fuit la base. Pourquoi? Parce que la base est quasiment intenable - je me répète, je sais, mais il y a des choses qu'il faut dire au moins deux fois. Aucune philosophie n'est vraiment apte à donner le courage de faire du développement sur le terrain, pour la raison qui est simple qu'aucune n'est ennemie de ce qu'on nomme le oeuvres, en théologie encore. Chacun de nous veut laisser une trace, c'est le drame des sociétés sans amour. L'amour seul est indifférent à l'oeuvre. L'amour, seul, peut faire du développement à la base l'amour, c'est-à-dire l'oubli total de soi. Mais l'amour est un enfant rebelle, très souvent un martyr qui se refuse au bûcher, son terme naturel.

Avant de m'expliquer davantage, je réponds à une question qui a été posée à plusieurs reprises ici: quelle est la définition du développement?

Par développement j'entends, en ce qui me concerne, un processus par lequel un groupe tente de se dégager d'une pénurie devenue intolérable à la sensibilité moderne pour parvenir sinon à l'abondance, du moins à une certaine dignité matérielle. Si d'ici cinq ans, chaque cas de paludisme infantile, au lieu d'être trop souvent synonyme de décès, peut être traité avec les médicaments adéquats, j'estime, pour ma part, qu'il y aura eu développement sanitaire dans le village. Car le développement sur le terrain n'est pas forcément un phénomène global, mais un chapelet de petites victoires parcellaires durables. On a tort de confondre développement et industrialisation.

La menace d'échec qui plane sur mon aventure a un visage très précis, le très grand nombre d'enfants dans mon village. A cause d'eux, je ne peux pas investir.

Le dilemme se présente ainsi: ou bien l'acquisition d'un minimum indispensable d'équipements productifs (motopompe, instruments aratoires, semences, engrais, insecticides, fongicides, etc.) ou bien la priorité donnée au sauvetage d'innombrables enfants en bas âge en proie à une misère sanitaire dont le spectacle est poignant pour qui a résidé dans un pays industrialisé, -ces enfants étant évidemment livrés à une mortalité dont le taux frise les cimes.

C'est l'un ou l'autre, certainement pas les deux en même temps. Qui aurait le coeur de laisser mourir de jeunes innocents? Alors on sacrifie l'investissement.

Pour donner une idée de cette prolifération d'enfants en bas âge, il me suffit d'évoquer un projet d'école qui hanta un temps la communauté. Celle-ci hésite à faire parcourir chaque matin quelque quatre, et pour certains hameaux cinq kilomètres aux jeunes enfants, sur une route relativement passante, pour se rendre à l'école. Nous nous attendions à environ cinquante ou, au plus, soixante-dix enfants en âge scolaire. Enquête faite, nous en découvrîmes plus de cent cinquante. Je signale que l'effectif total du groupe se situe autour de cinq cent personnes.

Quels mécanismes sociaux débouchent sur cette profusion d'enfants?

Phénomène connu ailleurs et en d'autres temps, la famille nombreuse est monnaie courante ici le taux de fécondité par femme se situant autour de six. Cela veut dire que les mères de dix, voire douze enfants font partie de l'environnement courant. On ne saurait éviter de mentionner aussi la polygamie qui vient affecter la famille nombreuse d'un coefficient spécifique.

Autre phénomène qui concourt à cette situation, c'est la dégradation de la famille causée par plusieurs mécanismes sociaux, parmi lesquels, en premier lieu, la déscolarisation des adolescents, et surtout des adolescentes dont une forte proportion , n'acceptant plus les conditions de vie du village, contractent l'habitude de vagabonder, la jeune fille étant traditionnellement très libre ici. Ce type d'aventure se termine le plus souvent par une grossesse, acceptée traditionnellement elle aussi, l'enfant octroyant un statut envié d'adulte à la jeune fille.

D'autre part, on se marie très peu, faute d'argent, l'engagement matrimonial impliquant pour le jeune homme le versement d'une petite fortune à sa future belle-famille. D'où la fréquence des situations de concubinage, c'est-à-dire d'irresponsabilité du jeune homme, souvent désinvolte à l'égard de sa progéniture, convaincu que quelqu'un d'autre, sa petite amie, les parents de celle-ci ou ses propres parents en prendront toujours soin. Dans ma communauté, à peine dix couples sur cent sont légitimes, stricto sensu, à l'égard de l'état civil du type occidental, comme à l'égard de la coutume.

Last but not least, le refus quasi religieux de la contraception empêche d'élever tout barrage devant le déferlement d'enfants. Aucune campagne ne peut être entreprise, les gens se refusant tout simplement à écouter les arguments d'une philosophie qui leur parait diabolique.

Il en résulte des hordes d'enfants, que peine à canaliser une société en proie elle-même au désarroi d'une déliquescence politique et économique.

On en vient à se demander pourquoi ces communautés, qui se sont laissé dépouiller de tout -leurs pratiques religieuses, leurs langues, leurs richesses, sont si viscéralement attachées à cette procréation débordante. Que signifie pour elles la possession de légions d'enfants?

Quand on interroge les petites gens, les réponses peuvent différer selon les âges, selon les sexes. Les hommes adultes mettent surtout en avant les nécessités de la défense collective. En effet, l'esprit guerre tribale n'a pas complètement disparu des mentalités. Maintes circonstances de la vie nationale sont toujours l'occasion de confrontations, plus souvent simulées que réelles il est vrai, entre ethnies voisines.

Les femmes privilégient le devoir de s'assurer contre les misères de l'âge, convaincues que, quand elles seront impotentes, leurs enfants les prendront en charge. Plus ils sont nombreux à survivre, dans cette atmosphère d'incertitude et de précarité, moins lourde leur paraîtra la charge.

D'une façon unanimement dogmatique et péremptoire, le petit peuple

professe que l'enfant, qui est un don du ciel, ne se discute pas. Il faut accepter l'enfant, de même qu'il faut obéir à la volonté de dieu.
Mais il existe certainement, pour l'observateur objectif (j'allais dire scientifique), des explications de l'attachement des gens de mon groupe à l'abondance d'enfants. Parmi ces explications, je pense que certaines peuvent avoir un rapport avec notre sujet. Je veux dire que l'enfant pourrait bien être pour le groupe comme une page sur laquelle se lit le temps.

On est frappé par l'importance que prend l'attribution du nom d'un notable à un nouveau-né. Cela ne s'entoure pas seulement de nombreuses festivités qui semblent être autant de cérémonies religieuses. Mais socialement, les deux familles concernées se trouvent comme associées par un pacte mystérieux. Et l'adulte qui reçoit cet honneur est désormais tenu à l'égard de l'enfant à des devoirs qui le rapprochent de ceux du père biologique. Car, ce jeune enfant lui a, apparemment, ouvert une sorte d'éternité.

On est frappé, dans le même ordre d'idées, par l'immuabilité des noms, attribués sous forme de blocs. Jadis, on donnait seulement à l'enfant nouveau-né, comme à Athènes, le nom d'un oncle, d'un parent proche, d'un ami. Aujourd'hui, ce n'est plus seulement le nom, mais aussi le prénom chrétien et jusqu'au surnom -ce que les Romains appelaient le cognomen. Ainsi, le bébé ne portera plus seulement le nom de son oncle Zambo, mais aussi le prénom chrétien de celui-ci, Philippe Zambo Ekyé Nnam. A mon retour d'Europe, après quarante-deux ans d'absence, dont trente deux d'exil intégral pour cause d'opposition politique, les noms dans mon village, étaient exactement les mêmes qu'à mon départ. Ils ne désignaient plus les mêmes personnages, bien entendu; c'était un phénomène assez hallucinant, pour moi presque macabre; car, bien entendu, plusieurs générations avaient disparu entre temps, l'espérance de vie étant très brève chez nous, comme chacun sait.
Que signifie cette immuabilité des noms, par rapport à la manière dont nous vivons le temps? Il y a peut-être une réponse philosophique.

Ce que je sais, c'est que, selon la croyance locale, si un jeune enfant meurt, et qu'il en naisse un autre peu de temps après de la même mère et du même sexe, c'est l'enfant décédé qui est revenu, l'éternel retour en somme.

Voilà, chers amis, par quelle pirouette, indigne certes d'un aréopage de philosophes, j'ai trouvé le moyen d'accrocher ma mesquine aventure aux nobles préoccupations contenues dans le libellé de votre colloque.

Mais je n'en ai pas encore fini. Il faut quand même que j'apporte ma pierre, modeste quoique incongrue, à l'édifice philosophique de notre colloque. Ce sera sous forme de témoignage autobiographique.

C'est en Europe que j'ai découvert les saisons. Il en est peut-être que cet aveu va surprendre, c'est pourtant la stricte vérité. J'ai découvert les saisons en Europe, non pas à mon arrivée là-bas, alors que j'était tout jeune étudiant et que je ne connaissait de l'Europe que ses villes -ce que le poète appelle ses anciens parapets. Il a fallu pour cela que, pas tellement loin de la trentaine, je sois nommé comme professeur titulaire dans une petite ville bretonne, et que j'habite une maison perdue au milieu des champs.

Ce fut alors pour moi un étonnement sinon de tous les jours, mais presque de toutes les semaines; ce furent des émotions que je n'avais jamais vécues. Je me souviens surtout du printemps. Pour un Africain, c'est peut-être le phénomène le plus bouleversant, parce que la nature, apparemment morte jusque-là, renaît peu à peu. Les arbres retrouvent leur frondaison, les fleurs leurs couleurs, les oiseaux leurs chants. L'été ne laisse pas d'émerveiller aussi; on voit alors s'épanouir les cultures, que le chaud assaisonne, comme dit le poète et, au moment des moissons, on s'extasie à ce spectacle pourtant annoncé. L'automne, avec ses feuilles qui tombent et ses tempêtes laisse perplexe, comme désemparé devant ce qui paraît un phénomène de vieillissement poignant. L'hiver symbolise bien la mort avec ces arbres sans feuilles dressés comme des carcasses, ce silence qui enveloppe tout, les frissons du froid, le repli universel des êtres vivants.

Le contraste des saisons ne s'arrête pas là. Il se prolonge par l'emprise des changements de la nature sur les activités des hommes; il y a une saison, le printemps, pour semer, une autre, l'été, pour moissonner, une autre, le printemps, pour préparer la terre, une enfin pour la laisser se reposer. De la même façon, on ne s'habille ni ne se nourrit pareillement en hiver ou en été. Il y a une saison, l'hiver, pour les manteaux de laine, les cache-nez, les soupes épaisses auprès de la cheminée. Il y a une saison, l'été, pour aller en bras de chemise, s'attarder sur les terrasses, et se repaître de fruits. Pas besoin d'être doté d'une imagination de visionnaire à la Victor Hugo pour imaginer comment ces contrastes ont façonné, modelé, structuré pendant des millénaires, et au-delà, une Europe qui n'est citadine que depuis quelques siècles.

Je me souviens bien de ceci: à mon arrivée à Aix-en Provence en 1951, dans les familles où j'étais souvent reçu, les gens me demandaient: 'Quelles sont les saisons en Afrique?'. Je répondais, désemparé: 'Il fait soleil'. Les gens s'esclaffaient et me disaient: 'Ce n'est pas une saison, ça! Il fait soleil tout le temps?'. Je répondais: 'Oui'. C'était à peine exact. En fait, je n'en savais rien. J'avais pourtant grandi chez moi. J'étais un authentique enfant de l'Afrique, mais je n'en connaissais pas les saisons. Parce que rien ni personne ne m'avait jamais contraint à observer les saisons ni à connaître leurs loi. J'ai découvert très récemment à plus de soixante ans, les saisons chez moi, je veux dire dans mon village natal, qui bénéficie peut-être d'un microclimat. Je voulais planter des bananiers plantains au mois de décembre. J'ai vu avec surprise la consternation contracter les visages qui m'entouraient. Les gens m'ont dit: 'On ne plante pas en décembre'. 'Pourquoi?' ai-je répliqué. 'Mais parce qu'il ne pleut pas, qu'il ne pleuvra que mi-mars, au plus tôt'.

C'est ainsi que j'ai découvert les saisons chez moi: décembre-mars, saison sèche, presque jamais de pluie. Le reste du temps, il pleut toujours, plus ou moins; il pleut surtout en septembre-octobre. Mais la température est rigoureusement la même toute l'année. Chaque jour ressemble un peu au précédent.

Autrement dit, contrairement à l'Europe, on peut porter les mêmes vêtements chez moi, manger la même nourriture du 1er janvier au 31 décembre. C'est peut-être pour cela que mes ancêtres n'ont jamais éprouvé le besoin de découper la journée en heures, ni l'année en mois, ni le mois en semaines, au moins autant que je sache.

Cela aussi n'a pas pu ne pas imprégner et façonner les mentalités pendant tant de millénaires, ainsi que l'attitude à l'égard d'un temps qui, en effet, semble toujours stagner à l'évidence, il existe une façon africaine de vivre le temps. Une fois qu'on l'a reconnu, où est le problème? En quoi cela concerne-t-il le développement?

Nous avions des religions spécifiques. Cela nous a-t-il empêchés d'adopter les religions des autres? Nous avions des langues spécifiques. Cela nous a-t-il empêchés de parler les langues des autres? Nous avions des musiques spécifiques. Cela nous a-t-il empêchés de chanter sur les musiques des autres, sur la musique grégorienne par exemple? Si le développement exige que nous adoptions le temps des autres, pourquoi cela ne se ferait-il pas? Il en a été ainsi de maints peuples sur d'autres continents.

Je n'ai pas le sentiment qu'une conscience spécifique du temps ait réellement une interférence sur l'échec ou la réussite du développement. Du moins, une telle interférence n'a rien d'une évidence. En revanche, les obstacles qui s'opposent de façon quasi palpable au développement en Afrique sont nombreux, mais tout se passe comme si une puissance occulte les avait déclarés tabous.

Ainsi pourrait se poser la question que voici, à propos de la francophonie, thème à la mode: le fait pour un peuple d'être obligé de parler une langue étrangère freine-t-il ou favorise-t-il son développement? Voilà qui susciterait une réflexion vraiment actuelle et utile, pour ainsi dire opérationnelle, sur le développement.

Ceci n'était là que le témoignage d'un romancier, un poème en quelque sorte, non une réflexion philosophique à proprement parler. Pour conclure, je dois dire que, selon moi, nos amis européens dont la bonne volonté n'est plus à démontrer, sont cependant trop enclins à rechercher dans les problèmes africains plus souvent ce que les philosophes appellent l'essence que ce qu'ils appellent la contingence. Personnellement je crois avoir compris que les problèmes du développement relèvent de la contingence, c'est-à-dire du politique, de l'historique, de l'économique, du social: en tout cas, c'est ce que mes expériences villageoises, selon moi, démontrent amplement. En revanche, nos amis européens -ce séminaire a été, semble-t-il, conçu par eux-, quand ils se penchent sur ces questions, quelle que soit leur bonne volonté, ont tendance à s'égarer dans une problématique à la limite de la métaphysique. La réflexion sur le temps en est, selon moi, un bon exemple.

Le temps des saisons et le défi du développement

Tanella Koné Boni, Abidjan (Côte d'Ivoire)

Introduction

Si je suis d'accord avec le professeur Lalèyê pour dire qu'il y a aujourd'hui un 'méga temps', une 'méga société', un 'méga monde', je me pose la question de savoir, avec Madame Jonckers, comment rendre l'humanité à l'humanité? Car je crois que l'enjeu du débat que nous menons ici si situe à ce niveau.

Je vais me livrer à une exercice périlleux, je suis la dernière à prendre la parole et l'approche que je vais développer ne me facilitera pas la tâche. Je propose une image du temps comme troué de saisons. La saison est entendue ici au sens de moment d'intensité, le moment où la vie atteint un paroxysme dans une communauté donnée, un sommet dans l'existence d'un individu. Mais la saison, dans un sens premier, peut devenir, comme chacun sait, une intempérie qui s'impose à nous, qu'il faut braver contre vents et marées. Du reste, l'alternance des saisons nous échappe totalement. L'homme habite en prédateur des ressources naturelles sur cette terre, intervenant par là-même de manière intempestive dans le cours normal des saisons, subissant des contre-saisons auxquelles il ne s'attendait guère. Le développement est le mode de résistance au temps, il renvoie aux moyens d'appropriation des valeurs du monde dans lequel nous vivons. Mais ce monde est-il l'environnement immédiat? Le pays dans lequel nous vivons? N'est-il pas aussi, s'agissant de l'Afrique, un système mis en place par des instances repérables sur la carte des relations internationales? Il faut prendre le risque de créer ses propres saisons à l'intérieur du temps global, planétaire, auquel nous ne saurions échapper. Car le défi du développement renvoie aussi aux fins de l'homme, concerne la participation au monde mondial, la prise en compte des enjeux des débats actuels, le souci de l'être-ensemble, le sens de l'intégration dans une communauté donnée, une région, un continent, le sens du partage. Le défi du développement n'est donc pas le repli sur soi, la vie en autarcie, la protection des frontières ou le culturalisme à outrance. Il serait au contraire la visée du sens de l'humain.

Etudes de philosophie interculturelle, tome 8 (1997) p. 125-137

1. Une image possible du monde

Le monde avance à grands pas. L'expérience la plus ordinaire nous le montre. Assis dans un fauteuil, devant un ordinateur ou un écran de télévision, nous avons l'impression de parcourir le temps et l'espace à une vitesse folle. Nous avons affaire aussi bien au temps qui passe et coule, qu'à l'humeur du monde, la manière d'être de la planète à un instant donné. Cette impression se confirme bientôt par l'expérience que chacun a du temps qu'il fait: celui des saisons. Le temps en effet, physique ou géographique, qui renvoie au climat, nous tombe du ciel sous forme de pluie ou de beau temps, de tempête, de cyclone... Ces expériences nous montrent, quotidiennement, que les différentes facettes du temps se rejoignent d'une manière ou d'une autre.[1] Réel ou virtuel, le temps tombe par-dessus tous les continents qui le rapprochent insensiblement, mais restent séparés par les cultures, la géographie et l'histoire. Tout se passe comme si le mouvement du monde était composé d'une multiplicité de mouvements allant dans le même sens, et dans le même temps s'opposant les uns aux autres, formant ainsi un grand tourbillon qui emporte par devers lui les traditions les plus solides, secoue les temps sacrés et les temps profanes, lesquels ne sont plus seulement temps de la vie sédentaire ou de la vie nomade. Le paysage du temps se recompose donc, devient plus complexe, variable, incontournable comme une intempérie.

Qu'est-ce donc que le temps aujourd'hui? Nous serions tenté de dire, par boutade ou par honnêteté intellectuelle: nous n'en savons strictement rien! Voilà qui nous autorise à chercher du côté du monde et de la géographie, du côté de la société et de l'histoire, du côté de la politique et de l'économie, du côté des sciences et des techniques. Si d'aventure nous découvrons quelque temps en ces lieux, il se recouvre déjà du temps d'autres lieux ou activités que nous ne soupçonnions pas au départ. C'est pourquoi l'Afrique, en tant que continent, ensemble de pays, de sociétés, de cultures, ne peut ni fermer les yeux, ni rester sourde et insensible aux bruits venant d'ailleurs et d'ici-même, à tous ces bruits intégrés ou parallèles qui se répondent, deviennent échos dans nos savoirs, savoir-faire, comportements, tous ces bruits qui viennent peupler et alimenter notre imaginaire. Est-ce un hasard si nous parlons de bruits? Le temps n'est-il pas ce quelque chose du bruit que nous entendons, que nous saisissons venu du fond des âges au d'aujourd'hui même? Le temps est quelque chose comme cette musique qui nous habite, par laquelle nous pensons et agissons, par laquelle nous nous représentons le monde et notre place dans le monde.

En accueillant sa propre musique qui est déjà celle des autres, l'Afrique subsaharienne trace se part de saisons dans la monde; apporte son lot de provisions et d'improvisations, car elle vit dans l'instant présent et est capable, paradoxalement, de prévoir demain. Ces saisons participent de sa marque distinctive, lui donnent ce label tissé de métamorphoses successives, fait de singularités et d'universalité.

2. Saisons

Mais qu'est-ce donc qu'une saison si ce n'est la possibilité d'un temps porteur de promesses, d'intempéries, de variations qui viennent briser la ligne ou le cercle implacable du temps? Hostile ou amicale, la saison n'est-elle pas, au premier abord, le temps qui fait corps avec moi? L'air que je respire, la pluie que apporte l'eau salvatrice, le soleil qui pourvoit quelques vitamines à la peau et fait mûrir les grains et les fruits nécessaires aux nourritures terrestres? Les philosophes présocratiques n'ont pas eu tort de donner raison à quelque principe explicatif du monde en rapport avec les éléments matériels.

Mais la saison est aussi, pensons-nous, le temps qu'il fait en nous. Le temps au cours duquel nous avons conscience d'un temps pour nous, au cours duquel nous atteignons un maximum d'intensité dans notre existence, qui devient véritable détachement, sortie de soi, aller à l'autre, rupture d'avec le temps opaque, d'un seul tenant que nous ne comprenons pas, que nous ne reconnaissons pas. La saison est le temps que je rencontre véritablement, celui qui me dit qui je suis et me permets d'aller vers l'autre, l'autre moi-même, voisin ou étranger. Le temps qui m'autorise à ouvrir les oreilles pour l'accueil d'autres musiques qui parasitent l'air du temps. La saison est le temps de la rupture faite d'une multiplicité de ruptures, qui peuvent être pensées comme tournants décisifs, c'est-à-dire morts et/ou renaissances. Ainsi, la saison est le temps du ressourcement, de la bouffée d'oxygène, du revirement, de l'énergie retrouvée. Car l'expérience du temps qu'il fait nous indique que toutes les saisons ne se ressemblent pas. Si la pluie régénère, l'excès de pluie tue. Le soleil, ami de l'homme et de tous les vivants peut être aussi leur pire ennemi, il peut menacer la vie, brûler tout en une saison.

La saison est donc cette métaphore qui nous permet de méditer sur les rapports possibles entre temps et développement. Bonne ou mauvaise, une saison l'est relativement à un point de vue donné mais jamais absolument. Si la saison tue ou régénère, elle peut être aussi un moment de fête et d'orgie, un moment de transgression dans l'ordre du social et du politique, un instant de joie intense qui rompt avec la torpeur de la routine.[2]

Naturelle ou provoquée par l'homme, la saison en tant que rupture dans le temps qu'il fait, le climat, mérite aussi que l'on s'y arrête quelques instants. Comment en effet parler de développement et passer sous silence toutes ces menaces qui planent dans l'air à cause de la dégradation de l'environnement? Mais l'environnement, comme le montre Michel Serres, ne concerne pas les phénomènes à la périphérie de l'homme qui serait au centre du monde; il devient ce qui compose avec l'homme, vit en symbiose avec lui. Sa mort est aussi la mort de l'homme, sa survie celle de l'humanité tout entière.[3]

Le temps de l'environnement, temps global est aussi celui de l'Afrique, réserve incontournable de matières exploitées en grande partie en vue d'alimenter d'autres saisons, d'autres continents; l'Afrique, le berceau de l'humanité, comme le montre la paléontologie.

3. Le développement comme mode de résistance au temps

Le développement n'est-il pas, au premier abord, un mode de résistance au temps? Au temps qu'il fait, mais aussi au temps dominant qui est de l'ordre de l'économique et du politique, de l'histoire? L'individu ou la collectivité participe au développement parce qu'il est au monde, parce qu'il veut provoquer toutes les facettes du temps qui le regardent et le narguent, n'arrêtant pas de lui tomber dessus venant du ciel, venant des autres, de l'Autre: Père, Dieu, Pouvoir, Loi...En ce sens, le développement apparaît comme un défi à l'Autre et à soi-même. Il renvoie à l'idée de risque à prendre, de choix, de responsabilité et de liberté. Le développement est donc un processus d'essais et d'erreurs, sans cesse renouvelés; une aptitude à prendre du recul par rapport au temps du monde, à marcher à son propre rythme en essayant de résister aux tourbillons du monde dans lequel nous sommes tous installés.

Se développer n'est-ce pas contourner l'empire de la Loi en imposant ses propres lois? Mais comment imposer ses propres lois? N'est-ce pas aller à contre-courant du progrès, de la modernité, des lumières? En inventant notre aptitude à la résistance active qui consiste, non pas au repli sur soi, mais à l'ouverture intelligente et rusée au monde, en comptant sur nos propres forces nous relevons le défi en vue du mieux-être, du mieux-vivre, du bonheur, but de toutes les activités humaines comme le pense Aristote.[4] Nous relevons le défi en vue de nous rapprocher de l'horizon qui fait de nous ce que nous entendons être: non pas des choses inertes, non pas des marchandises à vendre, non pas des plantes ou des animaux à consommer mais des femmes et des hommes à part entière, dans leur diversité irréductible, tendant vers cet horizon singulier dont nous parlons, que l'on peut appeler humanité. Mais cet horizon est-il donné? N'est-il pas plutôt à construire? Il est en effet évanescent, chaque individu, chaque société le cherche désespérément.

Il appartient à chacun d'être à l'avant-garde de cette recherche, car, en Afrique subsaharienne, nous n'avons pas le choix. Les discours de l'Occident ont divisé le monde en trois ou quatre parties. Nous sommes la troisième ou la quatrième part du monde, à la traîne de l'économique et du politique, livrés au regard de l'Autre et à celui de Dieu, comme si nous avions déjà tout perdu, comme si nous étions damnés à jamais.[5] Le premier mot d'ordre du défi dont nous parlons consiste à résister aux discours nihilistes, en proposant nos propres discours mobilisateurs. Mais ces discours manqueraient leur but si la société civile ne précédait pas la classe politique sur le chemin des options économiques et culturelles à prendre. Car le politique, en Afrique, a d'autres cartes à jouer qui, jusqu'ici, de manière générale, n'ont pas été parmi les meilleures.

Nous venons en effet au monde, en proie à l'angoisse existentielle, jetés au milieu de cultures et de traditions avec lesquelles nous construisons notre part d'humanité et passons notre chemin. Mais chacun sait que nous passons sans passer, comme le temps.[6] Nous avons la liberté de provoquer quelques saisons en vue du bien-être aujourd'hui, en vue du bonheur de demain. Pourquoi l'avenir devrait-il toujours être présenté comme une impasse, sous un jour aussi ténébreux pour l'Afrique? Il nous appartient de décider, ici et maintenant, que nos richesses naturelles, culturelles, nos potentialités intellectuelles suffisent pour commencer dès aujourd'hui la bataille de la qualité de la vie pour demain. Car la montre du temps linéaire et le baromètre du temps du monde continuent de tourner pour ceux que nous laissons après nous.

Parler en effet de développement, c'est prendre conscience, par la-même, de ce que l'humanité, en tant qu'horizon, ne s'arrête pas, par définition, à la fin de la vie biologique de chaque individu. La visée de l'horizon d'humanité nous oblige à construire un monde habitable pour nous-mêmes et pour ceux de demain. Car penser le développement, c'est voir au-delà de la subsistance immédiate, au-delà de la survie quotidienne. C'est être capable d'esquisser les grandes lignes de la vie à venir, de se poser la question: qu'en est-il du devenir de l'Afrique?

Mais l'expérience de notre vécu quotidien nous montre que les idées que nous venons de suggérer ne sont, sans doute, que pure et simple utopie. Si tel est le cas, laissons donc la place au rêve. Car aucune action d'envergure ne peut être accomplie sans une part de rêve. Tout projet digne de ce nom n'est-il pas d'abord l'ordonnancement d'un grand rêve? Mais le rêve est un temps bien difficile, car le quotidien nous hante avec ses problèmes réels qui traduisent le mal-être qui s'installe et s'accroît dans nos sociétés. Comment prévoir, imaginer, inventer, rêver si les nécessités d'aujourd'hui ne sont pas encore satisfaites, si nous subsistons à peine, si nous avons faim et soif, si nous sommes agressés par l'Autre? Si nous ne sommes même pas sûrs d'être encore nés, de prendre une part active au monde mondial parachuté par-dessus nos têtes, tombant littéralement du ciel comme quelques perturbations climatiques? Faut-il s'adapter au temps du monde? Quel monde? Celui des ancêtres ou celui d'Internet? N'est-ce pas le même monde vécu différemment? Ce monde qui nous pose inlassablement la même question: qu'en est-il de l'homme?

Notre capacité de résistance au temps ne se mesure-t-elle pas en créativité, en inventivité? Mais s'agissant de l'Afrique, comment inventer du temps humain quand tous les dés semblent jetés, par quelques Dieux qui tirent les ficelles, ces Dieux ouverts comme des paravents ou parapluies sur le monde. Ils ont des noms célèbres en tant qu'Institutions Internationales. Mais n'oublions jamais que les Dieux ont, comme le Démiurge du *Timée* de Platon, quelques tâcherons, qui ont des complices parmi nous. Les vrais Dieux ne s'occupent nullement des travaux mineurs, ce sont des têtes pensantes, des architectes dont les ordres sont transmis par voie hiérarchique. Depuis le temps de la traite des esclaves, jusqu'au temps post-colonial, nous sommes sans doute responsables, d'une manière ou d'une autre, du bien et du mal que nous avons reçu en partage. En effet les anciennes puissances coloniales, auxquelles nous faisons confiance, nous assistent économiquement, coopèrent avec nous, souvent de manière exclusive. Elles avaient crée, de toutes pièces, leurs saisons, à un moment donné de l'histoire mondiale, en profitant de circonstances favorables. Aujourd'hui, elles veillent encore au grain, en Afrique, écoutent le plainte et les doléances, n'hésitent pas à descendre discrètement dans l'arène politique pour imposer quelques pions qui, de par leur position confortable, deviennent par là-même pied et main complices, conseillés par des experts, oeil et oreille. Telle semble être l'image du dispositif de contrôle et de gestion de nos Etats.

Ce dispositif existe donc sous la forme d'un réseau, la figure de l'espace-temps auquel nous nous heurtons de prime abord, quand nous faisons l'état des lieux et cherchons les acteurs du développement. N'est-ce pas là une image du temps de Dieu qui s'impose à l'homme? Mais Dieu est hors de cause, il est hors du temps. Le temps est l'affaire des hommes qui gouvernent le monde, regardent l'Afrique, comptent ses manquements au lois du marché. Le temps de l'économie mondiale, des échanges internationaux ne nous appartient pas. Il s'impose à nous sous la forme d'une figure séduisante, qui nous capture et nous oblige à emprunter des chemins préétablis. Car le monde des relations internationales et du marché est un ordre qui ne tolère aucun manquement à ses lois.

Notre capacité de résistance, comme on le voit, doit s'exercer par la ruse bien plus que par la rupture brutale. Dans le cadre du temps mondial, la rupture est-elle possible? Elle conduirait à une léthargie ou une mort certaine. Peut-être ne nous reste-t-il qu'à emprunter la peau de véritables rongeurs dont le rôle exact est de miner le dispositif de l'intérieur par la provocation de micro-climats ou d'intempéries incontrôlables par l'Etat, et par le Grand Capital. L'Afrique aurait donc besoin, pour ce faire, de tous ses cerveaux disséminés à travers le monde, en Occident plus précisément. En effet, les conditions précaires de l'exercice de la pensée continuent de favoriser l'exode et l'exil des intellectuels.

Mais provoquer des intempéries n'est pas seulement l'affaire des intellectuels: les savants, les médecins, les chimistes et les physiciens instruits dans les villages et les bois sacrés vivent encore enfermés dans leur monde clos: celui des ancêtres. Leurs savoirs et techniques, pour peu qu'ils consentent à les utiliser de manière démocratique, permettraient au Continent d'être à l'avant-garde de la pensée scientifique. Faudrait-il cependant que nous reconnaissions, nous-mêmes, les savoirs endogènes comme savoirs à part entière, afin qu'ils soient compétitifs à l'échelle de la communauté scientifique internationale. Mais là aussi les lois de la science ressemblent à celles du marché: elles sont sélectives et attendent de chaque nouvelle science qu'elle fasse preuve de bonne foi, qu'elle n'aille pas à l'encontre de l'air du temps.

En attendant de pouvoir régler la question épineuse de la distribution de la reproduction de nos sciences et techniques, le temps est venu de leur accorder quelque crédit dans la ville, lieu de l'ordinateur et de la communication à l'échelle planétaire. L'irruption de ces micro-savoirs permettrait de tracer quelques sillons vers la recherche de l'homme au coeur de l'urbanité où la scission entre l'homme et la nature semble consommée, où l'homme se sépare de son semblable et s'écarte de soi-même.

Quoiqu'il en soit, des groupes socio-professionnels ou des individus de plus en plus nombreux n'attendent pas l'autorisation de l'Etat ou d'un dispositif de contrôle avant de prendre en main leur propre destin. Ils pratiquent, depuis toujours, quelques stratégies de survie où ils trouvent leur bonheur: tontines, coopératives agricoles, associations diverses, ONG, industries culturelles gérées par les individus eux-mêmes, des familles, des particuliers, construisant des circuits parallèles en marge des grandes décisions politiques et économiques. Ces stratégies de survie constituent autant de voies de sortie possibles de la crise qui, depuis quelques années déjà, frappe de plein fouet les pays africains.

Le développement ne saurait donc être un et uniforme. Si le monde avance à la vitesse de l'éclair, exister, pour nos pays, ne saurait être une course contre la montre. Il appartient à chaque individu de construire une aire de respiration dans la jungle du monde. Prendre au monde des idées, du savoir-faire, des biens de toutes sortes, de l'avoir, sans se laisser consommer par le monde, afin de bâtir son être. Prendre du temps pour soi, sa liberté dans la nécessité de l'espace du monde, creuser son intériorité, se ménager un temps du refus, de la critique, n'est-ce pas être homme, au fond?[7] Il appartient aux individus de s'associer à d'autres individus, de lier un rythme à un autre rythme, une énergie particulière à une autre énergie particulière afin que l'Afrique participe pleinement à la marche vers plus d'humanité. Car le développement n'est ni économique, ni politique, ni social, ni technologique, ni culturel, ni scientifique, c'est un tout qui englobe tous ces aspects.

4. Mondialisation du temps et environnement

Mais comment intégrer ces rythmes particuliers, temps de liberté, dans le temps mondial, nécessaire? En quoi consiste précisément la mondialisation du temps? Est-elle la superposition de plusieurs temps locaux?

La tendance naturelle à rechercher le bonheur comme le pense Aristote n'est-elle pas l'Alpha et l'Oméga de notre désir de développement? Dans l'histoire de l'Occident, ce désir a pu prendre, à un moment donné, un chemin tout à fait inédit: à partir de la fin du seizième siècle, Francis Bacon, auteur du *Novum Organum*, ainsi que Descartes, dans la première moitié du dix-septième siècle, pensèrent que la nature pouvait être expliquée rationnellement. Le désir du bonheur rencontrait un autre désir: celui d'être 'comme maître et possesseur de la nature'. La philosophie des Lumières ajouta sa part de vérité à l'édification de la déesse Raison. Philosophie, sciences et technologies se rencontrèrent en vue de la conquête du monde: Orient (Inde), Nouveau Monde (Amérique), mais aussi tous les mondes restés jusque-là 'sauvages' ou inconnus (l'Afrique, les îles de l'océan indien et du Pacifique). Le résultat de cette conquête de l'espace, à la fois politique et économique, est édifiant. Il y eut la violence de la rencontre, puis le choc des cultures dont nous subissons encore les conséquences. Mais cette conquête du monde, commencée par l'exploitation et/ou le peuplement de nouveaux espaces, le dépeuplement d'autres espaces –par suite de la traite des noirs par exemple- a fini, au fil des siècles, par créer un temps de la planète Terre, qui domine la multiplicité des temps et des espaces locaux. Ce temps de la planète est d'abord climatique, mais aussi économique et politique, aujourd'hui il devient espace privilégié des droits de l'homme et temps des communications.

La rationalité technicienne qui entendait maîtriser la nature est devenue une arme à double tranchant. Elle devait pouvoir rendre l'homme heureux, lui permettre d'expliquer le monde, lui trouver une place qui lui revienne de droit, parmi les vivants et les choses, de se libérer des contraintes du milieu naturel, du climat. Mais la raison conquérante, auréolée des lumières de la modernité, se heurte aujourd'hui à quelques effets pervers de ses propres performances. L'exploitation de réserves naturelles telles que la forêt d'Amazonie et bien d'autres forêts, ici-même en Afrique, la prolifération des déchets toxiques, la pollution de l'air et des eaux ne sont pas sans conséquence sur le temps qu'il fait à l'échelle de la Planète. Là-bas on parle de pluies acides et de fonte des glaciers, ici la désertification avance à grands pas, la sécheresse s'installe et l'on continue, dans des pays comme la Côte d'Ivoire, à déboiser à outrance sans penser à reboiser en conséquence. Parfois, ce sont les inondations qui prennent le relais.

Comme on le constate, la moindre dégradation d'un espace local a des répercutions incalculables du point de vue climatique. L'ordre du monde devient un chaos dans lequel l'imprévu a sa place et favorise les métamorphoses du temps qu'il fait.

Nous sommes tous responsables du temps de la planète, sans peut-être le savoir. Pourtant, toutes les littératures du monde ne cessent de nous exhorter à considérer la nature comme l'espace- temps à prendre en compte dans la quête du sens de notre existence. La nature est le lieu où nous rencontrons des saisons qui nous rapprochent de nous-mêmes. Elle reste un temps favorable et non pas l'espace d'une hostilité permanente comme il nous arrive de le penser. Si l'homme est une part de raison qui lui permet de se proclamer différent des choses, il est aussi une part de nature qu'il doit reconnaître sur le chemin de la propre liberté, sur la voie de l'invention de son humanité qui n'est pas d'avance donnée, comme nous l'avons déjà dit. Dans la ville, 'nous sommes des blessés: arrachés au ciel, à l'eau, aux pierres dures qui pensent gris'.[8] Mais l'eau et la terre, le ciel, le vent, le soleil dont nous sommes une part ne nous appartiennent pas en propre: ils constituent l'espace de communication commun à tous les hommes, par-delà les cultures et les particularités.

L'idée de développement dont nous essayons de cerner les contours et qui se laisse difficilement circonscrire renvoie aussi à quelques préoccupations d'ordre écologiques car la vie humaine est liée à celle de la nature, qui devient globale, qui s'étend à l'échelle de la planète Terre. Les stratégies de développement qui favoriseront l'émergence de l'humain en l'homme la préservation du sujet global qu'est l'humanité sont possibles en Afrique, à condition de se faire confiance mutuellement, de compter sur ses ressources avant de compter sur celles de l'autre. Mais nos ressources ne sont-elles pas déjà celles des autres?

En dernière analyse, le concept de partage doit être mis en exergue, en tant que temps fort au cours duquel toute société, pleinement consciente de ses responsabilités, dialogue avec l'autre, donne et reçoit, met en commun.

En ce sens, le développement, en Afrique subsaharienne, ne commence-t-il pas d'abord par la prise de conscience de ce que, malgré la palabre érigée en mode de vie, la production du savoir, sa distribution, sa performance restent protégées par le plus grand secret? Les intellectuels qui n'ont pas encore emprunté le chemin de l'exil mènent sur le continent un véritable parcours du combattant. Ils semblent avoir intériorisé ce climat propre à toute connaissance de type initiatique: pratiquer la discipline de l'arcane, ériger et protéger des murs, garder le silence face au voisin, au collègue, à l'ami, à l'ennemi, à la femme, à l'enfant, tous dangers potentiels. L'une des denrées les plus rares sur le marché du savoir en Afrique subsaharienne est la quête de l'échange. Donner de soi, recevoir de l'autre, n'est-ce pas l'un des sens possibles du mot intégration?

Conclusion

Peut-être un pays emprunte-t-il véritablement le chemin du développement en libérant la parole, en laissant la place au rêve, à l'invention, à la création. Ce faisant, il contourne la voie qui va de la nature à la machine et à la marchandise; il aboutit ainsi à la passerelle qui relie l'homme à l'homme, ce parcours imprévisible, parce qu'il échappe à la rigidité de toute loi mécanique. Ce chemin ne saurait être celui de la Raison conquérante. Celui qui l'emprunte est un être de responsabilité capable de dire: je réponds de mes actes, je m'engage parce que je suis homme pour la défense et l'illustration de l'humanité.

Car l'homme est un être de partage et de liberté, parce qu'il est d'abord l'existant de toutes les solitudes: il naît seul, il existe seul, il meurt seul. Voilà pourquoi l'être-ensemble est le premier de ses rêves qu'il aimerait voir réalisé aujourd'hui ou demain.

Le défi du développement n'est-il pas, tout compte fait, la manifestation du désir d'être proche de l'autre homme et de soi-même? Le développement d'un pays repose sur l'aptitude de ses individus à se prendre en charge, à désirer l'échange, le partage tout en préservant cette part inaliénable, Irréductible, libre, cette intériorité qui ajoute son temps particulier au temps mondial souvent implacable. Dans ses conditions, toute société est d'abord un ensemble de libertés capables de porter un jugement, de choisir, contre la loi du groupe, du parti, contre la raison d'Etat qui n'est pas toujours la meilleure. Or, en Afrique subsaharienne, chaque individu cherchant se place dans un groupe donné doit se soumettre à autant d'autorités que l'exige son intégration sociale. C'est ici qu'il se trouve confronté à un double défi: la mise en garde de la société et l'exigence de liberté que lui dicte sa propre intériorité. Dans tous les cas, il lui faudra choisir...Chacun de nous se trouve dans cette situation inconfortable.

La question du développement ne saurait donc être réservée à l'homme politique et à l'économiste. Aujourd'hui, 'développement' est le mot le plus courant qui soit. Et 'qu'est-ce que le développement?' L'une des questions les plus distribuées en Afrique. Elle interpelle chacun de nous, s'adresse aussi bien à l'intellectuel qui fait l'expérience de la pensée dans des conditions drastiques, qu'à l'industriel, qu'à l'artiste, qu'à l'homme de la rue, qu'à la femme, qu'à l'enfant ...

La quête du partage et de l'échange n'est-elle pas le point de jonction où la question du développement rencontre celle du temps? Chacun essaie de reprendre la question à son compte, car chaque expérience du temps est irréductible, singulière, d'autant plus solitaire et plus libre qu'elle s'intègre dans un temps mondial dont la musique, les variations nous entraînent vers un ailleurs qu'il nous reste à découvrir. Mais nous allons à la découverte de la nouvelle carte du monde en choisissant, parmi bien d'autres, deux interrogations fondamentales: que vaut le temps sans l'homme? Que peut le développement sans la quête de l'humain?

NOTES

1. Michel Serres, qui d'un certain point de vue s'interroge sur la mondialisation du monde, sur l'oubli de la géographie au profit de l'histoire, sur la violence objective faite à la nature, signale, à juste titre, que le mot temps, dans la langue française, renvoie à deux réalités qui, en Anglais, sont désignées par time, le temps qui passe et coule et par weather, le temps qu'il fait. Cf. *Le Contrat naturel*, François Bourin, 1990, p. 51 sq; *Atlas*, Julliard, 1994, p. 94 sq. Quoiqu'il soit, le temps pris globalement, est 'plissé', 'plié', 'gauffré'. Il n'est ni linéaire, ni circulaire; il comporte des carrefours, des facettes...

2. Cf. Michel Maffesoli: *La Transfiguration du Politique*, Grasset, 1992; réédition en Livre de poche p. 147 sqq; mais aussi *L'ombre de Dionysos*, Librairie des Méridiens, Klincksieck, 1985.

3. Cf. *Le Contrat naturel*, p. 60.

4. Le bonheur, fin de toutes les activités de l'homme, comme il est dit dès le livre premier de *l'Ethique à Nicomaque*.

5. En considérant les appellations de tiers et de quart-monde, tout porte à croire que le monde, aujourd'hui, est hiérarchisé selon des critères d'ordre économique tels que le taux de croissance et la pauvreté.

6. On citerait ici, pour étayer ce point de vue, l'idée de la permanence des espèces. Mais de nouvelles espèces apparaissent au fil du temps, par accident, greffes, mutations génétiques qui viennent enrichir la chaîne des espèces dont certaines finissent par disparaître à cause de la rigueur du climat, à cause de l'incapacité à résister aux nouvelles données de l'environnement.

7. Voir entre autres Olivier Revault d'Alonnes, *Musiques Variations sur la pensée juive,* p. 57: 'L'animal, l'esclave, l'insensé acceptent, continuent, reproduisent. Ils n'ont pas d'intériorité c'est-à-dire pas de lieu du refus, de la négation, de la critique'.

8. Sony Labou Tansi, *Les sept solitudes de Lorsa Lopez*, Seuil, 1985, p. 196.

The Labyrinth Conception of Time as Basis of Yoruba View of Development

Sophie B. Oluwole, Lagos (Nigeria)

Introduction

One of the most acceptable ways of establishing the cogency of the study of a people's cultural views is direct dependency on the actual texts in which thinkers within such a culture have expressed their thought. However, most philosophers today believe that most ancient African societies had no such intellectual heritage. The common practice has been or scholars to infer ancient African views either from African religious and social behaviours and/or their social institutions.

Such anthropological conclusions are generally treated by philosophers as mythical explanations of nature commonly shared by all Africans both on the continent and in the diaspora. This is why many of them have continued to argue that African world-views formulated by many scholars constitute Ethno-philosophy rather than academic philosophy. A long neglected area however has been that of actual oral texts which occur in different African languages in most ancient African societies. Heinz Kimmerle recently suggested that Placide Tempels and Alexis Kagame both studied African languages in this sense. Yet Temples himself claimed that he formulated Bantu Philosophy also from ideas implicit in the beliefs and social practices of the Luba people while Kagame's work was basically an identification of linguistic principles which he believes serve as bearers of Bantu perceptions of reality.

The plain truth therefore is that oral texts in different African languages have hardly ever been studied as explicit expressions of philosophy. Although Kimmerle again draws our attention to the fact that the institution of Sage Philosophy has gone unnoticed for a long time, the fact that some ancient African thinkers reflected on the mysteries of the universe, the difficulties of living with fellow human beings, and problems of establishing a stable polity, does not seem convincing enough to suggest that the different explanations of these perplexities and the proffered solutions African sages constitute philosophy in their own right. The major reason for

Studies in Intercultural Philosophy, Vol. 8 (1997), p. 139-150

this is the general belief that 'strict' philosophy cannot exist in oral texts (Hountondji, 1983; Mudimbe and Appiah, 1993).

This paper however takes a departure from this popular view and tries to demonstrate the existence of explicit philosophy in some Yoruba oral texts. The idea is to follow Kimmerle's own suggestion of the need to study the views of other cultures for the possible discovery of different ways for expressing strict philosophy. What this means is that one may assume that some ancient Africans might have evolved a different style of presenting philosophical criticisms, arguments, explanations and interpretations of nature and human experience.

However, any claim of complete neutrality in this type of analysis can only be self-deceptive since personal prejudices, cultural biases and professional commitments acquired through one's Western training can at best only be reduced to the minimum. The texts presented below are chosen from the common pool of Yoruba oral tradition since these are never arranged under specific themes or disciplines. The exercise here only offers a starting point of a dialectical process which is still at its infancy. Neither the choice of texts nor the analysis or interpretations that follow can in any way be regarded as either exhaustive or conclusive for no honest interpretation is ever monogamous.

It is therefore necessary to warn that no effort will be made to classify the text under specific branches of philosophy. There is also no attempt to submit them to the tests of the paradigms of Western thought, since this will defeat the very possibility of establishing the existence of an authentic African intellectual tradition in them. All I have tried to do is to allow the texts to account for their own existence as philosophy (Mudimbe, 1988). Yoruba notions of time and reality, their conceptions of knowledge and development will therefore be explained and exposed as they explicitly occur in the texts. This exercise, contrary to popular charges, does not amount to creating new philosophies from the texts. Professional philosophers traditionally engage themselves in the analysis, explanation, criticism and/or justification of the works of different philosophers without thereby creating new philosophies out of them. The primary aim is to help others, most especially students, to grasp details and full implications of the philosophies so analysed.

I. Yoruba conceptions of knowledge and reality as explicitly stated in some Yoruba oral texts

i Nkan t′ o ko oju sini, ehin l′oko s′elomiran
(An object that has its face to one observer has its back to another.)

ii Meji-meji ni Olorun da gbogbonkan
(Every God′s creation exist in dual forms.)

iii Eye o le fi apa kan fo
(A bird cannot fly on one wing.)

iv Ajeje owo kan ko gb′ eru d′ ori
(One single hand cannot lift a heavy load to the head.)

v Amona esi ki i se amona odun ni
(The guide of yester-year is not reliable for today's journey.)

vi Ti won ba npa Oni, ki Ola tele won ki o lo wo bi won o ti sin i
(When today is being despatched, tomorrow should be in attendance to see where the corpse is laid.)

vii Enikan ki i nikan angbon tan
(No one is a custodian of absolute wisdom.)

viii Ogbon odun ni, were eemi i
(Wisdom this year is folly next time.)

ix Ologbon kan ko te ra re n′Ifa, omoran kan ko fi ′ra re j′oye. Obe t′o mu ko le gbe eku ara re
(No wise person consults him/herself as an oracle; No knowledgeable person makes him/herself a chief. A sharp knife cannot carve its own handle.)

x Ologbon kan ko ta koko omi s′eti aso ; omoran kan o m′ oye eepe ile, Arinnan kan ko de ′bi ′l e pekun. A dia fun Alabahun Ijapa ni′ jo ti nko′gbon r′ori ope re e ko si

(No sage ever collects water to the tip of his cloth, no learned person dears count the sand. A lone traveller does not reach the end of the world. This is illustrated by the case of the Tortoise who packed all the wisdom of men to hang on top of a tree.)

xi Eni mo eyi ko mo t′ohun , lo d′ Ifa fun Orunmila ti yio ko ′fa lowo Amosun omo re
(He who knows this may not know that. This is the oracular principle which Orunmila adopted when he went to learn from Amosun his own offspring/disciple.)

xii Omode kan ko le e ka ewe agbayunun, beni agbalagba kan ko le e ka ewe agbayunun
(No child can count the leaves of Agbayunun, so as no adult can.)

xiii Bi omode ba subu, a wo waju; bi agba ba subu, a w′ehin
(When a child slips and falls, he looks in front of him. When an elder slips and falls, he is forced to look behind himself.)

xiv Gbogbo eniyan ko le sun ki won o k′ori s′ibi kan
(In a compound, everybody sleeps facing different directions.)

xv Bayi ni a nse n′ibi, eewo ibo miran
(The norm in one place is an abomination in another.)

xvi Omilengbe o lakamoye, iyeruunu o lomukaka; mo gbon tan, mo mo tan, ara re nikan l′o tan je. Aiforoloni, awo ilu awon were, lo d′Ifa fun Orunmila ni′jo ti baba mbe ninu akamo
(Just as water cannot be counted, so no one can count a powdery stuff. Any one who claims to be omniscient and all-wise deceives no one but him/herself. For it is only among fools that a self-conceited person is regarded as a sage. This was the principle of existence which Orunmila (the deity of wisdom), applied when he was caught by his enemies.)

xvii Ogbon o l′opin
(Wisdom is limitless.)

xviii Olorun paapaa o gbon to
(Even God is not wise enough.)

xix Igba o lo bi orere, aye o to bi opa ibon
(No life span extends ad infinitum, a life time is not as straight as the barrel of a gun.)

xx Igba kinni isu, igba keji kebe, igba keta a je e jetan
(First the yam is placed, next it is peeled; and finally there is abundant feasting.)

II. Analyses and interpretation

These and many more sayings in the Yoruba language impress on people the consciousness of time and the role it plays in everybody's life. Time is not seen as something aloof or irrelevant to man's day-to-day experiences in the world. For example, the first three texts explicitly express a binary, even a multifaceted conception of reality while others stress the relativity of knowledge and wisdom in different dimensions. This shows that the sages who formulated these texts were strongly opposed to the monistic conception of reality and any attendant claim of absolute certainty in any form. The central message is that neither reality, age, nor experience provides a sufficient basis for any claim to absolute knowledge. Orunmila, the deity of wisdom is not absolutely wise nor is God Himself wise enough (number xi and xvii).

What all these point to is that all forms of existence cannot be said to originate from the same source nor can all motions be regarded as uni-directional. Each event identifies its own path of motion. At the microscopic level each event triggers off a chain of other events in different directions. An observer may therefore experience a myriad of events all of which are tangential related. Under such a circumstance experience becomes a multi-dimensional drama within which the terms 'past', 'present' and 'future' become many-sided. The Yoruba belief in Kanako, i.e. the possibility of a person covering a long distance in a relatively short time without the use of any automobile as well as their belief in Egbe, i.e. the spontaneous relocation of an object or person in an emergency, both become meaningful within this world-view. This should no more be strange since some scientists like Professor Hawking now suggest that time-travel is theoretically possible. However, the Yoruba epistemological paradigms as sketched above do not reveal the physiological or psychological conception of time. The argument is that even though the objects of experience may exist externally in relation to a subject, human experience is always from within. The new Super-Gravity theory in the West calls for the unification of the two laws of gravity. But this can only strengthen the unilinear view of time which is only an indirect way of forcing on us the belief in the unity of reality. Most of the oral texts cited above express various occurrences of time and how these work in human things.

The Yoruba sages' recognition that the past is always relevant both to the present and the future does not entail the misconceived idea that Africans have a nostalgic attachment to antiquity. It is explicit in the statement that old principles give way to new ones. Change is therefore recognised as an inherent element of both reality and human experience. But as T.S. Eliot has ably argued in one of his writings, the past is always involved with the present and the future because there are some ideas in them worth preserving and others to be rejected. This is why the experienced person looks back after a fall so as to identify the cause of his mistake (number xiii).

The English words 'past' and 'tradition' are usually associated with what is archaic, old-fashioned, and/or primitive. Although Yoruba sages were always conscious of the shortcomings and limitations of old principles, this does not overshadow their scepticism about claims of absolute certainty now or in the future. What they call for is modesty and the need to see knowledge in relation to time, space and individual observers. This awareness of relativity of time does not prevent them from sharing in Pyrrhonian scepticism which in a Yoruba context leads to seeming calmness in face of difficulties. Some have wrongly again interpreted this attitude as 'accommodativeness' which means to them lack of discrimination. This lack of conceptual insight by many contemporary interpreters of African thought derives from a limited appreciation of African oral tradition existing mostly in indigenous languages.

III. Yoruba view of development

The view of development which emerges from Yoruba sages' notion of reality, knowledge and wisdom is that it cannot be established through an irreversible process which is a complete abandonment of the past for the present. Because this notion of development is invariably based on their conception of reality and knowledge, the paradigms, the principles of development reveal an inherent relationship both to the past and the future.

Several terms are used to express the notion of development in Yoruba language. These include:

i	Ilosiwaju:	moving forward
ii	Itesiwaju:	advancement
iii	Idagbasoke:	growing up
iv	Iyipada:	change
v	Rusi-Gbon si:	add new dimensions
vi	Atunse:	improve upon
vii	Atoye:	remould
viii	Atunro:	ordering life
ix	Olaju:	opening the eyes/enlightenment

The terms listed under numbers i-viii explicitly show the recognition that change can occur in different directions. However it is equally noted that such changes are not always positive. For example a Yoruba prayer which goes thus 'Ayipada burburu koni bawa' (May the change for the worse not be our lot), clearly shows this. Furthermore Yoruba sages understood that progress and development necessarily means improvement from existing social conditions. But for them such conditions are not limited to those of economic and technological changes and are therefore not averse to the enlightenment brought by colonialism (i.e. Olaju). However many of them frowned at the moral laxity, the perversion of justice and the disrespect for honesty in the new age. On the other hand the economic and academic arrogance of the so-called elites who show little or no respect for native wisdom and social morality of the elders which they will rather replace with Western paradigms bewildered Yoruba sages.

The humility which normally attended intellectual attainment has disappeared. And as Y.K. Peel noted, Yoruba kingdoms had respect for

European technology and wanted to appropriate much of it but that without undermining their own cultural position.

The fundamental position is that development of human character which determines competence in the management of human affairs is more important than Western technology which promotes individual acquisition of wealth. The affluence which the latter promotes is seen as the bane of social inequality and injustice in their societies.

There was therefore, contrary to Western testimonies, a conscious effort to involve all cadres of society in the running of their affairs. Thus we have the following saying: Agba merin lon se 'lu, agba okunrin agba obinrin, agba omode, agba alejo (Four experience cadres of people uphold the society: male, female, youths and strangers). There is also the saying which goes thus: Omode gbon, agba gbon, ni a fi da 'le Ife (Children are wise, adults too are wise). This is the primordial principle on which Yoruba society was structured.

IV. Socialists' theories and African Renaissance

The late Cheikh Anta Diop's call for an African Renaissance has been differently interpreted by many Western and African scholars. While some see it as a need for the reconciliation of African intellectual heritage with a modern European one, others condemn it as a retrogressive step. Philosophers who still share Diop's conviction have been renamed 'Cultural Revivalists' and their central theme identified as the belief that Africans must use African languages for academic discussions and intellectual purposes.

Those who disagree with this view argue that what Africans need today is the formulation of developmental theories which though adopt Western scientific paradigms and their principles of development yet contain proposals for new ways of struggling against poverty, disease and the attendant underdevelopment brought about by colonialism and neo-colonialism. Such theories, they claim, must stress the adoption of democracy as the condition for the establishment of social justice and political equality.

Whatever the merits of the socialists' view may be, one fundamental question remains: 'In what terms can the development of a society be determined?' Since a people's own conception of reality, knowledge, wisdom, self awareness and social aspirations cannot be detached from their notion of development, no member of any other culture can justifiably declare himself the saviour of a people whose cultural aspirations are by and large different from his own. It is a notable irony that Western scholars continue to argue against the viability of an African Renaissance when the intellectual history of the West testifies to the fact that scholars after the Dark Ages revived the Greco-Roman intellectual heritage. The whole idea of a Classical European Golden Age which continued to degenerate through the Silver to the Iron Age was one in which the beginning is regarded as an innocent. This characterisation was of course that of human wisdom and virtue in managing their own affairs at a time when the idealisation of industrialisation and the economic aggrandisement it brings, have not yet taken place. It is therefore surprising that some African scholars continue to argue that 'Africans have no home tot go back to' since all that can be found there are nothing but ghettos; more so when they have refused to take serious looks at it. Cornel West, for example, has complained against this 'fencing in' of contemporary African thought by Western academics (West, 1993).

Once we accept the existence of African oral tradition is worthy of study for the possible discovery of cogent philosophical principles and treatises, we may find that several notions of justice, human rights, democracy and development are not foreign to our peoples. To justify this, I give a few more illustrations from Yoruba oral tradition:

A. Eru ku ni ile, won gbe lo s′oko lo sin; omo ku l′ oko won gebe wa ′le wa sin. Ibi o ju ibi. Bi ase bi eru la se bi omo Eru ni baba ona lo jin. Ma f′ iya je mi nitoripe mo j′alejo; bi o ba de ibomiran, alejo ni iwo na a yio je.
(When a servant dies he is taken to the farm-stead for burial. When a true-born dies, he is brought home for burial. One birth is not different from another. A servant comes to the world in the same way as a rich man's child. A servant has a father even if in the foreign land. Do not oppress me because I am a stranger, when you too go abroad, you will become a new-comer.)

B. Bi aja ba wo agbada ina, ti amotekun w′ewu eje, ti ologinni wo′so akisa, apanage NI gbogbo won nse.
(If the dog wears a dress of fire, the hyena is dressed in blood and the

cat appears in tattered rags, they are but all carnivores.)

C. Ka mu ragba ta ragba, Iwa, iwa l′ a nwa iwa. Ka mu ragba ta ragba, Iwa, iwa l′ a nwa iwa. Eni w′aye ti ko ni′wa, aye lasan lo wa; lo di′ Ifa fun iwa ti o ns′ awo re ode Oyo. Iwa gbo ri ru ebo, o ru; ogbo titu etutu, out. Iwa wa ru u la, o ru ru ye. Ka mu ragba ta ragba, Iwa, iwa l′ a nwa iwa. Ka mu ragba ta ragba, Iwa, iwa l′ anwa iwa. Eni w′aye ti ko ni′wa, aye lasan lo wa.
(Turn it up turn it down, roll it around as you will, virtue is all that matters in life. Lift it up, bring it down the importance of virtue cannot be over emphasised. A life without virtue is a meaningless life. This was the principle of social existence adhered to by Oyo leaders who paid heed to self-discipline. Roll it up, roll it down, twist it as you will, the essence does not change. A life without virtue is a worthless one.)

D. Ajuwa, Ajuwa; Apo eran o juko. Oun lo d′ifa fun Alakooleju, Ti o ko won je n′ife, Oodaye, Won ni ki o so igbo ita d′ode, Won ni ki o ma so igbo Igbay le d′oje, Won ni ki o ma f′igbo Osun se ′de, Nje, Alakooleju o gbo, Nje, Alakooleju o gba. A o fe o n′ile yi mo, Ma a lo.
(I am greater than everyone; I am more important than all. In him public mismanagement is not easily discoverable. These are the principles the greedy operate upon. When he/she cheated in the primordial society, he/she was told not to turn public management into a hunting game. He/she was warned not to turn political association into fraudulent organisations. He/she was cautioned against converting public funds into personal use. The greedy did not listen. The greedy did not yield. We do not want you in this society anymore. [The people] say: 'Go away!'

V. Conclusion

Rending the above texts and their explanations in a foreign language has a paralysing effect on their explicit philosophies. Had they been presented, analysed, explained and interpreted within their own warranted intellectual culture and in the language in which they originally exist, they would have been able to account for the cogency of their own reflections. That these four literary pieces contain elements of the principles of fair play, justice and democracy goes without saying. In them it is explicitly stated that neither the natural birth nor personal achievements will justify any special treatment when the same offence is involved. There is a demand for public accountability, fairness in social matters and self discipline which constitutes a basis for trust to mange human affairs to everybody's satisfaction.

What all these views show is that most principles of democracy are not new to the Yoruba people. The erroneous view that the failure of Western formulated programmes in many societies in Africa is due to the generic incompetence or to the bizarre psychology or mental attitude of the African, cannot be empirically justified. What seems to be lacking is a sincere belief in Kimmerle's new proposal that there may be new possibilities of expressing philosophical issues that can adequately avoid the Western opposition paradigm in which difference is necessarily regarded as evidence of inferiority (Kimmerle 1997).

If modernity, as Henry Oruka and Cornel West had earlier argued, is not measured simply in terms of science, technology, market economy and bureaucracy - with their attendant social ills - many ancient African societies may, to a large extent, be regarded as more developed in a positive sense than many contemporary societies in Europe and America. The agony of the intellectual vacuum being imposed on African thinkers today arises from their recognition of the inadequate view of development and civilisation which some Western and African scholars want them to accept as inevitable.

The Yoruba people are known to have lived in large urban cities at a time when urbanisation was little known in Europe. Yet writing was neither a socially promoted enterprise nor was there industrialisation in the Western sense. However the critical and sceptical attitude of many of their sages must have been developed as reactions against the ills of their large societies. Hence recent arguments that writing, science and technology depend on the adoption of a linear monistic conception of reality, cannot be treated as undeniably true. There must indeed be 'many ways to catch a fly'. This is the central message of inter-cultural philosophy which I believe offers a viable option for scholars genuinely interested in the discovery of an authentic African intellectual heritage.

BIBLIOGRAPHY

Abimbola, Wande: Oju Odu Mererindinlogun, Ibadan: Oxford University Press, 1969.

Appiah, Anthony K. et al: *The Influence of African Studies on African Philosophy* in: *Philosophy and The Disciplines*, 1993.

Buhlan, H.A.: *Psychological research in Africa: genesis and function*. In: *Race & Culture*, XXIII, 1, 1991.

Chachage, C.S.L.: *Discourse on Development among African Philosophers*. In: Ulf Hammelstrand et al, *African Perspectives on Development*, London: James Curry Ltd., 1994.

Davidson, Basil: *The Black Man's Burden*, North Wootton: Somerset, 1992.

Diop, Cheikh Anta: *The Cultural Unity of Black Africa*, Chicago, Third World Press, 1978.

Hountondji, Paulin J.: *African Philosophy. Myth and Reality*, London: Hutchinson, 1983.

Kagame, Alexis: *La philosophie Bantoue comparée*, Paris: Présence Africaine, 1976.

Kimmerle, Heinz: The Philosophical Text in the African Oral Tradition., In: H. Kimmerle, F.M. Wimmer (eds.), *Philosophy and Democracy in intercultural Perspective*. Amsterdam/Atlanta: Rodopi, 1997, p. 43-56.
– : *Philosophie in Afrika - afrikanische Philosophie*. Annäherungen an einen interkulturellen Philosophiebegriff, Frankfurt a.M.: Campus, 1991.

Mudimbe, Y.V.: *The Invention of Africa*, Bloomington: Indiana Press, 1988.

Oruka, Henry O.: *Sage Philosophy, Indigenous Thinkers and Modern Debate on African Philosophy*, Leiden/New York/Kobehavn/Köln, 1990.

Peel, J.D.Y.: Ojau: *Yoruba Concept of Development*. In: *The Journal of Development Studies*, Sussex, 1978.

Stewart, Gary L.: *The Infinite*. In: *The Rosicrucian Digest*, October 1985.

West, Cornel: *Keeping Faith*, New York: Routledge, 1993.

Point de vue de l'anthropologue sur les changements sociaux

Développement économique et innovations religieuses dans le sud du Mali

Danielle Jonckers, Bruxelles (Belgique)

L'anthropologie permet à la fois d'appréhender l'universalité des préoccupations humaines et de découvrir la multiplicité des systèmes de pensée. En fait, toutes les institutions sont des constructions marquées par une époque ou un lieu, leur existence ne va pas de soi. Elles constituent des réponses aux changements économiques et politiques, choisis ou subis, elles révèlent des aspirations nouvelles. En Europe comme en Afrique, les choses changent et posent questions. Ainsi, un courant de l'anthropologie africaniste porte un regard critique sur le monde et le développement économique actuel. C'est dans cet esprit que j'aborderai la pensée du temps et la conception du développement. J'évoquerai successivement le point de vue de l'anthropologue sur les changements sociaux dans le monde et le cas des Minyanka du Mali. Cet exemple vise à montrer d'une part que la pensée du temps est multiple et d'autre part que le développement économique n'est pas nécessairement synonyme de mieux-être. Les populations rurales ont conscience de ces faits. Leur volonté de gérer les changements économiques et sociaux les amènent notamment à adopter des techniques religieuses novatrices. Par ce biais, ils s'adaptent non seulement aux situations nouvelles mais anticipent l'avenir.

Le point de vue de l'anthropologue sur les changements sociaux

On a longtemps considéré et certains considèrent encore que l'objet de l'anthropologie est l'étude des sociétés dites traditionnelles qui seraient caractérisées par la stabilité de leurs structures. Malgré que cette immuabilité ait été remise en question, notamment par Balandier (1955, 1963), dans les années soixante, et que nombre d'anthropologues analysent les changements économiques et sociaux[1], les théories évolutionnistes marquent jusqu'à présent certains esprits persuadés que les peuples se doivent d'évoluer vers des formes d'organisation de type occidental. Aucune société ne devrait s'octroyer le monopole d'une histoire cumulative car le progrès est né non seulement de la

Etudes de philosophie interculturelle, tome 8 (1997), p. 151-161

collaboration des cultures mais aussi du hasard. Chaque culture contribue à sa manière à l'enrichissement des civilisations.

L'anthropologue se retrouve souvent confronté au fait que l'intérêt porté à ses recherches révèle la tendance à entretenir une vision fantasmatique des peuples qu'il étudie. L'image stéréotypée de communautés exotiques isolées du progrès économique a les faveurs du public. Ainsi que le soulignent De Boeck et Devisch (1995), d'aucun se représente encore les anthropologues comme des rêveurs nostalgiques étrangers au monde contemporain. Certes l'anthropologue adopte un point de vue différent des experts en développement: il se met à l'écoute de la population pour tenter de dégager les valeurs propres à la société dont il partage l'existence pendant un temps. Il part de l'expérience des gens, de leurs perceptions et de leurs interprétations. Il adopte la perspective de ses hôtes bien souvent confrontés à la logique des experts qui ne tiennent compte de la culture locale que pour déterminer comment procéder pour imposer leurs propres vues du développement. Ce problème majeur de la conception du développement a été mis en évidence par les chercheurs (Berthoud, 1976, Boiral *et al.*, 1985, Choquet *et al.*, 1993, Devisch *et al.*, 1995). Force est de constater que l'*homo economicus* euro-américain, individualiste et matérialiste, convaincu de ce que le temps c'est de l'argent, n'est pas un idéal partagé par l'ensemble des cultures. Ainsi la valeur d'utilité d'un bien, d'un produit cultivé dépend de la position de celui-ci dans un système culturel donné (Sahlins, 1976).

'L'anthropologie traite du sens que les humains en collectivité donnent à leur existence' (Augé, 1994, p. 48). Elle porte un regard sur les dynamiques locales, sur les individus et met en relations des domaines habituellement disjoints. Cette approche contribue à une remise en cause des modèles euro-américains de développement et de modernisation. Elle permet de penser des alternatives de développement, non seulement en Afrique mais en Europe, qui prendraient en compte les ressources humaines et culturelles existantes, et pas seulement les valeurs marchandes.

Les promoteurs de développement tiennent peu compte des perspectives ouvertes par les recherches des anthropologues et la plupart des anthropologues ne cherchent pas à s'impliquer dans des programmes interventionnistes à court terme. Ils vouent une foi aveugle en la modernité et leurs interventions s'inscrivent dans une perspective évolutionniste du progrès envisagé en termes technocratiques et matérialistes, selon le modèle occidental. Ils parlent d'ailleurs de secteur informel dès qu'ils ne retrouvent plus les lois du libéralisme et des rapports marchands. Ils interprètent en terme de refus du progrès l'attitude de réserve de certains paysans africains qui ne poursuivent pas toujours avec enthousiasme leurs objectifs. Il s'agit de résistance et on ne dit pas assez qu'ils ne sont pas les seuls à tenter de freiner ce modèle de société dite développée. En France et en Belgique, des grèves et des manifestations se déroulent régulièrement et durent plusieurs semaines voire des mois. Ces actions paralysent les secteurs des services publics, des transports à l'enseignement. Elles sont menées aussi bien par des fonctionnaires que des étudiants ou des enseignants mais aussi par des parents et des retraités. Il ne s'agit pas seulement de réclamer des emplois ou des revenus mais de remettre en question les politiques mondiales (Banque mondiale, Fonds monétaire) ou européennes (Maastricht) entraînant notamment les privatisations, le démantèlement des services publics ou de la sécurité sociale. L'aspiration à une société plus généreuse, soucieuse de l'avenir des générations futures est clairement exprimée. C'est pourquoi ces protestations sont tolérées voire accueillies avec sympathie par la population dans une étonnante ambiance d'allégresse, ainsi que le souligne Terray (1996).

Les sociétés africaines et européennes sont frappées par la mondialisation et les inégalités se développent partout. Chacun essaie de trouver son rythme dans la modernité, un remède à ses problèmes d'emploi ou de revenus précaires, voire de subsistance. Cette évolution d'une société valorisant le profit et non l'utilité sociale est présentée comme inéluctable. On évoque la conjoncture, la crise comme s'il s'agissait de puissances supra-humaines.
Le développement économique implique des enjeux locaux, nationaux et internationaux. Alors qu'il donne des signes d'essoufflement (pollutions, exclusions, violences), on entretient le mythe d'une croissance économique illimitée et un désir de consommation sans borne. Il a conduit les cultivateurs africains à réduire leurs productions vivrières au profit des cultures d'exportation alors même que le revenu procuré par la commercialisation de ces produits n'est pas suffisant à améliorer leur bien-être, voire à assurer leur subsistance. En Europe, le nombre de personnes vivant en-dessous du minimum décent, des sans-abris, des sans-emplois qui déjà se comptent par millions est en progression[2]. Les universitaires se retrouvent au chômage. Ceux qu'on appelle pudiquement les SDF, les sans domicile fixe, n'ont pas le droit de vote dans des pays démocratiques comme la France et la Belgique.

Il va sans dire que les conditions socio-économiques dans lesquelles vivent les hommes déterminent leur pensée du temps et du développement. Le principe *time is money* se relativise vite lorsque la subsistance dépend de la mendicité et que les journées s'écoulent monotones au rythme régulier du passage des rames de métro. Que ce soit en Occident ou en Afrique, le temps se pense de façon multiple. Un cultivateur, un fonctionnaire en retraite, un ancien combattant, un jeune migrant ou un écolier n'ont pas une pensée du temps identique, même s'ils partagent une culture commune. Celle-ci est porteuse de systèmes symboliques collectifs et conditionne un certain modèle du temps et du développement mais les individus peuvent accepter, subir ou contester ces normes. On ne peut faire abstraction du choix des personnes. La pensée du temps dépend de la personnalité des individus, de leur histoire de vie particulière mais aussi de leur appartenance culturelle. Les individus se situent à la fois par rapport à des modes de pensée anciens, en vertu desquels ils tentent d'interpréter leur vie quotidienne, et d'autres valeurs contemporaines véhiculées par l'école, le catéchisme, la mosquée, la télévision ou les institutions de développement, etc.. Leur pensée du temps dépend des institutions et des circonstances. La même personne, selon le moment où elle se trouve dans sa confrérie secrète, son association de cultivateurs ou sa coopérative de crédit, n'aborde pas le temps de façon identique.

J'ajouterai que la pensée du temps n'est pas la même pour les hommes que pour les femmes. La plupart d'entre elles cumulent trois temps de vie: celui de productrice, de parent et de conjoint. Comparativement, les statuts de père et d'époux relèvent plus d'un titre que d'actes et ils conditionnent relativement peu le temps des hommes. Ceux-ci reprochent parfois aux femmes de perdre leur temps ou de mal le gérer alors qu'il s'agit peut-être pour elles de préserver des espaces de liberté. Si l'aliénant approvisionnement quotidien en eau et en nourriture prend du temps aux femmes, c'est éventuellement aussi le moment pour elles de rencontrer des gens et de parler. Cette possibilité apparaît semble-t-il plus évidente autour d'un puits ou d'un mortier que dans la file à la caisse du supermarché.

La richesse des cultures africaines ne se réduit pas à une tradition unique. En ce qui concerne le temps, on peut notamment distinguer différents types de sociétés selon qu'elles privilégient le rapport au temps ou à l'espace. Des sociétés privilégient le temps passé et nourrissent une mémoire généalogique profonde, d'autres au contraire ont une faible mémoire généalogique. D'autres encore font référence à un passé mythique et ne retiennent du passé que des événements qui les relient à l'histoire ancienne ou, à l'inverse, les projettent dans l'avenir. Certaines cultures ont généré des modèles basés sur l'espace plutôt que sur le temps. Elles ont développé des réseaux d'alliances matrimoniales, politiques ou religieuses sur des territoires étendus, tout en préservant l'autonomie du groupe local. On lira avec intérêt la minutieuse étude des

Dupré (1977) sur les temporalités différentes de trois sociétés congolaises. J'analyserai quant à moi la complexité de la maîtrise du temps et la conscience du développement chez les Minyanka du sud du Mali, où je mène des recherches pour le CNRS depuis 1971.

Développement économique et innovations religieuses dans le sud du Mali

Au cours de ces dernières décennies, la société minyanka a vécu de profonds changements de son système de pensée et développé des logiques économiques nouvelles. Les cultivateurs sont passé d'un mode de production centré sur les besoins en céréales, principalement en mil, à une production intensive de coton pour l'exportation s'accompagnant d'une réduction de la production vivrière. La région assure son auto-suffisance alimentaire mais l'habitude séculaire de réserves céréalières pour au moins deux ans disparaît. La mécanisation, l'utilisation d'engrais chimiques et d'insecticides permettent des rendements élevés, non sans dommages pour l'environnement. La commercialisation des produits agricoles et l'utilisation de nouvelles techniques ont permis la division des communautés familiales en petites unités de production. Celles-ci peuvent éventuellement atteindre une certaine aisance mais elles sont à la merci de la moindre défaillance. La solidarité à l'égard des éléments non productifs, les vieillards, les enfants et les malades, se perd ainsi que l'habitude de festoyer. Dans les nouvelles unités de production de petites tailles le temps de travail a considérablement augmenté, notamment pour les femmes qui assurent parfois seules les charges domestiques en plus des travaux agricoles auxquelles elles n'étaient pas tenues en permanence dans les familles étendues. Cela a un impact sur l'alimentation (Jonckers, 1995). Certaines familles prospèrent tandis que d'autres sont en voie de paupérisation. Devant ce constat, des familles ont décidé de renoncer à la culture du coton pour rétablir leur niveau alimentaire et disposer de leur temps.

Les exigences économiques nouvelles transforment le rapport au temps. La volonté des hommes de gérer ces enjeux les amène notamment à des changements religieux. Bien entendu, le caractère significatif des saisons, très marquées en région sahélienne, détermine des rythmes naturels qui conditionnent non seulement les activités économiques mais religieuses. Ce calendrier n'est cependant pas immuable. Si le calendrier rituel est basé sur une périodicité de six jours liés au cycle lunaire et cela malgré l'adoption de la semaine musulmane de sept jours bien avant l'islamisation et la colonisation française, les responsables des cultes fixent la date des cérémonies en accord avec les exigences de la production et de la commercialisation des cultures d'exportation.

Le mode de pensée de cette société reconnaît la hiérarchie aîné-cadet comme une filière linéaire. Les aînés sont érigés en gardiens des valeurs et le respect qu'on leur porte se transforme à leur mort en culte aux ancêtres. Ils représentent un pouvoir normatif et on tente de reproduire leur modèle de comportement. On désigne d'ailleurs les frères ou soeurs aînés par le terme *nyah fo* 'celui de devant'. Par contre, les générations alternes échappent aux rapports hiérarchiques: les grands-parents et les petits-enfants se considèrent comme égaux et échangent des plaisanteries. Il appartiendra aux petits-enfants devenus adultes de reproduire les normes anciennes ou d'y intégrer des innovations. Les villageois ne sont pas plus que d'autres enfermés dans la tradition, celle-ci est souple. Non seulement ils s'adaptent aux situations nouvelles mais anticipent l'avenir. Certains chefs de famille, quelle que soit leur religion, évoquent les changements de société et la nécessité d'une innovation dans les techniques religieuses pour avoir prise sur ce monde nouveau. La plupart des praticiens (devins, chefs de culte) sont particulièrement sensibles à la modernité. C'est ainsi que les chefs de culte qui sont consultés pour assurer la réussite des entreprises humaines, que ce soit en agriculture, en politique ou en amour, reçoivent également la visite de notables citadins qui consultent pour obtenir l'impunité de leurs malversations!

Les changements religieux s'inscrivent dans un contexte de changement économique et social; on pourrait dire qu'ils ne sont qu'un élément des transformations historiques. En fait, les Minyanka les plus âgés sont convaincus de ce que la société vit de profonds changements et que l'avenir sera radicalement différent du passé. Les aînés disent avec philosophie que le temps de la religion ancienne, basée sur les sacrifices sanglants, va finir et que le moment de prier est venu. La plupart des chefs de famille acceptent que leurs enfants pratiquent une autre religion que la leur. De même qu'ils tentent d'inscrire au moins un enfant à l'école publique, pour favoriser l'articulation de la famille avec l'administration, ils en enverront un autre à l'école coranique pour s'engager dans ce courant religieux qui permet de s'insérer dans un ordre international. La volonté ou le sentiment d'appartenir à une communauté plus large que le groupe local est une motivation importante de la conversion des jeunes cultivateurs qui souhaitent se dégager des contraintes rituelles et sociales de la religion ancienne. Celle-ci les obligeait à être solidaires de parents et alliés régulièrement invités à de grandes festivités ostentatoires engageant les surplus, parfois difficilement accumulés. Le temps consacré aux rites sacrificiels et leur coût élevé sont parmi les causes de leur abandon car la crise économique rend difficile l'accumulation nécessaire à ces fêtes bi-annuelles. La plupart des chefs de culte n'organisent d'ailleurs plus qu'une seule cérémonie par an et le nombre d'animaux sacrifiés diminue. Il n'est pas rare de voir un frêle poussin sacrifié tandis que l'immolation des taureaux, des chiens et des boucs se fait plus rare. Autre fait religieux: les funérailles dont le coût représente jusqu'à 400 000 F. CFA, l'équivalent de deux ans de revenu cotonnier d'une famille moyenne de 15 personnes ou de plusieurs années d'économies d'un jeune salarié en émigration. Certains cadres et agents du développement s'offusquent de ces dépenses mais ne s'émeuvent guère du caractère peu élevé des revenus. Ils évoquent le coton en le qualifiant 'd'or blanc' alors que certains cultivateurs accusent 'le coton et l'argent d'avoir tout gâté'. Certes la vente du coton rapporte des millions à la région mais on oublie de mentionner les coûts de production élevés alors que les engrais et les insecticides, importés, représentent près de 40% du revenu cotonnier. On ne dit pas non plus que ce revenu ne couvre même pas la subsistance des cultivateurs, pour lesquels aucun salaire n'est prévu. A titre d'indication, le revenu net d'une exploitation, dont la taille moyenne est de 15 personnes, s'élève à 190 000 F. CFA. par an[3]. D'aucun évoqueront la question démographique mais l'enquête démontre que ce sont les familles nombreuses qui sont les plus prospères et où on travaille le moins.

La consommation, fut-elle déterminée par la religion, nous renseigne sur les capacités de production. L'implication économique des activités rituelles ne repose pas sur le temps investi en cérémonie, car – outre que la production elle-même n'est pas fondée sur l'économie du temps de travail – les rites se déroulent durant la période d'inactivité agricole. On peut expliquer la fonction économique de ces cérémonies dispendieuses: elles empêchent la constitution de surplus et maintiennent donc un certain équilibre au niveau économique qui nie (à défaut de corriger) les inégalités dues aux facteurs naturels. Ceci dit, elles n'ont pas toujours les faveurs de cultivateurs soucieux de capitaliser leurs revenus ou obligés de rembourser leurs crédits agricoles. D'autres cultivateurs, au contraire, consacrent leurs revenus à donner plus de faste à ces cérémonies. Ils se livrent à la comptabilité de ces dépenses funéraires à l'aide de leur calculatrice électronique, habituellement utilisée pour les comptes du coton. Les funérailles entraînent également une circulation de biens et de monnaies entre les musiciens et les nombreuses parentes du défunt. Les femmes rassemblent les sommes nécessaires à ces dons par des cotisations régulières versées à leurs associations, parfois crées à cette seule fin.

Signalons à ce propos que des groupements de toute sorte existent qui rassemblent aussi bien des jeunes que leurs aînés, des hommes que des femmes, des initiés ou des convertis (Jonckers, 1995). Il y a aussi des syndicats et des coopératives. On ne peut classer de façon simpliste les associations en traditionnelles et modernes, elles sont composites, métisses, syncrétiques. En cela elles sont représentatives de l'Afrique contemporaine et constituent un objet d'étude privilégié de l'articulation entre changement social et développement (Jacob et Lavigne, 1995) . Les migrations, la crise de l'état, la démocratisation parfois, accélèrent les dynamiques associatives. Malgré l'ampleur du fait associatif, l'appui aux organisations paysannes n'est envisagé que dans moins d'1/4 des projets de développement et seul 15% prévoient un financement bien souvent confondu avec le volet formation et assistance technique.

Revenons à la religion et au temps: un aspect de l'attrait de l'islam est qu'il est plus rapide de devenir musulman que chrétien car il n'y a pas de période probatoire. Une autre explication au choix de l'islam est peut-être que cette religion représente une rupture, certes dans le mode de communication religieuse, mais dans la continuité puisque l'islam est présent au Mali depuis plus d'un millénaire. L'islam est aussi le garant d'une nouvelle dignité du fait qu'il est largement répandu. Tous les membres d'un même village, ou d'une même famille ne se convertissent pas pour autant à l'islam et le pluralisme religieux s'observe jusque dans les familles restreintes. Il révèle un souci d'adaptation aux changements sociaux, économiques et culturels. Ce sont des réponses individuelles à des situations de crises existentielles. L'affirmation de la liberté de penser revient souvent chez les aînés quelle que soit leur religion. Ce respect de la liberté de pensée très ancien est institutionnalisé dans la législation malienne laïque. Ainsi que le disent les Miyanka: *koro bè nyè ninki* 'tous les chemins sont uniques', autrement dit 'chacun son chemin'.

Conclusion

Si l'anthropologue peut contribuer à mieux délimiter le champ du possible en matière de développement, sa participation ne change pas nécessairement l'impact des projets de développement. Ce qui est valable au niveau local n'est pas toujours compatible avec les exigences économiques nationales ou internationales. Les marchés internationaux sont incontrôlables au niveau local. En fait, ce n'est ni la pensée du temps ni la conscience du développement qui sont en jeu, mais la promotion du libéralisme économique et son corollaire d'inégalités qui impliquent un certain type de société basée sur l'idée d'une croissance économique illimitée. Jusqu'où va-t-on aller? Le temps ne serait-il pas venu 'où, pour être un Terrien responsable, il faut définir une utopie' (Jacquard, 1993)? Nous pouvons transformer le monde, modifier les rapports de force, accepter ou refuser l'inégalité entre les êtres humains. Il est des sociétés où la qualité d'humain s'exprime en d'autres termes qu'économiques. On pourrait faire respecter, au niveau mondial, des conditions de travail, de salaires, de revenus et de bien être équivalents. Les lois existent. Le génie des pays africains en matière de récupération ou de bricolage dans des domaines aussi variés que les thérapies ou l'informatique pourrait servir de modèle aux pays dits développés qui se livrent à un gaspillage et à une pollution scandaleuse. Ne serait-il pas temps de faire des projets de développement pour rendre son humanité à la planète?

Résumé

L'anthropologie permet à la fois d'appréhender l'universalité des préoccupations humaines et de découvrir la multiplicité des systèmes de pensée. En fait, toutes les institutions humaines sont des constructions marquées par une époque ou un lieu. Elles constituent des réponses aux changements économiques et politiques, choisis ou subis tout comme elles révèlent des aspirations nouvelles. En Europe comme en Afrique, les choses changent et posent questions. Ainsi, un courant de l'anthropologie africaniste porte un regard critique sur le monde et le développement économique actuel. Cet article aborde successivement le point de vue de l'anthropologue sur le développement et le cas des Minyanka du Mali. Cet exemple vise à montrer d'une part que la pensée du temps est multiple et d'autre part que le développement économique n'est pas nécessairement synonyme de mieux-être. L'économie de marché creuse les écarts entre les producteurs agricoles. Tandis que certains d'entre eux prospèrent, d'autres sont en voie de paupérisation. Les cultivateurs ont conscience de ces faits et manifestent leur volonté de gérer ces changements économiques et sociaux, notamment en ayant recours à des techniques religieuses novatrices. Par ce biais, ils s'adaptent non seulement aux situations nouvelles mais anticipent l'avenir.

BIBLIOGRAPHIE

Augé, M., 1994, *Le sens des autres. Actualité de l'anthropologie*, Paris, Fayard.

Balandier G., 1955, *Sociologie actuelle de l'Afrique noire*, P.U.F., Paris, 510 p.
1963, 'Sociologie dynamique et histoire à partir des faits africains', *Cahiers internationaux de sociologie*, vol. 34, p. 3-11.

Berthoud G. *et al.*, 1976, *L'ambivalence de la production. Logiques communautaires et logique capitaliste*, Paris: P.U.F. et Genève: Institut universitaire d'études du développement.

Boiral P., Lanteri J.F.et de Sardan J.P.O., 1985, *Paysans, experts et chercheurs en Afrique noire*, Sciences sociales et développement rural, Paris, Ciface et Karthala.

Choquet C., Dollfus O., Le Roy E. et Vernières M., 1993, *Etat des savoirs sur le développement. Trois décennies de sciences sociales en langue française*, Paris, Karthala.

Devisch R., De Boeck F, 1995, 'Introduction' dans Devisch R., De Boeck F., Jonckers, D., *Alimentations, traditions et Développements en Afrique intertropicale*, Paris, L'Harmattan, p. 9-41.

Devisch R., De Boeck F., Jonckers, D., 1995, *Alimentations, traditions et Développements en Afrique intertropicale*, Paris, L'Harmattan.

Dupré G et M.C., 1977, 'Le temps comme organisateur dans trois sociétés congolaises, Nzali, Téké-Tsaagi et Beembé', *Bulletin d'audiophonologie*, no. 4, 7e année, p. 31-47.

Jacob J.P. et Lavigne Delville Ph., 1995, *Les associations paysannes en Afrique, Organisation et dynamiques*, APAD-Karthala-IUED.

Jonckers D., 1987, *La société minyanka du Mali*, Connaissance des Hommes, Paris, L'Harmattan.
1995, 'Le mythe d'une tradition communautaire villageoise dans la région Mali-sud', dans Jacob et Lavigne Delville, *Les associations paysannes en Afrique, Organisation et dynamiques*, APAD-Karthala-IUED.

Jacob J.P. et Lavigne Delville Ph., 1995, *Les associations paysannes en Afrique, Organisation et dynamiques*, APAD-Karthala-IUED.

Sahlins M., 1976, *Culture and practical reason*, Chicago: The university of Chicago press.

Terray E., 1996, 'Sur le mouvement de décembre', *Journal des anthropologues*, no. 64-65, Printemps-Eté 1996, Paris, AFA, p. 191-212

NOTES

1. Ainsi quelques 500 chercheurs se sont rassemblés depuis 1991 au sein de l'Association euro-africaine pour l'anthropologie du changement social et du développement: l'APAD.

2. Actuellement, en France 1 personne sur 4 est en dessous du seuil de pauvreté, de 200 à 400.000 personnes n'ont pas de domicile.

3. Ces chiffres reposent sur des moyennes qui masquent les disparités. Si 30% des exploitations ont des revenus annuels supérieurs à 250 000 F. CFA., 35% gagnent entre 100 000 et 250 000 F. CFA., 10% entre 50 000 et 100 000 F. CFA, mais 20% n'atteignent pas 50 000 F. CFA et 4% sont en négatif (Niang et Giraudy, 1993, p. 11).

The Perception of Time in Nigeria

Dayo Oluyemi Kusa, Lagos (Nigeria)

The average Nigerian believes that time should understand him/her and not he/she should understand time. That is why he always comes late for every occasion/event because he does not want to be the first to arrive. Someone must come before him. Since each person wants the other person to come before him/her, then nobody is there early and every event begins late.

Introduction

Some say it is part of the Nigerian culture not to arrive in time. In fact, if you give the Nigerian an appointment for twelve at noon, expect him at 2 pm. However, when he is outside the country Nigeria, the same person arrives early for each and every event. Once he returns home, once again he comes late for every event. Why is this so? Since the same person could be punctual outside the country, then we need to ask the question whether the environment, I do not want to say culture, is the cause of this lackadaisical attitude to time when in Nigeria.

What are the factors responsible for the Nigerian attitude to time? Could these be found in tradition, history et cetera? What could be done about this rather negative attitude to time? How has this attitude affected development in the country? These are some of the issues addressed in this paper.

The paper is divided into five sections. Section I deals with space and time: Theoretical Considerations. Section II discusses the Marxist-Leninist and Western perceptions of space and time. Section III addresses the Nigerian perception of space and time while section IV addresses the issue of how Nigerians' perception of time has affected change in the country, while section V gives concluding remarks.

I. Space and time: Theoretical considerations

In this paper, it should be noted that in formulating comparisons we shall for the most part eschew the terms space and time and speak instead of places and

Studies in Intercultural Philosophy, Vol. 6 (1997), p. 163-169

times, and partial and temporal relations. This will help avoid the common error of thinking of space and time as strange, huge and invisible substances, but will still enable us to express whatever we wish to say on these subjects. Thus, instead of describing two objects as 'a mile apart in space', which suggests that there is a huge but invisible vessel called 'space' in which these objects are contained, we can say that they are spatially separated by an interval of a mile, the word interval here quite properly suggesting not some sort of filament that holds the two things apart, but rather a relationship between them.

Similar, descriptions can be used in speaking of time, such that we shall say how various things are temporally related to one another instead of speaking of certain events as 'occurring in time'.

The theory of relativity demonstrates the dependence of space and time properties of bodies on the velocity of their movement.[1] At relatively small velocities it is impossible to trace this dependence because the space and time properties change on a scale which can be practically detected only at speeds close to the speed of light.[2]

The theory of relativity shows that at speeds close to the speed of light, the length of a moving body compared to a body in a state of rest decreases. Moreover, time too does not remain invariable. With the increase in speed, the course of time is slowed down. These conclusions, which follow from the theory of relativity, have been corroborated experimentally. For example, the life of the meson (an elementary particle which arises during the fission of an atomic nucleus) is very short, but if its speed is increased, the 'lifetime' of the meson is lengthened.[3]

According to the theory of relativity, space and time change not by themselves, but in inseparable interconnection. This connection is so firm that they form an unbreakable whole, and time acquires, as it were, the role of a fourth dimension, in addition to the three dimensions of space. The theory of relativity also gives a strictly mathematical expression of the organic connection of space and time.

Space and time are universal forms of the existence of matter. 'There is nothing in the world but matter in motion, and matter in motion cannot move otherwise than in space and time'.[4] The most important attribute of space and time, according to Lenin, is their objectivity, namely independence of man's consciousness. This is natural for they are the basic forms of objectively existing matter.

Idealism denies the objectivity of space and time. Subjective idealists consider them the product of man's consciousness, while objective idealists claim that they are engendered by the absolute idea, the universal spirit. Unfortunately, Nigerians may be said to be subjective idealists in this context because they consider time and space the product of man's consciousness namely the product of their understanding as Nigerians. That is why they feel comfortable about being late for every event.

II. The Marxist-Leninist and Western conceptions of time and space

In *Materialism and empirico-criticism*, Lenin convincingly demonstrated the insolvency of the idealist conceptions of space and time. 'If we are to believe the idealists that space and time are merely products of human reason, what happens to the incontrovertible fact, proved by science, that the earth had existed in space and time long before the appearance of man?[5]
The earth has been in existence for thousand of millions of years, while man only for tens of thousands of years! Clearly, this leaves no room for any 'creation' of space and time by man or by some mystical absolute idea, or universal reason. Space as a form of the existence of matter is tridimensional, which means that every material body has three dimensions, length, width and height. Correspondingly, bodies can move in the three mutually perpendicular directions.

For Marxists, time, in contrast to space, has only one dimension. That is why all bodies develop in time in one direction only, from the past to the future. Time is irreversible, it moves only forward and it is impossible to revert its movement, to bring back the past.

The Marxist conception of time and space seems rather rigid. In Western literature[6] it is recognised that no object can be in two places at once, though it can occupy two or more times at one place. Some therefore imagine that this expresses a very great and basic difference between the spatial and temporal relations of objects.

There are indeed various ways in which an object can occupy two different times at only one place. It might for example, simply remain where it is through an interval of time. Again, it might be removed from its place and later returned. Or finally, it might be annihilated and subsequently re-created at the same spot. This discussion now leads us to Section III of the paper where we consider the Nigerian's conception of space and time.

III. Space and time in the Nigerian context

The conception of space and time by the typical Nigerian is antithetical to Lenin's conception that 'the philosophical concept of time reflects the universal property of material processes to follow one after another in a definite sequence, to possess duration and develop by stages'.[7] The Nigerian moves back and forth in space and time. Hence the whole concept of 'Nigerian time'. If someone renders an exact description of an object that changes places with another object in space, or of one that approaches another and then recedes from it, he will find that he can also render an exact description of an object that changes places with another in time. It could also be the interpretation for an object that approaches another in time and then recedes from it.

In the Nigerian context, it is only necessary to make the descriptions complete and identical in both cases, except that all spatial relations are replaced by temporal ones and vice versa. The one thing that must be borne in mind, however, is that whenever one allows for a lapse of time in one description, he must also allow for a lapse of space in the other.

It appears the Nigerian has over-extended these movements in time and space. He therefore has given himself/herself liberty to move back and forth (spatially and this also involves valuable time). Hence he has earned himself the reputation of being a latecomer at every event. Even when his son/-daughter is supposed to resume school at 8.00 in the morning, he could be strolling into the school with the child at 9.00! This behaviour has been socially condoned for centuries that we now use the term African/Nigerian time for very serious engagements. I doubt if the international community will ever come to terms with this aspect of the Nigerian. How has this attitude to time and space then affected the complex process of change in Nigeria?

IV. Time and change in Nigeria

The Nigerian's perception of time, hence development, does not fit into the Western definition where it is seen strictly in terms of the transition from an agrarian society focused on communal existence in the village to large-scale industrialisation. The latter entails 'scientific civilisation' and possibly a democratically elected government.

It appears there is so much elasticity in moving in time and space that this type of unilinear relationship between development and industrialisation does not seem so straight forward in Nigeria. In fact, the cyclical movement of time and space in Nigeria sees this unilinear Western conception of development as a burdensome imposition. It is important to note that members of the diplomatic corps resident in Nigeria can never get used to our concept of time. They do not understand why Nigerians cannot come punctually to cocktail parties et cetera.[8]

This cyclical perception of time has also affected the whole issue of transition to democracy in Nigeria. Nigeria has been under military rule for most of the time. The Nigerian time view might have affected his attitude to democracy. How else would one explain the annulment of the presidential elections in Nigeria of June the 12th, 1993 which were said to be free and fair?

It appears the country has not advanced one bit since this annulment and citizens in the South-Western part of the country who feel aggrieved and alienated seem not to be part of the alternative transition programme now being peddled.[9]

V. Some concluding remarks

The disparity between the conception of time in the Northern hemisphere and the Southern hemisphere (including Nigeria), has made it difficult to enthrone democracy in the South. This is because the Western forum of democracy makes a number of fundamental assumptions:

a. viable industrial base
b. unilinear conception of time
c. a basic understanding of what democracy is all about
d. viable societal institutions
e. rules guiding succession which preclude military rule
f. high level of literacy et cetera.

Let us start with the cyclical perception of time and the whole notion of returning to the past in order to understand the present. This makes the unilinear (Western) conception of time incomprehensible and sometimes unacceptable for the average Nigerian; the cyclical perception of time makes the average Nigerian very comfortable with this agrarian setting, and as such is not anxious to become industrialised.

The Nigerian (especially in the village), is un-educated, 'un-lettered' and as such does not see why he should be bothered about democracy. He is quite comfortable with the 'town-crier' who goes about on behalf of the village head that he is unperturbed by what is happening at the centre name-ly whether or not the military is organising elections for the un-ending transition to civil rule.

There is also no continuity in these social institutions since the military takes over power whenever they feel like doing so. With every new regime, there is a total overhaul of what had been done earlier. Then the cyclical movement, not unrelated to the cyclical perception of time continues.

It appears that none of the pre-conditions for democracy that are taken for granted in Western countries is present in Nigeria. Why then are we talking about democracy in the Western sense? The position of this paper is that if we have to talk about and practice Western democracy in this part of the world, then a good starting point is re-orienting us to move from the round-about conception of time to a linear one. This would, of necessity entail decades of re-socialisation.

We conclude that it can be done if there is a deliberate educational policy to inject linear conception of time into the school curriculum at the primary, secondary and tertiary levels. Preceding this, parents should also teach pre-school and schoolchildren to think linearly as regards 'time' as a concept. The coordination between democracy and this mode of socialisation may not be so visible at first, but the gains in the long run make the exercise worthwhile.

NOTES

1. The theory of relativity was first postulated by Albert Einstein (1879-1955).

2. V.G. Afanasyev, *Marxist Philosophy*, Moscow: Progress Publishers 1980, p.55

3. Ibid., p.55.

4. V.I. Lenin, *'Materialism and Emperico - Criticism'*, *Collected Works*, Vol. 14, p. 175.

5. Ibid., p. 19.

6. See for example J.M.E. Mc Taggart: *'The Unreality of Time'. Philosophical Studies*, London: Edward Arnold and Co., 1934 and G.E. Moore: *'Is Time Unreal?'* in *Some Main Problems of Philosophy*, London: George Allen and Union Ltd., 1953.

7. Op. cit.(in note 4) p. 16.

8. On 13-4-96, NNNGO (Nigeria Network of Non-governmental Organisations) had her Annual General Meeting (AGM) at the Conference Centre of the University of Lagos, Akoka, Yaba. The Canadian Acting High Commissioner to Nigeria and his wife, Mr. And Mrs. L. Owsen had a buffet dinner for members of NNNGO executive. (I was one of them.) At the dinner, the host made a comment to the effect that Nigerians have no sense of time.

9. Dayo Oluyemi-Kusa, *Towards Peace in the Society: A Political Scientist' Viewpoint* (unpublished seminar paper, delivered 13-4-96).

Chronologiques africaines - Sociologiques humaines

Michael Singleton, Louvain-La Neuve (Belgique)

Il est toujours regrettable d'avoir été colonisé (mais qui peut se targuer de ne l'avoir jamais été?). Néanmoins, colonisée par l'Inde ou la Chine, l'Afrique aurait trouvé plus d'éléments en son sein ancestral en matière de réincarnation ou de culte des ancêtres qu'elle n'a dû créer, souvent de toutes pièces, pour se convaincre face à ses dénigreurs occidentaux, qu'elle aussi, mais sans le savoir, connaissait les réponses aux questions clé du catéchisme de Trente: l'existence de Dieu et l'immortalité de l'âme. Pour son malheur, l'Afrique a eu affaire avec un Christianisme issu de la Réforme et de la Contre-Réforme européennes. De l'avis même des croyants, ni le Christianisme ni l'Islam n'ont connu un Age d'Or au XIXe siècle.

A juste titre, l'Afrique se plaint du pillage par l'Occident de ses ressources matérielles, humaines et artistiques. Mais pire encore, à mes yeux, fut le gaspillage de son patrimoine philosophique. On pourrait éventuellement renvoyer en Afrique les masques stockés dans les musées d'Europe, on devrait déjà pouvoir limiter les dégâts provoqués par le minage de ses richesses naturelles, mais peu d'esprits semblent se rendre compte à quel point on a privé l'Afrique profonde de la parole qu'elle aurait pu dire à l'humanité tout entière. La plupart des premiers Blancs en Afrique (suivis en cela par la plupart des premiers Noirs occidentalisés) ont conclu soit que le continent n'avait rien à dire, soit disait, mais beaucoup moins audiblement, ce que l'Occident proclamait haut et fort. Malheureusement, ce qui était vrai à l'époque de la mission christiano-civilisatrice semble rester encore de rigueur de nos jours. Là où les uns voudraient nous faire croire que son sens (cycliquement retournant) du temps est un obstacle au développement (linéairement montant), d'autres cherchent à montrer qu'en dépit des apparences l'Afrique Noire a toujours eu un sens de l'histoire qui lui aurait permis de partir dans le bon sens, celui du Progrès. Mais l'esclavage serait survenu couper court, temporairement, à cette tendance qu'on suppose aussi naturelle qu'universelle. Peu imaginent[1] que l'Afrique profonde pourrait proférer une parole profondément différente du discours développementiste, mais potentiellement plus positive. Notre thèse est double: d'un côté, le contraste entre un temps (africain) cyclique et un temps (occidental) linéaire nous semble souvent se faire à un niveau de généralité qui le prive de tout sens

Etudes de philosophie interculturelle, tome 8 (1997), p. 171-192

ou presque, et, de l'autre, que la lettre de la linéarité sans l'esprit du cyclique ne peut que mener à la Fin du Monde dans tous les mauvais sens du terme. S'il y a un sens africain du temps, c'est bien que le développement est un non-sens. Mais il se pourrait qu'il y ait trente-six plutôt qu'un sens du temps en Afrique. Faisons donc allusion dans un premier temps à l'incompressible multiplicité des chronologies africaines, avant de passer dans un second à certaines uniformités transculturelles d'ordre socio-logique.

Chrono-logiques africaines

Les manuels d'ethnologie classifieraient les Wakonongo, qui m'ont accueilli chez eux à Mapili au coeur de la Tanzanie profonde, entre 1969 et 1972, parmi des peuples 'typiquement bantous'. Ce qui, à vrai dire, ne veut pas et ne peut pas dire grand chose! Vu de loin, c'est vrai qu'à l'instar de beaucoup d'autres bantous, ils cultivaient sur brûlis, vivaient (selon des divisions sexuelles et générationnelles du travail assez rigides) dans des communautés rurales, largement auto-subsistantes, sous l'égide de gérontocrates, chapeautés par des chefs, et géraient, à l'occasion, tant l'environnement naturel que le milieu humain par des rites (pour la pluie, pour la chasse, pour calmer les esprits ou pour éliminer les sorciers)... et tout cela selon des rythmes, ancestralement établis, et aussi réguliers que récurrents. L'Eternel Retour quoi, et le Temps Cyclique dans toute sa splendeur! La stabilité synchronique sans la diachronie dérangeante. Le Tout Traditionnel qui met vite au pas d'un Passé Parfait toute partie inattendue ou trop individuelle. Mais de près, comment ne pas voir que le commun et le caractéristique cèdent le pas devant l'idiosyncrasique et l'inédit, que les clichés conventionnels sur le poids de la tradition et le pouvoir du collectif sont justement des stéréotypes superficiels?

Je ne parlerai pas des aménagements dans la philosophie et la pratique Konongo du temps induits par le processus d'acculturation contemporaine. Déjà depuis le début du XVIIIe siècle, leurs contacts avec l'Histoire du Monde (arabo-musulman d'abord, puis occidentalo-chrétien) se sont multipliés et massifiés. Mais même avant, il est loin d'être sûr que les groupes qui allaient finir par s'appeler Wakonongo vivaient en vase clos selon le rythme invariable des saisons naturelles. Leurs récits généalogiques les révèlent très conscients du fait d'avoir eu à cheminer non seulement dans l'espace, mais dans le temps. Mes interlocuteurs connaissaient et reconnaissent des occurrences dont certaines, sans être à proprement parler événementielles, faisaient plus partie du cours normal de l'histoire qu'écho à un *illo tempore* mythique. Il y a eu la découverte de la sexualité, l'invention du feu, des innovations technologiques telles que le travail du fer ou des progrès institutionnels tels que l'avènement de la chefferie. S'il m'était difficile de savoir la véritable portée historique que les vieux attachaient à certains contes (entre autres sur la construction-destruction d'une Tour de Babel) par contre certaines des histoires qu'ils racontaient représentaient manifestement soit des événements insolites qui n'avaient eu lieu qu'une fois, soit des seuils irréversibles, de véritable jalons d'un parcours à sens unique sinon ascendant. L'attachement dont faisaient preuve surtout les clans notables à leurs généalogies véhiculait une instrumentalisation politique du temps[2] plus qu'un sens académique de l'histoire (ce qui ne veut pas dire innocent de toute cause, loin s'en faut!). Mais ce sentiment faisait écho quand même à une conscience diachronique certaine.

Évidemment, en matière de temps comme en n'importe quelle autre, tout est question de degré. Les Wakonongo n'avaient pas tous intérêt à faire preuve de ce sens de l'histoire et même ceux qui, à l'occasion, pouvaient le faire, ne le faisaient pas en permanence ni peut-être avec la même profondeur que des personnes ou des peuples non paysans le feraient. Je veux bien admettre, donc, que la vision linéaire de certains Wakonongo avait lieu sur un fond foncièrement cyclique. Mais en retour, le lecteur doit admettre trois éventualités. D'abord, que le stéréotype spéculatif qui oppose l'Eternel Retour au Progrès Indéfini peut être trop abstrait et trop absolu. Ensuite, que le récurrent pourrait n'être qu'un simple 'background'. Enfin, que même dans le monde moderne, il pourrait y avoir une multiplicité de temps contradictoires, la linéarité étant portée, pour le mieux ou le pire, par des mutants. 'Time is money' dit le proverbe... des chefs d'entreprises capitalistes et des directeurs de banques (mondiales et autres). Le temps monochronisé est plus un temps monétaire que (méta)physique. Les horloges (aux cadrans circulaires!) qui trônaient sur les frontons des usines du XIXe et réduisaient la vie ouvrière à un incessant retour du même, rompaient avec les rythmes liturgiques des clochers d'antan et marquaient l'avènement des temps modernes. Le temps réel (matérialisé par toutes ces montres sur fond de fuseaux horaires qui règnent sur les activités financières) et auquel certains voudraient voir l'Afrique s'ajuster n'est-il pas justement la réalité du temps de l'ajustement structurel?

En fait, plus je repense à mes Wakonongo, à leurs convictions et comportements temporels, plus je suis bien obligé d'apporter des nuances qui tournent à la dénégation d'autres clichés classiques construits pour des causes d'intellectuels, de philosophes, de théologiens et même d'activistes dont, à la limite, mes amis tanzaniens n'ont rien à cirer, comme le disent vulgairement mes enfants! Les savants de la génération Eliade & Cie, par exemple, qui n'avaient que rarement duré sur le terrain, nous parlent des Ancêtres et d'un *Illo Tempore* paradigmatique. Pour les vrais Primitifs, le passé aurait été non seulement plus que parfait, mais pèserait en permanence de tout son poids sur le présent. Tout ayant été programmé d'avance, la moindre déviation ou infidélité à cet Absolu atemporel serait automatiquement suivie d'une sanction ancestrale. Les choses ne devant pas changer, elles ne peuvent que changer en pire. *Semper idem, semper fidelis* serait la devise du Noble Sauvage.

La crédibilité dont jouit ce genre de discours dans certains milieux lui vient à la fois de son côté catégorique et de son 'haut' degré d'abstraction. Mais la qualité et la quantité des exceptions concrètes finissent par lui ôter jusqu'à la prétention de pouvoir camper la quintessence d'un champ phénoménal, même sous forme de modèle-type weberien. Quoi qu'il en soit des Aborigènes d'Australie, aucun des peuples africains qui me sont connus n'a jamais primordialisé à ce point l'archétype ancestral. Il est peu question d'un culte des ancêtres chez les peuples les plus 'primitifs' tels que les Pygmées ou les Bushmen. La disparition rapide du phénomène là où son ancrage empirique s'amenait, montre la rationalité tout relative de cette forme du 'sens pratique' bourdieusien[3]. On vénérait les vieux quand leur savoir moral et leur savoir-faire matériel étaient effectivement incontournables pour la survie du groupe. Dès que l'avoir et le pouvoir passent par les jeunes, le respect rituel pour le troisième âge et donc pour le passé n'a plus sa raison d'être socio-logique. Quand une partie périphérique, mais significative d'un Tout social avance vers et gagne le centre, non seulement 'les temps changent' mais le sens même du temps risque d'être transformé... aux dépens des anciens. Les vieux Wakonongo se plaignaient que j'étais le seul à les écouter et à les suivre encore... difficile de leur faire comprendre que quand la tôle ondulée remplace le chaume, quand l'école moderne évince le camp d'initiation, quand seuls les jeunes maîtrisent les nouvelles technologies et quand les femmes se libèrent des contraintes claniques, les acquis ancestraux ne représentent plus les absolus qu'ils pouvaient autrefois à juste titre prétendre être. Mais le 'culte des ancêtres' ne nous intéresse ici qu'en tant qu'il illustre un point de méthode. Si on ne lie pas des valeurs temporelles à des rapports de force mouvants, on risque de planer en plein culturalisme intemporel. La vision ancestrale du temps ne fait pas partie d'un patrimoine qu'il faut préserver à tout prix, elle n'est qu'un atout qui perd de sa valeur dès que sa raison d'être sociale n'épouse plus d'assez près les enjeux humains effectivement en cours. D'où le fait certain que les Wakonongo, comme n'importe quelle autre communauté paysanne, en dépit du carcan cyclique dans lequel on voudrait les enfermer, étaient bien capables non seulement d'innover eux-mêmes, mais de faire leur propre tri dans les innovations qu'on leur proposait. Ils se sont mis volontiers à porter des pantalons, mais le prix social d'un tracteur leur a paru trop lourd à supporter[4] - et qui pourrait leur donner tort quand on voit ce que la mécanisation de l'agriculture à coûté et coûte encore au Marché Commun?

Comme la plupart des peuples africains, le jeu que jouaient les Wakonongo était d'un anthropocentrisme réactualisé en permanence[5]. Mais ceci dit, l'essentiel reste encore à dire. Car il y a anthropocentrisme et anthropocentrisme! Celui des Wakonongo était d'un optimisme opérationnel que des esprits moins sanguins qualifieraient d'inconscience béate. Avant la lettre du *kujitegemea* ou le 'self-reliance' de Nyerere, les Wakonongo faisaient preuve d'une confiance à toute épreuve dans leur capacité d'en sortir infailliblement eux-mêmes. Peu importe le problème, quelqu'un quelque part savait la solution puisqu'il en avait le remède (*dawa*). La pluie manquait? Les spécialistes ne priaient pas les ancêtres pour qu'ils la rendent, avec leur appui ils la faisaient, au sens le plus fort du terme. Les champs se montraient-ils peu fertiles et les couples stériles? Un *mganga* (mal traduit par 'tradipraticien'[6] ferait le nécessaire. Des machines - tracteur ou transistor - ne marchaient plus? Le *fundi* ('homme à tout faire') du coin ne s'avouerait jamais vaincu.

J'ai essayé de montrer ailleurs[7] comment cet optimisme Konongo pourrait être lié à la nature même de leur environnement: la brousse clairsemée dans laquelle ils vivaient, loin de poser un défi permanent et pesant comme peut le faire la forêt équatoriale, était au contraire trop bénigne, prodigue même. Les champs qu'on défrichait année après année rendaient bien, et en cas de disette on pouvait toujours compter sur la flore de la forêt; on faisait tout assez facilement avec ce que la forêt offrait gratuitement - des maisons et du mobilier aux médicaments, en passant par les vêtements même (pour ne pas parler du gibier et du miel en abondance. J'exagère un peu. Ce n'était pas toujours tout à fait le Paradis, mais c'était loin, très loin d'être l'Enfer continu. Et surtout, dans ce genre de milieu, comment ne pas avoir l'impression de pouvoir toujours aller de l'avant, de ne pas devoir tourner en rond, enfermé dans un cercle perpétuel? Certes, pouvoir avancer tous azimuts n'est pas devoir monter toujours plus haut. Les Wakonongo progressaient, mais pas vers le Progrès. Mais pourquoi auraient-ils cherché à crever le plafond quand le plancher auquel ils étaient arrivés leur semblait amplement satisfaisant? Quand l'horizon s'ouvre en permanence devant soi, pourquoi faut-il tourner les yeux vers d'autres cieux? La vision Konongo de la durée était tout aussi horizontale que leur vécu spatial. Chaque lignage savait d'où il était parti - en moyenne une dizaine de générations avant le présent. Mais à l'encontre d'autres peuples, les Wakonongo n'avaient aucune envie de retourner en arrière. Ils se trouvaient bien sur place, tout en sachant qu'ils n'allaient pas s'y éterniser.

Pour l'anthropologue, donc, il y a un lien manifeste entre le milieu naturel et le sens culturel du temps. Ou, pour le dire autrement, le mode de production donne lieu à une mentalité temporelle. En outre, un niveau d'abstraction trop élevé faisant du Mode de Production Agricole un non-lieu, il y a effectivement trente-six modes de production concrets et donc trente-six mentalités temporelles spécifiques. Des paysans qui restent sur place pendant des siècles peuvent assez logiquement avoir une conception relativement cyclique du temps. Mais ni la vie ni la vision de ces paysans-là ne doivent être absolutisées. Pour ne pas parler d'autres modes et sous-modes de production (ceux, par exemple, des chasseurs-cueilleurs, des pêcheurs ou des pasteurs transhumants) même dans la seule catégorie agricole il y a trop de sous-catégories contrastées pour qu'on puisse parler d'un seul et unique sens cyclique du temps.

De toute façon, même en parlant des seuls Wakonongo, je vous induirais en erreur comme je me suis, dans un premier temps, induit en erreur moi-même, si je vous laissais avec l'impression d'un sens plutôt que des sens Konongo du temps. D'abord, s'agissant d'un peuple à la culture orale et qui n'a jamais connu l'équivalent d'une orthodoxie théorique et encore moins d'un magistère hiérarchique chargé de gérer un dépôt de vérités et de codes, il serait extrêmement équivoque de synthétiser des informations idiosyncrasiques cueillies auprès de quelques informateurs individuels, sous forme d'une Philosophie Konongo. Mais je ne fais que rappeler ici que le statut ambigu des Touts de la taille d'une Philosophie Bantoue rend leurs parties temporelles tout aussi insaisissables. Ce à quoi je pense surtout, c'est qu'en parlant jusqu'ici des Wakonongo, j'ai surtout fait écho aux dires et aux faits des hommes en général et des quelques vieux qui m'étaient particulièrement familiers. En tant qu'étranger de marque, j'avais pu fréquenter le ou les mondes des femmes plus que les indigènes, mais je ne prétends nullement les avoir bien connus. Néanmoins, ce que j'ai entrevu de leurs 'façons de dire et de faire'[8] me fait sourire à mon discours inconsciemment machiste de la vision Konongo de la durée et me fait carrément éclater de rire quand j'entends d'autres parler de la vision panafricaine du temps!

Le temps des femmes (nous parlons surtout des mères et pas des jeunes filles ou des grand mères) est nettement plus morcelé[9], moins continu que le temps des hommes. Ces derniers peuvent consacrer des heures d'affilée à une même tâche censée importante: cultiver, chasser, palabrer. Les premières sont bien obligées de faire trente-six petites choses en même temps ou, ne serait-ce qu'à cause des enfants, doivent continuellement interrompre ce qu'elles faisaient. C'est peut-être pour cela que les chants qu'elles chantaient entre elles me paraissaient si décousus ou que les histoires qu'elles racontaient aux petits me semblaient n'avoir ni queue ni tête. Après un démarrage conventionnel du genre 'autrefois...', on se trouvait plongé sans transition dans une suite saucissonnée d'anecdotes, de ritournelles, de proverbes, de devinettes; les auditeurs, au lieu d'écouter sagement, intervenaient à mes yeux à tort et à travers; et puis le récit s'arrêtait, de mon avis, en queue de poisson, d'une manière souvent aussi insignifiante qu'inconséquente. A l'époque j'étais presque tenté d'attribuer le genre à la nature plutôt qu'à la condition féminine. Ce que je n'avais pas compris, c'est que les femmes n'essayaient pas, en vain, de réciter une histoire en bonne et due forme (occidentale!) avec un commencement convaincant, une suite cohérente et une chute crédible. A part le côté 'happening' des histoires, leur nature sacramentelle et le contexte liturgique de la performance, l'alignement atomisé des items disparates, l'absence d'un début et d'une fin 'convenables', d'un sens directif, étaient tout aussi recherchés qu'appréciés par le monde des femmes, car ils en faisaient partie intégrante. De nouveau, ce n'est pas que ces histoires, tournant en rond[10], refléteraient le caractère cyclique de la constitution physique et/ou la condition culturelle de la femme paysanne. Bien qu'elles n'aient pas connu des classes d'âge formelles, les femmes Konongo, comme n'importe quelles autres, vivaient leurs cycles réguliers sur fond d'un parcours à sens unique à travers des étapes de vie irréversibles. Pour finir, le langage et la logique temporelles de leurs histoires faisaient écho immédiatement aux traits caractéristiques du temps 'réel' de leur milieu, d'un lieu fait justement d'une juxtaposition permanente de 'petites' histoires aussi personnelles que ponctuelles, profondément enracinées dans une durée particulière aux jeunes mères Konongo.

Remarquons, néanmoins, que le sens et la structure de ces histoires de femmes ne sont pas sans homologie avec l'Histoire du Monde telle que vue par les hommes[11]. En effet, sur le terrain, à mon grand étonnement théologique

- confirmé par de multiples lectures depuis - les plus vieux et les plus fiables de mes informateurs ne montraient peu ou pas d'intérêt pour des enjeux que j'avais imaginés d'importance universelle, à savoir le commencement et la fin du monde. Chez les Wakonongo comme chez la plupart des peuples 'purement' africains, relativement peu (à la fois quantitativement et qualitativement) de traces de mythes de la Création et rien du tout d'un Monde meilleur, destiné à évincer le présent pour l'éternité, dans le fracas apocalyptique d'un Dernier Jour eschatologique. Ce qu'il y avait (et ce n'était pas grand chose) traitait surtout de l'aménagement de ce monde-ci en fonction des (pré)occupations humaines - la plupart (con)centrée sur la nécessité fondamentale d'éviter la confusion qui résulte d'une contiguïté excessive des choses: au début, le Ciel s'est séparé de la Terre et c'est mieux ainsi (aucune idée dans ce qu'on a à tort appelé la 'religion' africaine d'un désir de communion avec 'Dieu', de son vivant ou après sa mort), la différence entre le monde animal et le monde humain, la division du travail entre les sexes et les âges, la distance entre les chefs et le commun des mortels - toutes ces séparations sont justifiées positivement, sur fond, si on veut, de la grande distinction entre la vie et la mort. Et puisque nous parlons de cette dernière échéance, insistons sur une dernière spécificité africaine: l'au-delà ancestral l'est au sens le plus géographique du terme, car le village des morts se trouve soit un peu plus loin que des fleuves ou des montagnes voisines soit tout simplement en bas, sous terre. Il n'est jamais au Ciel et encore moins théocentrique ou purement spirituel. Pour parler à un très haut niveau d'abstraction, l'Imaginaire responsable de la Culture Africaine ignore tout du monothéisme militant et du dualisme manichéen tant anthropologique que cosmologique propre à certaines formes du Christianisme occidental. Le pilier paradigmatique du Weltanshauung africain se contente d'opposer le visible à l'invisible; aucune trace donc d'une dichotomie entre la matière et l'esprit, entre le corps et l'âme, entre le sacré et le profane, entre la foi et la raison, entre ce bas-monde historique et le monde véritable de l'Eternité - d'où cette primordialité accordée en Afrique à l'homme, à son temps - en fait, à un *hic et nunc* aussi local que social.

Socio-logiques humaines

Si par le 'culturel' on entend des langages et des logiques plus ou moins conscientes, mais toujours spécifiques ou singulières, alors par le 'social' on pourrait comprendre le ou, plus exactement, les lieux qui leur sont associés. Le terme 'association' peut paraître trop faible. Mais si nous l'adoptons c'est que dans un premier temps heuristique nos trois 'l' (lieux/logiques/langages) ne représentent que des grilles d'analyse abstraites. Empiriquement, ces trois facteurs fonctionnent indissociablement en spirale et seules des études de cas peuvent donner plus de poids à l'un d'eux. Au vu des circonstances socio-historiques, on peut penser, d'un côté, que Weber avait raison de souligner l'impact décisif de la logique protestante sur le capitalisme naissant, et, de l'autre, que Marx n'avait pas tort de dire que le milieu matériel pesait lourd sur la mentalité ouvrière du XIXe.

En disant qu'à chaque lieu sa logique, on n'a pas encore dit grand chose. Car l'essentiel, c'est de circonscrire crédiblement un milieu-moment effectif ou un espace-temps plausible. La condition féminine, est, socio-logiquement parlant du moins, un non-lieu. Il y a trente-six lieux féminins. Et le socio-logue comprend bien pourquoi les Noires américaines ne se retrouvent pas dans la logique féministe de leurs soeurs blanches. De même, si dans un sens l'Afrique est un lieu par opposition à d'autres d'envergure similaire, elle l'est encore moins que l'Europe, puisqu'elle n'a jamais connu de carcan culturel aussi étendu et épais que la Chrétienté du Moyen Age. De toute façon, l'idée d'un Occident à la mentalité monolithique est une illusion d'optique. N'oublions jamais que la notion de progrès linéaire et donc de développement était d'abord le fait de marginaux. Ensuite que si cet imaginaire a gagné pignon sur rue, il est loin d'avoir convaincu tout le monde au même degré. Même en Occident, il y a non seulement des déçus du développement et des non-développés, mais des esprits qui disent 'non' au développement et pensent à un monde post-développé ainsi qu'aux schémas temporels qui lui seraient congrus.

Il n'empêche que, tout élémentaire qu'elle soit, une socio-logique à base de nos trois 'l', nous permet de transcender, en principe, l'incomparabilité intrinsèque du construit individuel. A première vue, par exemple, des années lumière et un infranchissable écart culturel séparent le guérisseur villageois africain, vêtu d'un pagne et sortant ses gris-gris d'un sac en peau des singe, du médecin de campagne européen, avec son costume et sa cravate et sa trousse pleine de médicaments. Et pourtant, si on fait abstraction de ces dissemblances superficielles, des ressemblances socio-logiques sautent aux yeux. Tous les deux sont des membres respectés de leurs communautés respectives; tous les deux sont des consolateurs des 'veuves et des orphelins' et autres laissés pour compte; tous les deux jouissent du même type de légitimité sociale... De même, si théologiquement l'Islam ne (re)connaît pas de clergé, sociologiquement le rôle que joue un imam dans son village n'est guère différent des services rendus par un curé de campagne - et il suffit d'assister à une circoncision musulmane et un baptême chrétien pour s'en rendre compte.

Ce phénomène d'une convergence socio-logique sous les formes d'une divergence 'culturelle' existe dans bien d'autres domaines, entre autres dans celui de la philosophie et de la pratique du temps. Qui a lu une bonne sociologie d'un village européen (et nous pensons à l'ouvrage de Verdier déjà cité) et qui connaît en même temps la réalité de la communauté rurale africaine, ne peut qu'être frappé par une profonde homologie socio-logique. D'ailleurs c'est de cela que se plaignaient les missionnaires qui (re)partaient au XVIIe siècle à la (re)conquête de l'Europe 'païenne': un christianisme que le gratin du clergé voulait linéaire avait été totalement recyclé par le peuple paysan. Et l'élite musulmane en Afrique de cracher sur un Islam plus Noir que coranique[12]. Et que penser non seulement des gens qui, presqu'à leur insu, ont rebricolé en fonction de leur propre projet une religiosité linéaire (tant chrétienne que musulmane), mais des peuples entiers (entre autres tous ceux qu'on nomme les paléo-nigritiques) qui ont carrément refusé d'y souscrire? N'en déplaise à Axelle Kabou et Cie, une certaine Afrique, et non la moindre, ayant refusé la temporalité propre aux religions du Livre, est bien capable de refuser un développement tout aussi chronologiquement équivoque[13].

Mais vu et vécu de plus près, ce temps populaire se divise en autant de chrono-logies distinctes qu'il y a de milieux sociaux différents. C'est ainsi qu'en lisant la description détaillée que Verdier fait du lieu féminin à Minot, 'son' village de la France profonde, je me retrouve parmi mes femmes Konongo. D'abord l'impression de deux mondes non seulement à part, mais à part entière, chacun avec ses raisons d'être et ses rythmes temporels. De nos jours, cette complexité contradictoire des temps se manifeste parfois de manière très aiguë quand un travailleur prend sa retraite ou tombe dans le chômage et doit s'ajuster à l'ordre spatio-temporellement établi par sa femme au foyer!

Et de nouveau, l'impression que le temps féminin (dans la mesure où il y a *une* condition féminine à Minot) n'est pas purement ni même principalement cyclique (et par conséquent retors à un progrès qui ne saurait être que linéaire). A Minot comme à Mapili, les individus et/ou les groupes subissent et/ou assument le passage uni-directionnel du temps. On naît et on donne naissance; on quitte l'enfance et on entre dans la vie de femme mariée; on vieillit et on meurt. D'accord, il y a des régularités: des menstrues, des moissons, la messe du dimanche, la fête de Noël. Mais qui parlerait à propos du poids d'un Eternel Retour parlerait de l'air raréfié de son monde académique et pas du climat local, fait d'un épais vécu social et subjectif des acteurs concrets. L'Imaginaire imaginé du Retour empêche certains esprits d'intégrer dans leur vision du monde africain tout ce qui relève de la volonté des acteurs, tant individuels que collectifs, de se singulariser. Chaque communauté, chaque clan, cherche, comme l'aurait dit Bourdieu, à se distinguer[14] même chrono-logiquement. La chrono-logique est toujours locale, individuelle même. Si l'inattendu et l'idiosyncrasique surgissent sur fond du régulier et du rythmé, ces derniers prédominent aussi peu sur les premiers que le 'background' sur les figures dans la théorie *Gestalt* de la perception. Et tant la sorcellerie que la divination sont là pour nous rappeler à quel point personne en Afrique ne veut se laisser faire par la loi des nombres ou le pur hasard. Obnubilé par son paradigme du cyclique, le philosophe est peu sensible non seulement à la linéarité du temps local, mais aux soubresauts sismiques qui, sous forme de fêtes récurrentes ou d'épisodes exceptionnels, ponctuent sa lente et monotone périodicité. Ce n'est que du haut d'une chaire académique que tous les Noëls se ressemblent ou que les jours et les saisons se succèdent, toujours égaux à eux-mêmes.

Le temps local

L'un et le multiple; socio-logie et chrono-logie. Loin de moi donc l'idée de nier l'intérêt ou l'impact des chronologies culturelles[15]. La sorcellerie étant en (grande) partie une question de tolérance de la différence marginale, socio-logiquement parlant, on peut établir une analogie plausible entre un Européen qui traite son voisin homosexuel de 'sorcier' métaphoriquement et un Africain qui prend sa femme 'réellement' pour une sorcière. Mais en faisant ce parallèle socio-logique, on n'a pas encore répondu à la question culturelle: pourquoi le langage de sorcellerie en Europe était surtout sexuel, là où en Afrique il reste cannibale? De même, que le temps paysan transcende socio-logiquement[16] les cultures ne nous dispense pas, loin s'en faut, d'inventorier les discours sur la durée propres aux paysans de l'Afrique.

Si je me suis contenté ici de ne faire qu'une allusion sommaire à une chronologie culturelle concrète (celle des Wakonongo), c'est qu'il m'a semblé plus urgent d'insister sur d'autres enjeux de la problématique qui nous a été proposée: les philosophies de la durée et la pratique du développement. Ce débat risque d'être doublement piégé. D'un côté, par un culturalisme a-politique qui imagine que son opposition abstraite entre le cyclique et le linéaire possède non seulement un sens profond, mais pèse de tout son poids sur les acteurs concrets et leurs systèmes socio-historiques. De l'autre, par la conviction (in)avouée que le linéarisme montant - le développement pour tout dire - constitue désormais une apogée absolue, un étalon essentiel (ce qui ne peut que condamner toute autre philosophie et pratique du temps aux oubliettes de l'histoire).

Or, à mon avis, plus on s'éloigne des données concrètes cumulées par l'approche chrono-logique, moins on se rapproche de réalités capables de causer des effets au niveau des convictions et des conduites. De ce point de vue, si le cyclique et le linéaire ne sont pas tout à fait irréels, leur impact négatif ou positif sur les capacités de changement idéologique, institutionnel ou technologique ne peut être que résiduel. D'autre part, en adoptant une approche socio-logique, on se rend compte que la complexité des langages sur la durée n'est pas primordialement une question de culture intellectuelle, mais surtout le reflet de conditions sociales, et donc par le fait même de rapports de force, de choix de société.

D'où le choix de nous attarder sur une conception subalterne du temps, celle commune aux paysannes de Mapili et de Minot. Car, de tous les temps, c'est du côté des dominé(e)s que sont venues les innovations cruciales, créatrices d'inédits porteurs d'avenirs meilleurs. Qu'historiquement le développement techno-scientifique et capitalistico-monétaire est allé de pair avec une conception linéairement progressiste est une affirmation aussi tautologique qu'euphémisante. D'un côté, on ne peut distinguer le développement et une forme positivement cumulative de la durée que par une astuce analytique des plus factices. D'autre part, ce qu'on appelle le développement n'est en réalité rien d'autre qu'un certain Occident qui a réussi provisoirement à imposer sa vision du monde sur tout le monde. Ceux qui voudraient qu'un sens cyclique du temps cède le pas devant un sens linéaire ne risquent-il pas de jouer jouent le jeu des dominants actuels et de préconiser, (in)consciemment, l'occidentalisation du monde.

Si je ne sais pas exactement de quoi le monde de demain sera fait, je sais non seulement que tout le monde ne saurait pas être développé, mais que tout le monde n'a pas intérêt à l'être. D'où la nécessité d'abandonner le paradigme-piège du cyclique versus le linéaire et de se laisser interpeller et inspirer par des philosophies et des pratiques temporelles alternatives. D'où aussi notre recours, qui n'a rien d'un retour, au temps local des femmes africaines et françaises. Car au-delà de sa lettre dominée souffle un esprit de liberté plausible et possible.

Qu'est-ce un temps *local*, si ce n'est un temps *'pour'*, un temps existentiel c'est-à-dire *qualitatif*, aussi modulé (selon des temps tantôt forts et rapides et tantôt faibles et lents) que modulable (si on a du temps à perdre, c'est qu'on prend son temps de vivre); s'il lui 'manque' l'uniformité essentielle de la chronométrie contemporaine, s'il ne s'est pas engagé dans cette fuite en avant qui débouche désormais sur une *instantanéité télécommunicationnelle*, c'est que le temps local est un temps social et collectif, c'est qu'il se vit en *réseau* et en relation *statutaire* plus que contractuelle tant avec les siens qu'avec l'univers environnant. Le temps local culmine dans des moments *festifs* et coule en permanence selon un *'Esprit du don'*. En principe, le fait qu'il est réparti *équitablement* explique que même ceux ou celles qui en ont moins trouvent néanmoins que, jusqu'à nouvel ordre, ils en ont assez. C'est un temps aussi réel que réaliste et qui a donc du mal à imaginer non seulement ce qu'un temps éternel pourrait bien représenter, mais une durée où tout le monde aurait entièrement droit à exactement le même temps[17]. Le temps local se prêtant pleinement au développement de soi dans le social, il reste peu de temps à consacrer au *travail* d'un développement indéfini du monde matériel. Le temps local (qui est encore le temps africain par excellence) fut le temps d'avant le développement, se pourrait-il qu'il (re)devienne le temps de l'après-développement? En ce cas, l'avenir de notre *'Global Village'* nous dira ce que l'*Afrique des villages* nous dit déjà[18].

Un épilogue épistémologique

Epistémologue avant de devenir ethnologue, j'aimerais bien clarifier certains enjeux spéculatifs au coeur de la question qui nous a été posée sur les rapports entre d'éventuels temps africains et le développement. Ma réponse a été double. D'un côté, j'ai souligné le caractère inédit et spécifique des diverses philosophies et pratiques africaines du temps: une multiplicité incompressible de chrono-logiques singulières, et qui ne saurait donner lieu que de façon très globale à un prétendu sens panafricain du temps. De l'autre, et peut-être paradoxalement à première vue, j'ai conclu à une relativisation certaine de ces sens. En effet, la socio-logie la plus élémentaire prétend que tel milieu est substantiellement associé à telle mentalité en dépit des divergences superficielles. Qu'un paysan soit noir ou blanc, il aura la logique ou la rationalité paysanne: il lui faut de la pluie et de la fertilité - s'il est catholique, c'est la Sainte Vierge qui s'en chargera, s'il est 'animiste', c'est (en attendant de devenir catholique) un esprit ancestral qui fait l'affaire. Et si le Sens africain du Temps n'était que le sens villageois du temps?

L'Un ou le Multiple? Où se trouve en définitive le Réel par excellence? L'anthropologue n'échappe pas à l'éternel problème de la philosophie pérenne: le statut ontologique des universaux. Dans un premier temps, sur le terrain, il aura surtout affaire à des singularités spécifiques - la construction de la case de X, l'histoire du village narrée par Y, les funérailles de Z. Au retour, il devra décider si ce singulier est superficiel ou substantiel. D'un côté, il pourrait être tenté de penser que les phénomènes particuliers qu'il a observés ne seraient que des variations superficielles produites par des structures sous-jacentes, autrement plus profondes. En ce cas, ces dernières représenteraient des principes transculturels, dotés d'une signification substantielle, univoque et universelle. Elles seraient responsables, en dernière analyse, des manifestations concrètes auxquelles l'anthropologue a participé: au coeur de tous les systèmes de parenté - La Famille; derrière toutes les divinités ou démons - Dieu et le Diable. De l'autre, il pourrait, au contraire, tenir l'existentiel, l'expérientiel, l'événementiel pour l'essentiel. Selon cette option, il réduirait tout le reste (et en particulier tout ce qui relève du niveau des concepts, des catégories et des causes) à des simples casiers de convenance, construits par des esprits, socio-historiquement situés, afin de mettre un peu d'ordre, de manière plus ou moins crédible, dans le flux phénoménal permanent que la Réalité, foncièrement, *est*: pas d'Histoire, rien que des histoires; une dimension diachronique, sans doute, mais surtout autant de chrono-logiques qu'il y a de cultures.

Naturalisme ou nominalisme? Les faits - variations sur un thème ou variables à part entière? A vous de choisir. Ayant opté, personnellement, pour la signification substantielle du singulier, je me dois et je vous dois une explication. A première vue, ce choix paraît le plus crédible. De toute évidence ethnographique, les Nuer ne sont pas les Azande, qui ne sont pas des Batwa, qui ne sont pas des Bushmen et ainsi de suite, jusqu'à épuisement du matériel monographique. Impressionné par l'irréductible complexité des données de terrain, comment ne pas conclure à l'existence primordiale d'une multiplicité monadiste? Mais, justement, ce choix n'implique-t-il pas un solipsisme socio-culturel absolu qui interdirait, logiquement, toute communication, toute comparaison? Parmi les coûts cachés de cette consécration du concret, n'y a-t-il pas un relativisme aussi absolu que démissionnaire?

Nullement! Entre l'ultra-réalisme platonicien ('les existants ne sont que des avatars accidentels d'une Quintessence archétypique') et l'individualisme idéaliste ('j'ai beau être un pur esprit pensant, tout le reste, mon corps inclus, sans la garantie de Dieu, pourrait n'être qu'une illusion diabolique') il y a une *via media* au-delà de l'impasse d'un empirisme naïvement extraverti ('les choses sont réellement déjà là en dehors de nous, en attente qu'on se les re-présente telles qu'elles sont substantiellement et significativement en elles-mêmes, hors toute culture'). Si, pour cette voie moyenne, 'connaître' n'est pas 're-connaître' des natures objectives qui seraient communes aux choses individuelles, ce n'est pas parce que 'savoir' serait tout simplement 'voir ce qui est effectivement'. Car on ne peut même pas montrer du doigt un phénomène et encore moins le démontrer de vive voix sans avoir recours à des grilles de lecture. Epistémologiquement, ces grilles vont transformer des *données* empiriques en *faits* culturels. Socio-historiquement, ces filtres fonctionnent comme des visions, des valeurs et des visées propres à telle culture et exclusives de toute autre.

Soyons concret. Celui qui parle d'un chien ne peut le faire qu'à partir de son préconstruit culturel. Mais même celui qui ne fait que l'indiquer gestuellement ne saurait le faire en toute innocence de cause culturelle. La réalité 'chien' (puisque nous avons commencé avec cet exemple pour ne pas devoir parler de réalités plus spirituelles comme 'le courage' ou plus sublimes comme 'dieu') n'est pas déjà là, pré-culturellement, pour être re-présentée, en principe, aussi fidèlement que possible par toute culture. (Si c'était le cas, on pourrait hiérarchiser les cultures définitivement selon leur degré de conformité au réel objectif.) En principe, il y a autant de chiens qu'il y a de cultures. En outre, aucun de ces chiens culturels[19] ne peut prétendre être plus essentiellement chien que n'importe quel autre. Si un de ces chiens prétend constituer l'étalon ou l'apogée à l'égard desquels tous les autres doivent se positionner pour pouvoir être dits chiens, alors ce chien-là incarnerait le comble d'un ethnocentrisme impérialiste qui s'ignore. On souriait au XIXe devant le spectacle de l'Anglais qui prendrait son 'dog' pour l'incarnation achevée de la réalité canine, mais on a beaucoup moins rigolé quand ce même Anglais s'est mis en tête de promener son 'God' partout comme le seul et unique vrai Dieu. Et si l'équivalent contemporain du missionnaire d'antan, militant pour son monothéisme et sa monogamie, n'était autre que l'esprit moderne qui fait coïncider la Fin de l'Histoire avec le Développement?

Essayons, aussi, d'être épistémologiquement plus explicite. Dire que 'ceci est un chien (ou le courage ou dieu)' c'est (re)prendre des données singulières ('ceci') pour en faire 'cela' ('un chien' etc.). 'Prendre' - parce que, dans un sens qui nous évite le piège du subjectivisme pur et simple, les data qui nous donneront à penser jouissent au préalable d'une certaine épaisseur existentielle: soit elles nous tombent dessus, soit nous les cherchons. '*Re*prendre - pour deux raisons. D'un côté, parce qu'il s'agit de l'activité créatrice d'un acteur individuel socio-historiquement situé (ce qui fait que les données se donnent toujours au-dedans et jamais du dehors d'un espace-temps spécifique). De l'autre, parce que, bien que dotées d'un potentiel significatif (ce qui nous sauve d'un relativisme absolu - comprendre ce n'est pas faire n'importe quoi de toutes pièces), les données doivent être (re)travaillées, ou mieux, si on me permet le néologisme[20]: *factualisées*. Car, qui se fait une idée d'une chose, fait tout autre chose que de con-former (avec plus ou moins de bonheur d'ailleurs) un état d'esprit subjectif à la forme objective de la réalité. Qui *se fait* une idée le fait au sens le plus constructiviste du terme: à partir des données (reçues en culture et élaborées par les outils de cette même culture) il affirme que son idée jouit de tel ou tel degré de plausibilité qui peut aller du tout à fait sûr au plus qu'incertain.

Par conséquent, en primordialisant le particulier, le nominaliste tempéré ne dit pas, de manière candide, qu'il suffit de constater les choses telles qu'elles sont en elles-mêmes. Même quand il nomme le singulier, il est conscient qu'il ne peut que le construire. Pour qu'il y ait le moindre 'meaning', il faut qu'une mentalité métamorphose du matériel. Ce qui distingue l'approche du nominaliste d'autres, c'est le poids qu'il faut attacher, en définitive aux constructions qui s'éloignent du concret (tout construit qu'il soit). L'anthropologue nominaliste accepte la nécessité de conceptualiser, de classer, de catégoriser le matériel de terrain. (Si le sens était déjà là, il suffirait de brancher des appareils enregistreurs pour le capter!) Avec ses collègues, il parlera de 'structures de la parenté' telles que le mariage, la famille ou l'inceste; il est capable aussi de contraster différents 'sens de l'histoire' et donc d'opposer le linéaire au cyclique, le progressif au régressif. Mais son appréciation du statut de ces concepts généraux diffère radicalement de celle portée par d'autres. En effet, pour certains, le contexte concret n'est qu'un prétexte pour leur texte théorique qui, lui, est fait de lois fondamentales, de principes profonds, de causes constantes, de réponses culturelles à des besoins naturels. Le nominaliste, par contre, n'échappe pas au sentiment que plus on s'éloigne de l'existentiel, plus on se rapproche, non pas de l'essentiel ou d'un quelconque réel de référence, mais, tout simplement, de platitudes qui n'ont de profond que le langage abstrait dont on les affuble.

Un exemple: du fait singulier que telle divinité voit le vol là où telle autre voit le viol, on peut conclure, au-delà d'une catégorie descriptive faite de divinités 'omnivisives', à un concept théologique de l'omniscience divine. Mais tant l'ancrage empirique que la signification effective de ce dernier laisse le nominaliste rêveur. S'il estime qu'il peut être utile de regrouper les divinités visives pour les contraster avec leurs homologues auditives, ce qui compte en définitive pour lui n'est pas la (re)connaissance d'un Etre Transcendant qui saurait tout, mais l'effort d'expliquer pourquoi la première divinité n'a des yeux que pour le vol là où son voisin ne regarde que le viol. Et si le niveau de généralisation faisait d'un prétendu Sens Africain du Temps un non-sens?

Le nominaliste reconnaît volontiers l'utilité pédagogique et même politique de résumés d'ordre dénominateur commun, tel que le concept de l'Etat ou la cause des femmes, il accepte sans trop de difficulté l'instrumentalisation idéologico-identitaire de raccourcis saisissants telle que 'la raison est hellène, la passion africaine'; il n'est pas contre le recours à des schémas globaux, il se sert lui-même d'abstractions et ne nie pas la portée heuristique de certaines généralisations. Il veut bien parler de régularités, de tendances, de patterns, mais de là à traiter ces réalités-là du réel par excellence, à les identifier à la nature profonde des choses, il y a un pas que son épistémologie et son ontologie l'empêche de franchir. Car, et c'est la dernière remarque de notre exorde philosophique, le singulier étant substantiel, toute unification de cette incompressible richesse empirique ne saurait être que factice (au sens étymologique et non péjoratif du terme). Si l'essentialiste regroupe les choses individuelles dans une même catégorie (mettons les différents sens africains du temps dans un seul et unique Sens Africain du Temps) c'est qu'à ses yeux leurs similarités sont substantielles, c'est-à-dire, re-présentent des variations accidentelles d'une même réalité foncière qu'elles possèdent en commun. Pour lui, peu importe leur couleur ou leurs croyances, tous les hommes (les femmes incluses!) ont substantiellement la même nature. Par contre, pour le nominaliste, la similarité n'est jamais une propriété intrinsèque des choses singulières, elle est toujours le produit d'esprits incultурés. Pour lui, s'il s'appuie sur des données 'naturelles' pour dire qu'une chose ressemble à une autre, il sait qu'en tant qu'affirmée, cette ressemblance ne saurait être que culturellement construite. Il n'admet, en termes plus techniques, qu'un seul type d'analogie, qui part d'un singulier (l'*analogatum princeps*) et qui seule mérite son nom en propre vers d'autres singuliers qu'il décrète analogiquement semblables, car toute extension de ce nom propre ne pouvant être que plus ou moins impropre.

Une illustration: ce qui est vrai de Dieu est vrai de tout être. Dieu seul est divin. Ce n'est que par pure métaphore qu'on dirait d'un pianiste qu'il joue divinement. Le degré de plausibilité de cette extension analogique, comme de toute autre, est facteur d'une (pré)programmation culturelle. Des peuples qui ignorent l'existence de Dieu ne comprendraient pas l'image en question. De même, le sens que les X ont du temps est non seulement le leur, mais, dans un sens, le seul. Si on rayonne à partir de ce point de départ singulier pour dire que les Y ont un sens similaire, cela ne pourrait se faire, pour le nominaliste, que par l'élaboration d'une analogie dont il faut démontrer non pas le bien fondé objectif de la proposition, mais sa plausibilité socio-historique. Toujours selon l'optique nominaliste, affirmer que les X, les Y et les Z véhiculent, chacun à leur façon superficielle et partielle, un Sens du Temps profond et holiste, serait une affirmation des plus ambiguës.

Résumé

Au vu de la complexité incompressible des sens spécifiques du temps non seulement inter mais même intra-culturels, le cliché classique qui oppose le cyclique (africain) au linéaire (occidental) ne peut avoir qu'une portée très générale. Néanmoins cette multiplicité de chrono-logiques aux allures nominalistico-solipsistes est susceptible d'une certaine réduction socio-logique: si le temps d'un paysan *africain* peut différer sensiblement du temps d'un paysans *européen* , ce sera sur fond d'une convergence autour d'un temps *paysan*.

Summary

The irreducible complexity of concrete understandings of time - both intra as well as inter-cultural - means that the classical contrast between cyclical (African) and linear (western) approaches can only be but a broad generalisation. None the less the seemingly nominalistic and even solipsistic implications of a multiplicity of contrasting chrono-logies can be overcome on socio-logical grounds: the time of an *African* peasant will probably differ from that of a *European* peasant but common to both is *peasant* time.

NOTES

1. Parmi eux citons S. Latouche, *La planète des naufragés: essai sur l'après-développement*, Paris, La Découverte, 1991.

2. Il fallait savoir qui, en fonction de la durée, avait droit aux privilèges de la préséance.

3. P. Bourdieu, *Le Sens Pratique*, Paris, Minuit, 1980. J'ai pu consacrer quelques années à une étude sur 'Ancêtres, Adolescents et l'Absolu' à partir de plus de 300 références *Pro Mundi Vita*, sept.-oct. 1977, pp.1-38.

4. Les jeunes femmes de Mapili avaient déjà saboté plus ou moins (in)consciemment un treuil rudimentaire que j'avais installé sur un puits pensant ainsi les libérer pour des choses autrement plus intéressantes à mes yeux que la corvée de l'eau... quand en fait y 'perdre' du temps leur permettait d'échanger ensemble au moins une fois par jour (ce qui n'était pas toujours facile pour des jeunes épouses virilocalisées). De même, je soupçonne que si le motoculteur chinois que j'avais fait venir pour lancer un projet rizicole n'avait pas fonctionné plus d'un mois, c'était parce que les hommes savaient d'instinct que ne pouvant pas gagner au jeu piégé de la surproduction capitaliste, ils n'avaient pas intérêt à renoncer à leur 'économie' de Fête: on ne peut pas rentabiliser un tracteur si on doit à tout moment passer du temps dans les baptêmes, mariages funérailles et autres occasions incontournables d'investissement social qui émaillent le quotidien de l'Afrique profonde.

5. Cf. H. Maurier, *La philosophie de l'Afrique Noire*, Bonn, Anthropos, 1976.

6. Cf. notre 'Médecine traditionnelle? Connais pas!' *Cahiers du CIDEP*, no. 12, 1989, pp. 103-142.

7. *Dawa, beyond science and superstition*', *Anthropos*, 74, 1979, pp.817-863.

8. Pour faire allusion au livre d'ethnographie française de Y. Verdier, *Façons de dire, façons de faire: la laveuse, la couturière, la cuisinière*, Paris, Gallimard, 1979.

9. Au moment même d'écrire ces lignes je tombe sur ce témoignage (intitulé 'Le temps au féminin') d'une jeune mère belge apparue dans *Le Ligueur* (journal à grand tirage de La Ligue des Familles - 01.05.1996) et qui parle du changement 'temporel' provoqué par la naissance de son premier bébé: 'je pare au plus pressé en essayant de rentabiliser les précieuses minutes de liberté. Le temps est *morcelé* (c'est moi qui souligne) et toutes nos activités entrecoupées'; ayant réussi l'exploit de faire la vaisselle d'un trait, elle triomphe 'pour la première fois depuis la naissance de ma fille j'ai pu terminer une tâche sans me dépêcher, la bâcler ni être dérangée' et de conclure:.'au fil du temps, nous gérons mieux notre temps... mais je ne trouve cependant plus le temps de lire les journaux ni d'écouter les informations'.

10. Il serait intéressant de localiser les milieux qui ont donné lieu aux formes littéraires où les récits renouent en fin de parcours avec leur point de départ.

11. Il n'empêche qu'une vision du monde est toujours affectée d'un accent asymétrique: il est impossible, tant d'un point de vue théorique que dans la pratique, de valoriser avec une égalité à toute épreuve les deux pôles d'une opposition binaire: entre la Vie et la Mort, entre Dieu et l'Homme, entre l'homme et la femme, entre le haut et le bas, entre la gauche et la droite, entre le noir et le blanc... au mieux, on peut penser qu'il ne saurait y avoir qu'un rapport de forces équitablement hiérarchisées.

12. Cf. notre 'Popular religions in Africa' *Pro Mundi Vita* no. 6 November 1988 (la dernière en d'une série d'études sur le contraste sociologique entre la religion du peuple et la religion des clercs.

13. Le titre du livre A. Kabou *Et si l'Afrique refusait le développement?* (Paris, L'Harmattan, 1991) reprend la question de S. Latouche, *Faut-il refuser le développement?* Paris, PUF, 1986. Mais là où elle voudrait voir l'Afrique accepter le développement, Latouche, identifiant développement et occidentalisation du monde, ne pouvait que suggérer le refus. Ce phénomène du refus des visions et des visées hégémoniques par des groupes subalternes (et donc de la chronologique des dominants) n'a pas reçu toute l'attention qu'il mérite. Dans l'histoire occidentale, on pense au refus explicite des Luddites des coûts cachés de la Révolution Industrielle ou au refus effectif de la classe ouvrière d'un système scolaire qu'on voulait universel, mais qu'elle voyait comme inféodé au projet bourgeois. En Afrique, il y a l'exemple de tous ces peuples qui ont reculé expressément devant l'Islam et qu'on appelle les paléonigritiques ou des gens qui, un peu moins consciemment, n'ont pas voulu souscrire à la chrono-logique de la modernité (pour des références et un exemple cf. notre 'L'African Auxiliary Association de Karema (Tanzanie): le Peuple entre l'Imaginable et le Possible' chp. 7 in *Les associations paysannes en Afrique,* (sous dir. de J-P. Jacob et Ph.

Lavigne Delville), Paris, APAD, Karthala, IUED, 1994).

14. P. Bourdieu: *La distinction: critique sociale du jugement*, Paris, Minuit, 1979.

15. Néanmoins, l'engouement actuel pour le 'volet culturel' est très équivoque - Cf. M. Poncelet, *Vers une utopie tiermondiste?: la dimension culturelle du développement*, Paris, L'Harmattan, 1994.

16. La transcendance sociologique n'est pas la transcendance tout court: il s'agit d'une simple grille heuristique - 'à tel milieu, telle mentalité' et donc, s'il y a un lieu 'paysan' (ce qui est loin d'être empiriquement évident) il doit y avoir une logique et un langage paysans. Cette option de référer toute philosophie et/ou pratique à un ancrage concret laisse le sociologue parfois rêveur devant l'optique decontextualisante de certains intellectuels. On a pu échafauder des spéculations sur le sens africain du temps à partir de l'existence de formes verbales au futur ou de quelques proverbes sans se demander concrètement combien de fois la plupart des gens ont recours à ces possibilités purement verbales ni qui se sert de fait, où et comment des dictons en question. Quand un vieux mkonongo, bousculé par un jeune, lui lançait vertement le proverbe 'pole pole ndio mwendo, haraka haraka haina baraka' (l'équivalent du 'festina lente' occidental), tout sage qu'il était, il ne spéculait pas sur le temps mais cherchait à rappele l'impétueux à plus de respect. Les parémiologues professionnels (càd les spécialistes des locutions sententieuses) semblent plus conscients que la plupart des philosophes de l'incontournable contextualisation du matériel qu'ils cueillent et étudient.

17. L'Imaginaire linéaire nous fait oublier tout ce qui dans le vécu moderne du temps est d'une désolante monochronie par rapport aux inégalités impressionnantes du temps cyclique. Les machines ont éliminé de la vie quotidienne tous les imprévus saisonniers d'antan. Ce n'est pas en Afrique qu'on entend qu'il n'y a plus de saisons - qu'on peut acheter des fraises en hiver, qu'avec la lumière artifielle on peut gommer la différence entre le jour et la nuit ou, grâce au chauffage, coucher toute l'année avec une seule couverture.
Si 'cyclique' est synonyme de 'répétition sans relief', le vécu du Progrès pourrait être moins linéaire qu'un intellectuel ne l'imagine.

18. Chacun de nos thèmes clé (soulignés en italiques) mériterait une bibliographie conséquente: le 'local' et son temps congru, est tout autre chose que le global en plus petit; le temps *pour* fait écho aux approches existentialistes et phénoménologiques (Husserl, Heidegger, Merleau-Ponty, Marcel...); le temps de la *télécommunication* devrait être mis en rapport avec les enjeux de la communication tout court (cf L. Sfez, *Critique de la communication*, Paris, Seuil, 1992); si l'idée de *réseau* évoque celle d'asssociation libre et donc *contractuelle*- il ne faudrait jamais perdre de vue le fait que la plupart des réseaux auxquels les gens ordinaires appartiennent fonctionnent, surtout au Sud, selon un modèle 'Grande Famille' et donc en fonction du *statut* de leurs membres (le patron est aussi et avant tout un patriarche); les modes de production et de redistribution (du temps aussi) propres à ce genre de milieu sont beaucoup plus *équitables* qu'*égalitariste*s (*Homo hierarchicus* versus *Homo individualis*) comme l'aurait dit L. Dumont); ils se font selon *Un Esprit de Don* (J.T. Godbout avec A. Caillé, Paris, La Découverte, 1992) qui privilégie la logique *festive* (synonyme de'conspicuous consumption' , de 'potlatch ' de 'gaspillage apparent et imprévoyant') aux dépens d'une logique puritaine de fiabilité financière; enfin sur la qualité et la quantité du *travail* qu'il nous faudrait fournir dans nos locaux-globaux (le 'Village Planétaire' de Macluhan versus 'l'Afrique des villages' J-M. Ela) cf. A. Gorz, *Métamorphoses du travail: quête de sens; critique de la raison économique*, Paris, Galilée, 1988 et la traduction française du livre de J. Rifkin, *The End of Work: the decline of the global labour force and the dawn of the post-market era*, New York, Putnam's Sons, 1995. Enfin, on trouvera dans ma contribution 'Du temps qu'on fête au temps qu'on fait' in *Le Temps et la Démographies*, Paris/Louvain-la-Neuve, Academia/L'Harmattan, 1994, pp.167-192, une justification plus académique de certaines des affirmations présentées ici de manière trop apodictique.

19. Et il n'y en a pas d'autres. Le chien qu'on imagine le plus naturel ou objectif puisque défini comme tel par la science, n'est autre que le chien de la culture scientifique.

20. Qui combine la notion philosophique d'acte (*actus*) et 'mon' idée épistémologique de fait (*factum*).

Temporal Proverbs in African Philosophy

Campbell Shittu Momoh, Lagos (Nigeria)

This paper is anchored on the contention that a thorough unadulterated and genuine discussion of any topic relative to African philosophy, at least in its ancient settings or, in general, African studies, must be based on an investigation and analysis of proverbs. Consequently I have to devote some time to discussing the significance of proverbs. But because of space constraint which is necessarily imposed by a symposium of this nature, and which is so conveyed by the organisers, there will be no time to delve deeply into existing scholarly discussions on proverbs in African philosophy, and indeed the concept of time in philosophy in general.There are at least three options open to a philosopher who wants to extract and analyse African conception of time from proverbs. First, one can consider a full-load of the temporal proverbs of an African people. A second option is to consider a handful of proverbs and discuss their temporal dimensions in relation to how the past is fundamental and primitive in African philosophy. The third option which I have adopted here, is to identify one temporal proverb which is metaphysical in nature and use it to analyse and discuss matters. The notion of a metaphysical proverb implies that there are moral, logical and epistemological, spiritual and even mystical proverbs, as indeed there are.

Since I have chosen the metaphysical option, a definition of proverbs must be in that vein. We have it on Aristotle's authority that a 'proverb is a remnant from old philosophy, preserved amid countless destructions by reasons of its brevity and fitness fur use'. We agree with Aristotle that proverb is of the old philosophical stock which has survived because of its 'brevity and fitness fur use'. Incidentally, an African proverb captures the import of Aristotle's definition of proverb: 'The laconic is enough for the wise and the well-born'. With the aid of this African proverb and the Aristotelian definition of proverb in a metaphysical vein, we define a proverb as a laconic metaphysical principle which captures the essence of a people's world view. The essence of a people's world-view is like what we know in modern philosophy as a school of thought which is a principle or an idea or cluster of ideas accepted and propagated by a group of intellectuals as representing the nature of reality and as adequate to comprehend reality, acquire knowledge and resolve problems. A proverb then is a laconic metaphysical principle which captures the essence of a people's

Studies in Intercultural Philosophy, Vol. 8 (1997), p. 193-203

world view, and which the people see as representing the nature of reality, as adequate to comprehend reality and resolve problems.

African proverbs constitute one important and strategic area where African philosophy can be extracted and alembicated. The fact that there is philosophy in proverbs is of extra significance for African philosophy for the well known reason that ancient African philosophy was not preserved in writing at least in respect of Africa South of the Sahara. Consequently, proverbs together with names, oral interviews, folk tales, myths, music, traditional and cultural practices and even archaeological findings or excavations have proved very helpful or can be very helpful to the study of ancient African philosophy.

Proverbs are to the traditional African what the Bible or the Koran is to the religious leader; where the religious leader would reach for a passage in the Holy book, the African would reach for a proverb. Proverbs are to the traditional African what a book is to a student; he studied and mastered proverbs just as a student studies his subject matter in books. Proverbs are to the traditional elders a pedagogical instrument to educate the youths just as the modern formal schooling system is an educational forum for instructing the youths. Where the scholar would quote recognised authorities in his areas of specialisation, reach for beautiful and sometimes bombastic and high valued expressions in language to parade his erudition, the traditional African used proverbs to perform similar duties.

In formal modern schooling systems, primary school, secondary school or university, certificates provide a scale of ranking and placement in learning; a knowledge, mastery and appropriate usage of proverbs in traditional societies also provided a scale of ranking and placement in learning. Of course, there were no formal certificates to show for that but the ranking was public knowledge and in some communities it is even formalised. The Uchi (Auchi)people for example, talk in this sort of ranking and placement, of a person who is 'a child of proverbs'. By this ranking you can find an old man or elder who is actually placed as 'a child' or 'youth in proverbs' while there can be a young person who is generally acknowledged to be 'old in proverbs'. But the elder who is old in proverbs and full of wisdom is the equivalent of the modern day emeritus professor.

Computers, libraries and books are also in some respects modern day equivalents of proverbs; through them the traditional African stores his culture, learning, knowledge, philosophy and indeed his entire civilisation with many references and many retrieval. Traditionally, one can say that what is not a people's proverb is not real. One can also go on to say that, for the traditional

African, what is not or cannot be put in proverbs, is not knowable. For anything to be known has to be put into proverbs and for anything to be de-known has to be removed from proverbs. Proverbs present the last authority on the communal or public aspect of a people's beliefs or philosophy on any concept or issue. In short and in summary, for the traditional African, to be is to be in proverbs, and not to be is not to be in proverbs.

One theme where the authority of proverbs will help establish the correct state of affairs is the question of women - the place and status of women in traditional societies. Without recourse to proverbs, I have argued for a similar conclusion elsewhere. The question I sought to answer there was and still is: are women assigned inferior roles and status in traditional African societies? I drew attention to the fact that the role of women in African indigenous societies varies with the social setting and circum-tances. The role and status of a female as a girl, a mother and as a woman, as a member of the community are not the same. I pointed out what is an invariable feature in the upbringing of children, male and female, in traditional societies. This is the inculcation of deference and respect for elders. The upshot of the development of this proposition is that a wife respects her husband not just because her husband is a man but also because, in most if not in all cases, the husband is senior to the wife in age. In non-marital and other social situations, a female is ranked and placed on the basis of age, not sex. In traditional African societies virtually all matured girls were married and they respected and obeyed their husbands. Those who were not of marriageable age had their parents and elders in the extended family system to obey and respect. Whether in marriage or not, the female was caught in the trap of obedience, deference and respect of the concept of eldership in traditional African societies. A situation was thus created where, to an alien, it would seem that the woman occupied a subordinate position in the scheme of things. Even though no scholar before now has linked a wife's respect to the concept of eldership in African societies, there are some scholars who recognise the fact that in traditional African societies women were not oppressed, suppressed or subjugated. These scholars also argue that women do not regard themselves as an under-privileged class as against a class of men with whom they seek to gain social equality.

A study of some African proverbs lends credence to the above conclusion. Every year for ten years I have always assigned the topic 'The philosophical significance (relevance, implication) of African proverbs' to both my undergraduate and postgraduate students in African philosophy course. There was no paper without a proverb on women. All the proverbs in this respect point to the fact that in Nigerian traditional societies women were held in the highest esteem. In fact a common proverb running through all the papers is to the effect that the man who does not fear or respect women does not fear or respect God himself. In other words: woman is almost being placed next to God in the order of things. Even today the Urhobo or Benin man who has no family shrine in his residence is advised to isolate an area in the house with a white cloth, put some collection of concocted objects inside, dab with blood or even red paint or tonic and ask his wife to keep away as the place is barred to entry by any woman. The belief is that a shrine is one of the few things whose presence in the house can make a wife fear, not only respect her husband. Even then, a Kusuv proverb allows that 'when a herbalist's shrine is on fire and there are no men around, it is the duty of the women to fight and put out the fire'.

Uchi people say that in moments of crisis a man is too insignificant for a woman to confront, that in the beginning God himself was confronted by woman. According to Saliu Ikahro - an Uchi elder - the head of a family, who wants to have peace in his household, should keep an eye on his wife or wives. Woman by nature, he says, is a very powerful person in the sense of being fearless and dogged. Ikahro says that woman, showed the fearless stuff she was made of the creator wanted to send her to the world. Ikahro was discussing his own version of the story of creation from the point where God started despatching different creatures to the world with their assigned functions.

When it came to woman's turn, God told her that her function in the world was marriage with the opposite sex. Woman pretended that she did not hear God, and requested that God repeat himself. God repeated himself so loudly that the whole world vibrated. Whereupon woman said, addressing God: 'I am not deaf. You know that I am not deaf because you created me. Why then should you shout at me? I will like to go to the world to see what it is like. As for marrying man, not me; I will not marry man. I thank you for creating me a woman; I reject the function that goes with it. The worst thing that you can do to me is to take my life. You have control over it. I have not lived the life, so you are not depriving me of anything if you took it back. I will go to the world, but marriage, not for me.'

God was shocked by this unwarranted outburst on the part of woman. Others present were dumbfounded. Creatures began scattering to different directions afraid that God would get enraged as to wipe out everything he had created. Ikharo said that what shocked God most was woman's thought that he (God) could kill his own creatures. God asked woman if he heard her right when she said that he could take her life if he wanted. 'Yes', replied the woman, 'I said that'. After a long silence, God dismissed his creatures and said that woman's function was marriage, man later took it upon himself to approach woman for marriage. Otherwise marriage would have been automatic, compulsory, mechanical and once consummated, could not be broken. On account of his epic confrontation an Uchi proverb asks: 'If woman could stand up to God, who is man or the King?'

There are many African proverbs relating to time. Some of these proverbs are:

- A person's inner spirit does not guard him beyond dusk.
- In sunshine or in rain, the productive man keeps busy and working.
- Your enemy may be absent but his spirit is listening.
- The giant who refuses homage to elders and the ancestors will soon be pricked by thorn in the market square.
- The thief is being given advice but his spirit is stealing yams in the farm.
- You do not need light to examine in the dark someone you already know in the daytime.
- Time is in full control of our lives.
- Nobody will miss his or her time in this world.
- He who fiddles with his time is merely wasting his luck.
- If money were time, the vagabond will always be in want of money.
- Time moves very fast.
- Don't behave as if you have seen tomorrow from the top of a tree.
- None knows what tomorrow holds.
- Time unfolds events.

These proverbs on time or relating to time are a few selections of the Auch (Uchi) and Yoruba proverbs on time. Mr. Dimeji Ajikobi of the Department of African Languages and Literatures, University of Lagos, Nigeria, wrote out for me many Yoruba proverbs on time out of which I selected a few; but for the metaphysics of time I will use only one proverb. The Uchi people are in the present Edo State of Nigeria. This proverb is not unique to the Uchi people. The proverb captures the essence of our symposium. The thesis of the proverb packages time into a continuum with the past as a base.

The Uchi proverb: 'Nothing can be that never has been' recurs in one form or the other in the proverbs of many other Nigerian ethnic groups. For example: 'Nothing is that never was', 'Nothing is new under the sun', 'nothing can ever occur now which has never occurred before'. Physically or spiritually, there is nothing new and 'there are only discoveries, not inventions' are some of the proverbs which carry similar messages, and exemplify the same metaphysical principle.

The first and popular application of the metaphysical principle 'nothing is that never was' is in the realm of the social and the moral. It is a saying that is very appropriate in moments of crisis, bereavement and misfortune. A child, a youth or an elder dies; a person is seriously ill; a person dies in a ghastly accident; a king dies; a wife is caught flirting; a painful lie is told against someone; a student fails in an examination; there is drought in a community; defeat in war; betrayal of trust; loss of investment; locust invasion; flood caused by heavy rains; pestilence; non-performance by the Gods et cetera. In this respect, the proverb carries a message of consolation. By it the person or the community affected is asked to take heart. It is the proverb which a Christian or a Muslim religious leader has in mind when he says, 'God or Allah knows best'. By what seems to be a psychological law of nature, man is better able to cope or at least accept a misfortune if he is assured that he was not the first to be so unfortunate. In other words, man goes about with a higher conscience if he is assured that what happened to him is part of the furniture of the world, has been so, is now and will continue to be so.

The same reasoning holds good if what happened to someone is something of joy, good luck, blessing or big fortune. The same proverb acts as a check on undue exuberance, overexcitement, pride or arrogance. Thus the proverb helps to remind a man who is very successful in his area of en-eavour especially the rich, that he is not the first, he is not unique or exclusive and not the last. In other words, the proverb asks him to watch it and not to get carried away. It is the proverb which the Muslim or Christian religious leader has in mind anytime he says 'It is the wish (or blessing) of Allah or God'. A man's tendency to arrogance or pride on account of a perceived success or fortune in life is definitely moderated and restrained when he is confronted with that proverb.

The proverb 'nothing can be that never has been' or 'nothing is that never was', is in social and moral context a principle of moderation and communality. It is a principle of moderation in the sense that, if it is in relation to the bad, one is consoled not to be over grieved and if it is in relation to the good, one is cautioned not to be haughty, arrogant or self-conceited. It is a principle of communality in the sense that no one is believed immune to the bad or the evil and no one is believed excluded from the good whether in fortune or in blessing. Experience in the experience of a particular state of affairs is communal because any member of the community can be in that state of affairs at any time.

As it relates to knowledge, learning science and technology, the implication of the proverb is clear. There is nothing new to know, what is being learnt or known is what is already there or what has been. The wisest elder or person in a community cannot be wiser than the ancestors who have been, who know what was and is. The existing knowledge, learning or culture of a society is not new, it can be improved upon, reinterpreted and enlarged but the basic ingredients are easily recognisable as pre-existing. There is no doubt that Plato's theory of knowledge as recollection may have been influenced by such a proverb especially when it is linked with its mystical dimension.

The statement 'nothing is that never was' is what it says, nothing more and nothing less. The statement says that whatever may happen today or in the future must have happened before in the past. It does not say that whatever happened in the past must happen again in the present or in the future. The statement does not imply that present or future actions or events have their antecedents in the sense of causal antecedents in the past. In other words, it is not a deterministic thesis. Nor is it a fatalistic one. The statement also clearly should not be interpreted to mean some such view that history repeats itself. To understand it thus is to convert it thus: 'whatever happened before must happen again'.

The proverb cannot mean that because Africans know that certain events or occurrences happened once and for all or to exist in perpetuity. When I, a particular individual today, a particular day, in the afternoon, a particular afternoon, felt hungry, I ate lunch. The I of that moment in that particular afternoon who ate lunch that day, is a bundle of events or actions that occurred once and for all. It is what was and there is absolutely no way it can be what is today or will be tomorrow. The same reasoning applies when I in a particular time and space wed a particular girl. Such an event happens once and for all. Meanwhile hunger is still a part of reality, eating lunch is still a way of life and wedding bells still ring all over the place. But a particular eating of a lunch or a particular wedding is a *was* and cannot be an *is* either in the present or in the future.

In a metaphysical sense what exists eternally or in perpetuity are things like Reality or Creation. Reality is something that is already there and will continue, unbroken or uninterrupted, to be there. We came to the world to meet reality, we live reality and in between, amidst, below, above, and sometimes for reality and when we leave the world we'll leave reality behind.

Closely allied to Creation is God and his existence. God exists for eternity and his existence is not something that can come into being for anyone to say it is not a surprise because it once was. As for God, Gods and ancestors they were and still are in terms of utility and protection. God is the Father of Creation. God and Creation were and they'll continue to be. They cannot come to being in the present or in the future because once in existence they will continue to be in existence.

But creatures of creation are self-generating if belief in reincarnation is true. Whether one believes in reincarnation or not, what is of immediate concern for our purposes is that the proverb 'nothing is that never was' supports a belief in the doctrine of re-incarnation or rebirth. The position is simply that a human being, a plant, animal or mineral that is existing or alive in the present must have been around before. He or it is not now in the world for the first time. It must be conceded that not isolated interpretation of the proverb can yield the position that creatures, once created by God, are self-generating. We arrive at this conclusion only when we take the proverb together in conjunction with African ancestral beliefs and the inactivity and passiveness of God after creating (deism).

Considered from this angle, the proverb does not seem to discountenance the possibility that body and soul can incarnate. This is because a body that never was, cannot now be. The Yoruba belief in *abiku* - one born to die - to be born almost immediately again by the same mother was made plausible on physical, not psychical or soul elements; if this is the case the possibility remains wide open that no body can be in existence that was not once in existence. It is entirely another question whether a person goes through successive reincarnations with his soul in his primordial body. It just might be that while one soul remains the same through all existences, the body in which it inheres in a particular life, varies. Even though the proverb cannot provide answers to some of these questions, one implication of the proverb clearly is that the number of souls and the number of bodies now existing, must have been before.

Again the statement should not be taken to imply the position that any soul or body now existing must exist in the future. For it is possible that what is now, may not be again. God may decide to hold back some bodies and souls for some time or for ever. Some ancestors may decide, on account of neglect by their forebears, not to reincarnate in their respective households or families. These possibilities, all of which are applications of the proverb under consideration, are quite consistent with the world-view of most African people.

I have not set out to discuss the, or an African doctrine of reincarnation. All I have done is to show that the doctrine can be derived from the proverb in focus. Whether a person must, for example, reincarnate as a human being or sometimes as an animal or plant, is not a question that can be easily answered on the surface of the proverb. If, however, it is ever shown that a human being reincarnated as an animal, or that an animal reincarnated as a human being, all that one is entitled to say is that it must have happened before.

One can also see how African social and religious beliefs are derived from the metaphysical principle in question. If God is deistic, if the soul is immortal, if rebirth is possible through ancestors who together with spirits and Gods, play a major role in the everyday affairs of the individual, it is easy to see how one can account for good and evil on the basis of the proverb. Such an account does not hold God responsible for the occurrence of evil in the world.

There are some other implications one can draw from the proverb under focus but one has to be a bit careful not to reach philosophical territories which would lie outside the traditional metaphysical terrains of the proverbs. In other words, one has to do African philosophy in a way that it will make sense and be acceptable to the African, especially the African elder or sage. Otherwise one would be involved in a mere academic exercise of displaying professional competence to the amusement or satisfaction of Western philosophy and philosophers. To be psychologically amused or satisfied is not to be intellectually informed or edified.

In conclusion, I point out that the situation with African proverbs is not exactly all that a rosy affair. In an important sense African proverbs have contributed to the corruption and social malady in African societies; to cure their ills these proverbs have to be changed or de-known. I have said that for the traditional African, to be is to be in proverbs and not to be is not to be in proverbs. I also contend that this statement has immense pedagogical and ideological implications.

We have talked of, and talk of the traditional African as if he is of archival interest only. But it is a well known fact that modern Africa is made up of at least seventy percent 'rural' Africa which by definition is largely traditional. Even the remaining thirty percent which can be said to be modern or urban, has traditional and rural roots or at least is still under the immense way and influence of traditional world-views. We can conveniently ignore these thirty percent, but we still have a massive majority of seventy percent who are rural and traditional. For anything to be meaningful and acceptable to the majority of Africans it has to be put in proverbs. This is one very important aspect of our culture which educationists have tended to ignore. It is easier to reach and teach a people on their terms and through the medium they can easily empathise with.

This is not a paper on education except that in African philosophy reality is all-embracing; holism, not atomism, is the word. Everything is interwoven and inter-linked and our leaders and educationists should take the fact seriously. Illiterate elders in our communities must be woven with our educational systems. Lecturers in departments of African studies, languages and literatures, philosophy, history, sociology and anthropology should be coopted to weave proverbs out of educational materials. These proverbs should then be passed on to the elders who need no lessons about what to do or how or when to use them. That way the African child or youth will learn better and faster. That way formal learning in schools will be in harmony, an extension of informal learning at home and in the community.

There are some offensive and repugnant proverbs which must be taken out of circulation and be de-known if African countries are really to succeed in building an honest society of citizens with integrity. A cursory glance at papers on proverbs submitted by undergraduate and postgraduate students for a ten year period show the abundance of proverbs such as:

Tiv proverb:	'A person on top of a tree with ripe fruits will normally make sure his brother gets the best fruit'.
Yoruba proverb:	'A man who lives in the riverine area does not wash his hand with spittle'.
Bendel proverb:	'God can on occasions, provide pounded yams without lumps'.
Yoruba proverb:	'Enjoy life now, tomorrow may be too late'.
Rivers proverb:	'God caters for the bird who has no fish pond'.
Igbo proverb:	'A cub does not chew grass'.
Yoruba proverb:	'Pocketing kolanuts from another person's farm is not stealing but carrying them (with baskets) is'.

The implications of the proverbs above and others like them are clear. And how many Nigerians holding political, public or strategic offices have supplied to the entreaties of relations, friends and community leaders who call armed with such proverbs. The proverb of the Tiv or something with a similar import seems to be present in almost all the proverbs of Nigerian people. In its place, we need a proverb like: 'A person whose relation is picking fruits, has a duty to ensure that the fruits are equally and fairly shared'.

De mon village il y a cent ans: perception du temps et conscience du développement du monde[1]

Dangui Sissoko, Bamako (Mali)

De mon village il y a cent ans: perception du temps et conscience du développement du monde - hommage à un grand-père visionnaire, tel est le titre de la communication qui suit. A la vérité, celle-ci se veut plutôt un petit essai qui, en une dizaine de pages, tente le pari d'identifier et d'esquisser le contour d'une figure de 'développeur' que vous ne trouverez pas dans nos listes les plus exhaustives, officielles comme informelles, d'agents et d'agences de développement. Et pour cause!, - c'est une figure qui, pour des raisons à la fois métaphysiques (eschatologiques), de logique dialectique et d'efficacité pratique et même pragmatique, excelle à effacer consciemment tout ce qui peut nous permettre de la reconnaître et de la tenir pour ce qu'elle est: le 'développeur' n°1 au plan humain et social ...

En la figure d'un de mes grands-pères, ce type de concepteurs-acteurs-réalisateurs de développement sera ici décrite dans son habitat naturel (le peuple dispersé en communautés villageoises), éclairé en pleine activité de direction et de gestion quotidiennes des hommes, dans ce qu'on pourrait appeler à la fois son élément et son aliment de prédilection: l'anonymat.

La pédagogie qui l'a formé, sa psychologie, personnelle et sociale, autant que sa perception du développement, de l'univers, du temps et de l'eschatologie, etc, nous ont intéressé, bien que, à l'évidence, les dix pages autorisées ne nous aient permis que le survol d'un coup d'aile! A lui et à tous ses pareils, hommage à la fois sincère, déférent et admiratif a été rendu pour leur contribution, d'autant plus insigne qu'anonyme, à l'acquisition de nos indépendances nationales sans l'effusion du sang des jeunes générations que nous sommes.

Enfin, ce modeste essai, pour finir, présentera quelques exemples de chantiers où se conjuguent et se réalisent aujourd'hui le rêve de nos grands-pères et pères et les aspirations des générations montantes pour un monde meilleur à tous points de vue: usines et entreprises cogérées en sociétés anonymes (S.A.) par des ressortissants de nations différentes, coopérations d'Etat à Etat autant que multilatérales et de plus en plus décentralisées.

Etudes de philosophie interculturelle, tome 8 (1997), p. 205-216

'Toujours se fait cela seul dont l'eau est montée! Quand en vue d'une chose, l'eau est montée, cette chose se réalise immanquablement! Quand le temps d'une chose est arrivé, celle-ci s'accomplit et à chaque chose son soleil!' Ces adages et bien d'autres semblables sont du Manding du temps où on disait ce qu'on pensait et faisait ce qu'on disait et, inversement, l'agir conformant le réel au dire qui ne faisait qu'un avec le penser!

A quelles conditions était possible cette magie qui réalisait l'unité du passé, du présent et du futur en faisant en sorte que le conçu, le prévu et le résultat soient un? Comment et par qui étaient formées ceux-là qui, capables de tenir ferme dans leur poing le continuum espace-temps et son continu le resserraient et le déployaient pour ainsi dire à volonté?

Avant de nous pencher sur ces questions et avant, éventuellement, de les prolonger et de les proposer à ceux qui nous ont, directement ou indirectement, commis à la charge de nous développer, politiciens, administrateurs, économistes planificateurs, et cetera, on doit questionner cette magie elle-même: est-elle autre chose justement que le sens péjoratif de ce mot, à savoir illusion, vent, mythe, mystification et affabulation de, sur et à propos de l'Afrique traditionnelle romancée?

A cette question ainsi qu'aux trois interrogations par lesquelles Friedrich Nietzsche[2] termine une de ses plus belles et profondes pages que chacun devrait méditer, surtout dans nos instituts de formation et de recherche, ma réponse est un oui inconditionnel. Mon argument, mon argumentation, mes faits, preuves, vérités et vérifications: la réalité historique, la biographie d'un grand-père que j'ai vu, son intuition de l'avenir que l'histoire de mon pays et du monde confirme, point par point, depuis plus de cinquante ans! En vérité, je devrais dire: ... de mes grand-pères, puisqu'ils sont, pour ainsi dire, légion de par mon pays, le Mali! Mais pour respecter les conditions de cette communication, je me limiterai à Ansoumaniba Keita (tels sont ses prénom et nom) de Sakhola, l'un des trois noms que le concours, organisé de part monts et vallées, n'a pas pu départager au sein d'une pléiade, d'une constellation de grands sorciers de mon pays, ce mot de sorcier devant être pris ici en son sens laudatif, contrairement à son acception courante.

Ce concours en lui-même, comme ensemble de tests d'évaluation des plus grands savants et sages du pays, comme épreuves surmontées et défis relevés par ceux qui ont liquidé le continuum Espace-Temps en franchissant l'horizon (le dernier?), ce concours, disons-nous, mériterait à lui seul un certain temps de recherches débouchant sur, à tout le moins, une communication, Ici, nous allons essayer de mener les deux tâches de front (l'évaluation et l'agir ultérieur de l'évalué) en suivant Ansoumaniba Keita dans la direction et la gestion à la fois quotidienne à court, moyen et long terme non seulement de sa communauté villageoise et de la parenté et alliés avoisinants, mais aussi des pays limitrophes et du reste du monde lointain.

Ici, encore une fois, nous sommes obligés de choisir seulement quelques faits vérifiés (et vérifiables par tout un chacun), en nous limitant aux quatre horizons spatio-temporelles que nous venons de déterminer. Ces faits, dont certains témoins et acteurs vivent encore avec, en leur possession, des documents écrits inédits, peuvent être présentés comme la partie visible de l'iceberg dont nous devons sonder la partie immergée pour essayer de déterminer les différents niveaux de perception du temps en relation avec non seulement un modèle de développement endogène, sui generis, mais encore à celui-ci comme à une variante de ce qui est luisance infinie. Mais auparavant, voici ces faits.

1. Il est de notoriété publique que Ansoumaniba n'entreprenait rien d'important sans un sacrifice sanglant allant de l'humble poulet au taureau accompli: lancement de la campagne annuelle agricole ou d'empaillage, demande ou offre de la main d'une jeune fille en mariage, rites de circoncision et d'initiation des jeunes gens du village, projet de voyage qu'il doit effectuer lui-même (très rarement, mais non du jamais vu, comme nous le verrons ci-dessous) ou qu'un des siens doit entreprendre, et cetera ...

2. Tout aussi de notoriété publique était le fait que Ansoumaniba appelait intempestivement sa femme favorite, Maryama, pour lui donner l'ordre d'entrer dans la cuisine et de préparer telles qualité et quantité de repas pour tel moment précis, bref, de mettre les petits plats dans les grands, comme si des hôtes de marque étaient en chemin vers lui! Et de fait, le repas n'était pas dans les plats qu'on entendait saluer des étrangers à un bout ou à un autre du petit village de Sakhola abrité du soleil et des vents par ses dizaines de baobabs aux troncs énormes et presque séculaires. Au début de ces expériences, Maryama s'indignait d'autant plus que les ordres du mari pouvaient survenir peu de temps après un repas normal. Devant la fréquence et surtout la précision effrayante du fait, elle finit par s'habituer et se levait sans protester, même la nuit!

De même, Ansoumaniba provoquait la stupeur et l'admiration de certains de ses hôtes ainsi arrivés et accueillis en leur rapportant jusqu'au menu détail certaines des conversations que ces derniers avaient eues quelques jours auparavant.

3. Un jour, alors qu'il était entre neuf et dix heures du matin et que les gens vaquaient à leurs activités habituelles dans et hors du village et que lui, Ansoumaniba, comme à son habitude, était couché sous l'arbre à palabres, à la place publique, on entendit venir de la brousse environnante des cris de détresse qui s'amplifiaient en son et en désespoir au fur et à mesure que le malheureux approchait du village. On aurait dit un possédé! Et tous ceux qui étaient présents d'accourir à la fois pour savoir et secourir. C'était une adolescente du village partie en brousse avec un groupe de jeunes de son âge que ses vociférations soudaines avaient tout aussi bien surpris qu'effrayer, d'autant qu'à vue d'oeil, la jeune fille n'avait rien d'anormal: ni chute, ni blessure, rien apparemment qui justifiait son extrême agitation. C'est alors que Ansoumaniba, resté silencieux et comme absent jusqu'alors, se leva et marcha vers la malheureuse, les deux bras ouverts comme pour que celle-ci vînt s'y jeter! Ce qu'elle fit, en effet. Et Ansoumaniba d'ouvrir avec une certaine force les deux poings, fermés et fermes de la jeune fille. On ne les avait pas remarqués: elle n'était pas revenue les mains vides, dit mon grand-père! Les poings de la patiente n'étaient pas rouverts que sa poitrine expulsa la pression. En délivrant, elle s'était délivrée ou, plutôt, mon grand-père l'avait délivrée!

4. A propos de Ansoumaniba, les faits de ce genre ne se comptaient plus à Sakhola et dans les villages de 10 à 50 km à la ronde, où il lui arrivait de dépêcher un émissaire pour prévenir un parent ou un allié d'un danger imminent et du moyen de l'éviter, moyen qui consistait souvent en abandon du village, allant de quelques heures à quelques jours.

Un tel pouvoir, dont les prévisions – j'allais dire prédictions – se réalisent immanquablement, ne fait pas que des admirateurs fascinés et dociles. Il suscite, tout aussi immanquablement, des ennemis irréductibles et, le plus souvent, pour ne pas dire toujours, au sein même de la communauté qui a produit le pouvoir en question. Qui est prophète en son pays?

C'est ainsi qu'un jour, alors qu'il n'avait rien annoncé à Maryama, de l'autre bout de Sakhola, on vint saluer Ansoumaniba de la part d'étrangers qui disaient venir de la montagne (Tambaoura) et tenaient expressément à lui dire, en plus de leurs salutations, qu'ils étaient venus! Insolence énigmatique à laquelle, imperturbable, comme à son habitude, Ansoumaniba réagit immédiatement en leur faisant apporter dans leur famille hôte de superbes noix de cola sur une vannerie neuve et multicolore couvrant un plat de crème de lait au couscous. Nos hôtes, qui sortaient un à un des bains que leur logeur leur avait fait verser afin qu'ils se délassassent des fatigues de leur long voyage à travers montagne et vallée, n'avaient pas fini de s'étonner de la promptitude de l'hospitalité de Ansoumaniba que celui-ci se présenta en personne pour, dit-il, saluer ceux qui étaient venus de si loin et leur souhaiter la bienvenue à Sakhola!

Quand, une ou deux heures plus tard, après avoir rendu la politesse par une visite de courtoisie, les visiteurs retournèrent chez leur hôte en compagnie de ce dernier, comme le voulait la coutume pour les étrangers de marque, ils trouvèrent un bélier magnifique que Ansoumaniba offrit pour, fit-il dire, le dîner des étrangers! A cette annonce, ceux-ci se regardèrent et prièrent le logeur tout aussi discrètement de les laisser se reposer quelques instants. Ce qui fut fait ...

Au petit soir, ils convoquèrent leurs commanditaires et acolytes du village pour une entrevue à huis-clos ('Dummo') avant de descendre le Tambaoura (montagne), dirent-ils, nous avions bandé les arcs et visé de façon irréversible. Or, il se trouvait que de par son comportement, Ansoumaniba ne pouvait pas du tout être atteint. Et puisqu'il s'était mis, lui, hors de portée, la logique des arcs bandés de ce genre exigeait à tout le moins une autre victime, préférablement l'un quelconque des commanditaires du meurtre avorté. Que chacun se protégeât donc comme il pouvait des flèches mortelles attendues la nuit ou très tôt le matin!

Sans parole ni murmure et sur la pointe des pieds, nos conspirateurs quittèrent le village avant le coucher du soleil!

Le matin, les tueurs à gages vinrent dire au revoir à celui qui devait être leur victime. Ansoumaniba tint, protocle de sage, protocle entre initiés, à accompagner personnellement hors du village ses nouveaux amis. Il acheva de les mettre de son côté quand, tendant la main pour leur souhaiter bon retour dans leur foyer, il leur donna très discrètement des pépites d'or. Face à tant de science et de bonté, les étrangers s'obligèrent à des révélations confidentielles: ils avaient été payés par des frères ('Fadèn, Faden-ya') de Ansoumaniba pour le supprimer sans laisser de trace, 'l'égorger dans du linge blanc sans que celui-ci ait la moindre tache de sang', dit l'expression métaphorique de chez nous!

Ansoumaniba, avaient dit ses faux-frères accusateurs, était un autocrate s'appuyant sur sa science qu'il croyait plus grande que celle de tout le monde, de tout autre savant au monde! Il leur avait été dépeint sous les traits d'un insolent, arrogant et arbitraire potentat ...

Comme toute réponse, Ansoumaniba demanda que les flèches ne soient pas lâchées contre ceux qui avaient payé pour sa mort, disant qu'ils étaient jeunes et ne savaient pas toujours, de ce fait, le sens second, troisième, Nième des choses apparentes. Il promit de leur parler ...

Quelques jours plus tard, il tint parole sous le grand baobab: au crépuscule du jour du retour des fugitifs, après le dîner commun, il les retint sans y paraître, le temps que les autres convives se dispersassent à leur habitude. Il dit alors avec beaucoup d'humilité aux conjurés que lui, Ansoumaniba, n'était que leur frère avec le même sang dans les veines, ne valant ni plus ni moins que le plus jeune ou le plus pauvre d'entre eux! Le privilège qu'il avait de leur donner des ordres n'était que celui du temps, c'est-à-dire de l'âge qu'il leur souhaitait d'avoir pour à leur tour, répondre de la communauté de jour comme de nuit. Ce privilège, il les assurait, n'était pas celui du sang ou de l'essence! Et de continuer avec toujours plus de vérité et d'humilité. L'entretien prit fin par quelque conjuré pleurant et quelque autre dont le bas avait parlé!

Ces quatre faits, pris parmi tant d'autres et rapportés ci-dessus, permettent de se faire une certaine idée de la maîtrise que Ansoumaniba avait dans la gestion quotidienne et à court terme de la communauté dont il était le chef. Les six autres faits qui suivent, eux, tout en abondant dans le même sens, concernent le moyen et le long termes non seulement de Sakhola et de ses environs, mais de tout le Mali (avant la lettre) et du reste du monde.

5. D'abord ses rapports avec l'Administration coloniale. Un jour, l'administrateur des colonies, en charge de Kéniéba dont relevait et relève toujours Sakhola, arriva dans cette dernière localité en tournée de recensement de la population. Il était accompagné non seulement de gardes, commis et autres porteurs et serviteurs, comme c'était la coutume, mais encore, fait rare, de sa femme. Comme on peut le deviner aisément, le voyage de ce beau monde, le plus prestigieux dans le contexte de l'époque, n'allait pas sans agitations, émois et intrigues de toutes sortes à travers cantons et villages traversés, entre chefs eux-mêmes et entre chefs et populations ...

Ansoumaniba accueillit les hautes autorités avec tant de brio que la femme du Commandant, ravie par la sérénité de ce chef de village sortant du commun, demanda à son mari non seulement de le confirmer chef de Sakhola, mais de lui confier tout le canton. Quand l'interprète traduisit la suggestion, Ansoumaniba sourit avec beaucoup de douceur et d'humilité en remerciant avec chaleur et retenue, comme il en avait le secret, tout en déclinant l'offre. La royauté pour laquelle certains tuaient d'autres, ne l'intéressait pas! Il ne sera pas roi! ...

6. Toujours dans le cadre de ses rapports avec l'administration coloniale, Ansoumaniba fut convoqué un jour à se rendre à Kéniéba, chef lieu de poste. L'impôt de capitation ne rentrait pas et le Commandant était en colère. Tous les chefs de cantons et de villages étaient réunis et il y avait foule autour des bureaux du Commandant. Kéniéba était profondément agitée. Seulement deux choix s'offraient à qui entrait dans le bureau de l'administrateur colonial: verser l'intégralité de l'impôt des villages en charge et se trouver libre, ou être conduit, séance tenante et publiquement, par un garde cercle, en prison: comble de honte, de déshonneur, de déchéance au milieu non seulement des ennemis et des 'Fadèn' mais encore, pire, des amis, alliés, fils, filles et surtout gendres impuissants! Terrorisés au possible et pour toutes sortes de raisons (qui donc n'avait absolument rien à se reprocher? C'eût été le cas, encore aurait-il fallu le savoir!) avant de franchir le seuil du le bureau du chef suprême, réputé être sinon un dieu du moins un djinn, les chefs traditionnels rivalisaient de cadeaux et d'intrigues auprès de l'entourage du Commandant. Les uns, dont le montant de l'impôt n'était pas complet, cherchaient à se sauver de l'opprobre de la prison alors que d'autres, qui n'avaient pas de souci de ce côté là, cherchaient à perdre ou, a tout le moins, à calomnier leurs ennemis. A ces fins, les uns et les autres, discrètement et habilement, se renseignaient auprès de qui avait quelque réputation à cet effet ...

Interrogé par certains de ses pairs sur le montant de son impôt Ansoumaniba répondit qu'il n'avait pas pu réunir toute la somme due et qu'il s'apprêtait à aller chercher le reliquat auprès de quelque parent ou allié au centre-ville. A cette nouvelle, ses ennemis jubilaient. Pour une fois, disaient-ils, son étoile l'a lâché ou, plutôt, sa djinne, puisqu'on tenait ses prodiges pour l'oeuvre d'une jeune fille djinne qui avait, avant qu'elle se marie, élu Ansoumaniba comme amant. On disait et on dit toujours dans le pays que ce genre de faits, bien que rarissimes, n'étaient pas si inouïs. Ce n'est peut-être pas ici et maintenant le lieu et le temps de disserter sur cela. Toujours est-il que Ansoumaniba, en allant à la recherche de la somme complémentaire, fit un détour par la résidence du chef blanc: fait encore plus extraordinaire que l'histoire de la djinne amante, il réussit à serrer les petites mains blanches, fines et délicates de Madame la Commandante et à y déposer tout aussi délicatement et discrètement une bague en or pur du Bouné qu'il avait fait faire à cet effet.

Ravie, la femme du Commandant fit immédiatement venir son mari et lui raconta cette rencontre! Celui-ci, tout aussi immédiatement, retourna à son bureau et fit publiquement rechercher et identifier le chef traditionnel non pas insolent –on pouvait craindre cette interprétation- mais insolite. Quand il l'eut en face de lui, il ordonna à ses interprètes et garde de saisir un ovin mâle adulte dans le troupeau constitué ce jour par les cadeaux offerts par les chefs traditionnels et de le donner au chef de village de Sakhola!

Aujourd'hui encore, on se pose des questions et on spécule sur le détail de cet épisode heureux. En tous cas, le reliquat de l'impôt de Sakhola, si reliquat il y avait, n'a plus été un problème!

De la part de Ansoumaniba, des faits du genre de ceux qui précèdent, on pourrait en rapporter à satiété si la raison (je devrais dire plus justement l'esprit!), à bon droit, ne se lassait pas très vite d'une telle litanie pour exiger non seulement plus, mais l'ultime fait ou acte fondateur, par delà l'étonnant circonstanciel, spatio-temporel, si constant qu'il ait été et demeure, précisément à cause de cette constance! Cette direction de réflexion et de recherches qui, en nous amenant à affronter les premières interrogations par lesquelles nous avons commencé cette communication, et qui nous conduit au coeur du thème central de ce symposium (conscience du temps et du développement en Afrique noire) doit souffrir pourtant que je m'attarde encore un instant à l'école de développement de mon grand-père (j'ai plaisir à m'y attarder, je l'avoue, car c'est non seulement une école de méditation sur la vie tournée vers l'avenir, mais encore un enseignement dont l'ambition ultime avouée est de nous rendre maîtres de l'eschatologie humaine et même universelle) pour citer rapidement trois ou quatre faits qu'il prédisait souvent et que l'avenir, quarante à cinquante ans après sa mort, a vérifié et continue de vérifier. Pour les faits se rapportant au très long terme, je vais volontairement les taire pour des raisons diverses auxquelles ne sont pas étrangères les conditions de temps et d'espace imposées à ce papier ...

7 et 8. Dans la dernière phase de sa vie mon grand-père, un jour, reçut la visite remarquée du Commandant de cercle de Bafoulabé dont relevait Kéniéba. L'administrateur colonial était fortement accompagné dans cette visite sans but officiel annoncé et demeura, autre caractère, insolite, plusieurs jours dans le tout petit village de Sakhola (une famille étendue plutôt qu'un village). Que s'étaient dit les hôtes? Les réponses recueillies restent évasives. Il est vrai que

les entretiens étaient à huis-clos, des tête-à tête dont, peut-être, l'interprète du Grand Commandant était le seul témoin. Et encore! Tant il est vrai que les sages, pour communiquer leurs pensées, n'ont pas toujours besoin de témoin interprète: Héraclite d'Ephèse dit que le Dieu, dont l'oracle est à Delphes, ne parle ni ne dissimule mais envoie des signes!

Aujourd'hui, des recherches du côté de Bafoulabé, Bamako-Koulouba, Dakar, voire Paris, pourraient être fructueuses, surtout que l'administration coloniale, non seulement française mais anglaise, aussi bien en Afrique noire qu'en Asie et, très probablement, ailleurs aussi, a non seulement connu l'existence de cette science et sagesse locales, mais très judicieusement mis à profit leurs conseils et recommandations. Mon grand-père, qui avait l'habitude d'inviter expressément les aînés de ses enfants - dont certains de ses filles - à venir s'informer auprès de lui sur l'avenir du monde, nous a laissé suffisamment de renseignements et d'informations pour que nous puissions lever plus qu'un coin de voile, un pan de rideau sur la substance de ces 'Dummo' (huis-clos).

Une des prédictions à long terme que faisait mon grand-père à qui voulait l'entendre était non seulement la fin du colonialisme de plus en plus évidente à partir des années 40-50 de notre siècle, et aussi les mariages mixtes - entre blancs et noirs - mais le retour inéluctable des blancs sur de nouvelles bases plus égalitaires avec et parmi les noirs. Dans cette perspective, comme bien d'autres sages d'ici et d'ailleurs, Ansoumaniba contribua à l'octroi pacifique de nos indépendances nationales ...

9 et 10. Il prédit aussi non seulement nos politiques actuelles de coopération, mais leur formule aujourd'hui de plus en plus expérimentée et bien des plus inouïes: la co-gestion, avec à la tête des entreprises un noir et un blanc! En face de l'Ecole Normale Supérieure de Bamako, la plus récente première pierre posée est celle de la 'maison du partenariat' entre la ville d'Angers, en France, et le District de Bamako, fruit du jumelage vieux de plus d'un quart de siècle aujourd'hui. D'un autre côté, entre Chinois et Maliens, des entreprises co-gérées existent jusqu'à l'intérieur du pays, dans les régions: Comatex-Sa, Sucreries de Dugabugu, Usines Maliennes de Produits Pharmaceutiques (UMPP), et cetera.

11. Dans les environs de Sakhola, Ansoumaniba vit d'importants gisements d'or dont il disait que le soleil de l'exploitation n'était encore arrivé.

C'est, disait-il, votre or, celui avec lequel vous êtes venus: un seul et même lever de soleil, un seul et même soleil! A certains de ses propres enfants, adolescents alors ou jeunes hommes, il donna des rendez-vous de quarante à cinquante ans que ces derniers omirent de respecter soit par oubli, négligence ou par incrédulité: ils s'en repentirent à l'éclatement de certains faits et événements. Fut réparé ce qui pouvait l'être! Tel un point au coeur de l'Univers, l'oeuf explose et le nouveau monde en fleurit!

Cette explosion, cet éclatement, selon le cas, surprend toujours le grand nombre, mais pas la poignée d'initiés qui ont liquidé le temps en franchissant non seulement l'horizon supérieur - comme certains philosophes et une minorité encore plus restreinte d'hommes de science (Albert Einstein, etc.) - mais tous les horizons en résolvant l'équation du champ unitaire du père de la relativité.

On peut aller la chercher et la trouver, cette clairvoyance, cette intuition de l'avenir, cette science des sages, dans les chants, profanes et religieux, dans les contes et récits épiques des peuples, leur(s) histoire(s), et culture(s), au singulier comme au pluriel; mais ce serait là un chemin sinueux et fastidieux. Raison pour laquelle nous avons préféré le raccourci synthétique que nous avons pris jusqu'ici en suivant une suggestion de Kant. Sur la valeur à la fois heuristique et pédagogique des biographies. A présent, élargissons le champ pour essayer de voir plus grand et plus en profondeur: les aphorismes et les questions qui ont marqué le début de cette communication l'exigent.

Au Manding, la personne est 'Soora'; le temps est 'Soora'; l'eschatologie humaine sera annoncée par 'Soora'; une chute d'eau, comme à Manantalli, est 'Soora'! Et, tout spécialement, toujours au Manding, les 'Dulla', Sissoko, par exemple, sont 'Soora', c'est-à-dire Corne d'abondance, amour de l'humain (non de la chose), de la source qui est centre de toutes choses et non de ses manifestations évanescentes. Le monde change et passe; 'Soora' est constance et permanence. En son sein et sans qu'il en soit affecté de quelque manière que ce soit, les hyperboles de la vie et de la mort naissent opposées, se nourrissant et s'accroissant de leur opposition pour finalement s'annuler là où plus l'infini égale moins l'infini.

Cette annulation est effacement et naissance de nouvelles chaînes de vie. Cette Vie, la sagesse Dogon en donne le sens depuis les hauteurs des falaises de Bandiagara: tirer pour faire descendre, tirer pour faire monter, tel est le sens même du mouvement de la Vie. Il a d'ailleurs été déterminé plus que le sens du mouvement de la Vie: son circuit verbal, l'évocation des absents et la fécondation des femmes, bref, par delà F. Nietzsche et le thème de l'Eternel

Retour, ce qui a été précisé, c'est comment l'avenir se trame à partir du passé et du présent. Plus grande que la joie procurée à Nietzsche par sa découverte tardive du sens du mouvement de la roue de l'Etre est celle à laquelle conduit l'idée que G.W.F. Hegel jugeait la plus sublime de R. Descartes: tout rêve, un jour, sera réalité! On peut même et on doit encore aller plus loin en écrivant que pour qui sait voir, tout rêve est déjà réalité: le temps n'est pas éternité morte ou inaccessible, mais créativité infinie liant sous elle et se fondant sur le passé, présent et avenir: idée que le poète sénégalais a recueillie lors de son passage à Mahina-Dafoulabé (Mali, Mali-Sadio) et qui lui a fait rabouté sa plume pour écrire que les morts ne sont pas morts!

Ici, il est égal de dire que le temps n'est rien ou qu'il est la substance des choses (cf les pyramides d'Egypte, les trois poignards de Toutankhamon). On peut aussi appeler à la rescousse, en manière d'illustration, le célèbre philosophe français contemporain, le très regretté J.P. Sartre, son compatriote et académicien H. Bergson ou encore mieux, le très profond historien anglais des civilisations, A.A. Toynbee, commentant et interprétant l'histoire de Job, éternellement actuelle, pour expliquer sa propre pénétrante conception à la fois linéaire, séquentielle, cyclique et en spirales cumulatives de l'histoire universelle ...

En vérité, quand l'esprit s'y attache, s'y attarde dans une attitude de méditation analytico-synthétique, l'idée (aussi bien que la réalité subsumée) de développement offre une telle richesse qu'on est tenté de lui préférer celle de culture en se posant la question: y a-t-il de développement autre que lequel? Non seulement c'est la saisie intellectuelle mais encore la manifestation du vécu pratique quotidien de cette richesse infinie qui constitue, à mes yeux, le secret de la convivialité, de l'hospitalité et de la parenté à plaisanteries (Sanankuyya) au Mali.

Dans la société malienne, hier comme aujourd'hui, la 'Sanankuyya' est notre homéostasie spécifique: dans les relations inter-humaines, non seulement elle rétablit par un circuit inverse et compensatoire l'ordre et l'équilibre inévitablement et sans cesse rompus du fait de l'interactivité en société, mais elle crée abondamment, à l'occasion de toute rencontre et sans qu'il y ait déséquilibre, de l'énergie matérielle et spirituelle que chacun consomme en allant son chemin. Un tel cadeau matériel peut être une noix de cola, de la nourriture, du tissu, et cetera; c'est de l'énergie matérielle. Celle-ci peut être infusée, modulée et distillée aussi sous sa forme spirituelle ou immatérielle: un trait d'esprit, une plaisanterie! Qui, par exemple, n'est pas Sanankun des

Sarakollé ou Soninké qui ont, à leur tour, le ventre (la tête) assez grand pour 'avaler' et 'digérer' tout le monde?!

Plus qu'une communication de dix pages, c'est un livre qu'il faudrait écrire ici!

NOTES

1. Hommage à un grand-père visionnaire.

2. F. Nietzsche, *Par-delà le Bien et le Mal*, Aubier 1962, pp. 147-148.

An African Philosophy of Time

E.J. Alagoa, Port Harcourt (Nigeria)

I.

Our discussion of 'An African Philosophy of Time' is located within the oral traditions of a specified geographical region, and not ambiguously in a generalised 'African tradition'. The proverb texts used to construct the philosophy are deliberately limited to the Nigerian eastern coastal Niger Delta community of Nembe and the landward Delta Ikwere community. The texts, therefore, embrace specific environmental and cultural variations present even in this restricted section of the Nigerian Delta. The expectation is that the specificity of the texts would ensure a discussion engrained in the real experiences of a designated African community tradition.

The texts reflect their provenance in a specific environment and their derivation from 'the rhythms of life' (dry and rainy season et cetera). However, they are also established by factors outside the physical environment from the ideas and concepts distilled from human experience and reflections on historical events. These reflective aspects provide the universal and philosophical elements of the discourse.

It is, accordingly, proverb texts from the Nembe and Ikwere of the eastern Niger Delta region of Nigeria that direct our discussion and interpretation of African concepts of duration, the past, the present, the future, and of their complex inter-relationships and multi-directional flows.

II.

We have here a discussion of time in the context of history, historical time, being a continuation of our earlier excursions into the philosophy of African historiography (Alagoa 1994, 1995/96) A philosophy of time located in historical discourse in African communities is dominated by the elders, and does not always properly represent the views and hopes of the youth. In any case, societies everywhere validate their presents by appeals to the past in varying degrees. However, the orientation of the conceptions of time revealed by the corpus of texts considered her cannot be fairly categorised as predomi-

Studies in Intercultural Philosophy, Vol. 8 (1997), p. 217-224

nantly past-regarding or cyclical, but rather as multi-directional. We note conceptions of duration, process, of resent, past and future times which may be combined in a single text. There is thus a flexibility and complexity in orientation.

The philosophy of time first elaborated in his *Confessions* by the Berber bishop, St. Augustine of Hippo (354-430 A.D.), representing a case of African concepts mediated by Christian and western philosophical traditions, exhibited similar complexity. To St. Augustine, time had not concrete reality. The future did not exist, and could only be known in prophecy and expectation. The past existed only in history or memory. The present which should normally be most obviously real, existed only as a process that quickly transformed itself into the past. Accordingly, time was merely the impression that 'passing time' made on the mind, being 'nothing more than distension … of mind itself', occupying no space, and not amenable to precise measurement. Only the mind was capable of synthesising the processes and impressions of time: 'it looks forward [to the future], it considers [the present], it remembers [the past]' (Alagoa, 1989).

In St. Augustine's philosophy then, time moves from the future (expectation) to the present (experienced through intuition), to the past (in memory). The present occupies centre stage. Historical time, on the other hand, focuses on the past, but even such a focus on the past can only be achieved from a locus in the present, powerfully influenced by expectations of the future and considerations of the moment. African orientations to time, therefore, remain a complex matter.

III.

The proverb texts establish clear concepts of the passing of time evidenced in movement, the wear and tear of things, and of the continuation of events and actions over a duration:

1. Nga be gbubiri / buo nga o tnunwu. (Edwulo 1975: 36-7, Ikwere)
   The time a tree is cut down, is not the time it withers.
2. Awha be kparu nkita / buo awha o kaa. (Ekwulo 1975: 36-7, Ikwere)
   The year a basket is made, is not the year it wears out.
3. Aru kara kiri gho / aru berigha. (Alagoa 1986: 12-13, Nembe)
   A canoe is not fully shaped at the spot where it was carved.
4. Nama ba kiri gho / nama kenigha. (Alagoa 1986: 72-3, Nembe)

An animal is not butchered at the spot it was killed.

5. Kiri pag tere / tin paga. (Alagoa 1986: 62-3, Nembe)
   The earth came into being, before the tree.
6. Noin na ene na / eriagha. (Alagoa 1986: 74-5, Nembe)
   Night and day do not meet.

The Ikwere texts 1 and 2 conceptualise time passing through a considerable period using the metaphors of a withering tree after it has been felled, and of a basket wearing out gradually over the period of a year or more. Change over time through processes of nature and of human action, visibly real duration.

The Nembe texts 3 and 4 add to the conception of duration those of space and of movement. A canoe, the principal means of transportation in the Niger Delta, is itself constructed over time and moved through space from one place to the other for different stages and processes. Similarly, a hunter moves his prey from the time and place of capture to a time and place for the disposal of the meat.

Text 5 goes beyond time and space relationships to the grounds and origins of things, to establish the principles of relative chronology. First, the earth, then the trees, proposing the ideas of order and hierarchy in nature as in society.

Text 6 may be interpreted in the light of a possible shape of time: linear, cyclical or otherwise. The basic determinants of natural time, day and night, follow one after the other, with no apparent meeting point. Rather, the two time markers are placed in opposition.

IV.

How then, do Nembe and Ikwere traditional discourses identify the past? Principally through their effects:

7. Osn hnujiri anya / maa okpo. (Ekwulo 1975: 26-7, Ikwere)
   The squirrel that has seen much, cannot bark well.
8. Noin negia / bere nengia. (Alagoa 1986: 76-3)
   A difference in days (age), shows in a difference in wisdom (experience).
9. Imeni peibo bio bara / imgba peibo bio baragha. (Alagoa 1986: 46-7).
   He who eats the flesh forgets, he who eats the bones does not forget.

Texts 7 and 8 both testify to the residue of passing time on the character of animal and man. Age tempers the behaviour of the squirrel, and leaves man wiser. Other texts compare the elder and youth to the disadvantage of the latter, but not text in the Nembe and Ikwere collections used in this discussion explicitly compare the past as such to either the present or the future. Texts 7 and 8 refer only to the fruits of the past evident in the present.

Text 9, on the contrary, suggests that memory of the past is neither perfectly objective nor complete. Memory is elective. And it is not always the most agreeable experiences or parts of the past that are remembered. The bitter pill is probably more likely to be remembered than the sweet. The past, therefore, is unlikely to be recovered in its totality.

V.

Three Nembe proverbs text can hardly fully conceptualise time present. Time present falls between time future and time past. It draws something from both, as the following three texts suggest:

10. Irusi / Igoin di. (Alagoa 1986: 48-9)
    Laziness breeds poverty.
11. Dorigha kana / fun tangha. (Alagoa 1986: 30-1)
    An unwoven basket cannot carry away dirt.
12. Egberi gbabo / kin mindi gbagha. (Alagoa 1986: 30-1, Nembe)
    A storyteller does not tell about another tide (season).

Text 10 draws from the past in that its moral validity lies in experience. Yet the maxim itself is intended for application in the present, to save people from falling into destitution in the future.

Text 11 is similarly a presently oriented truism derived from past experience, used to persuade to action in the present to provide for the future. That is, if you intend to clean your house with a basket tomorrow, wave a basket today. Thus both texts urge the avoidance of some attitude or the taking of some action today so that we can avoid a condition or be able to achieve goal tomorrow.

Text 12, a 'rhythms of life', dry season and rainy season proverb, uses the peculiar Niger Delta environmental metaphor of the tide. The ebb and flow of the tides, related to the seasons, rule the lives of the Nembe. The text affirms the primacy of the present over memory of the past. That is, that the present tide or season recalls or determines the stories of the past that are conceived to be relevant enough to be recounted. The present, therefore, becomes the touchstone by which the past is validated; although it is nit suggested that the present creates a past in its own image.

VI.

We put forward texts 13-16 to attempt to testify to what the Ikwere and Nembe think about the future in the face of difficulties of overlap with ideas of other time dimensions:

13. Dikne choru be bisi anwa evulu n'anwu / obita atnur joomuyanu a evulu nga o zi budnu. (Ekwulo 1975: 2-3, Ikwere)
    A man who wants a ram to be slaughtered at his graveside, should keep an ewe to produce the ram while he is alive.
14. Igiri buo oma / kobu nu mgbadna kola n'ikwnu. (Ekwulo 1975: 34-5, Ikwere)
    The mango is not good, but the antelope stays around it.
15. Beri nagha fi re / ikulaowei ba. (Alagoa 1986: 18-19, Nembe)
    It is only the danger of which he is not forewarned, that kills the cripple.
16. Borobu ebi re / ye. (Alagoa 1986: 24-5)
    Evening glory is best.

Text 13 lies in the track of St. Augustine's definition of future time as existing in expectation, but not necessarily in his view that it is only known in prophecy. In text 13 we are dealing with a time capable of treatment through foresighted action in which we prepare ourselves for the future time, planning in advance so that at the appropriate future date, our expectations may be fulfilled. Here again, human expectations are clearly linked to experience of past events that recur, so that our expectations of their recurring in the future are realistic. In the case of death and the attendant funeral envisaged in text 13, the future is, in effect, already known, and can be confidently planned for in the present.

Text 14 suggests that the phenomenon of expectation is not restricted to man. Animals also anticipate from familiar natural signs, for the time of the ripening of fruits et cetera. In these cases then, the future is not always a dark impenetrable secret known only to prophets, but one of which we can gain considerable foreknowledge, and which we can expect to see fulfilled.Text 15 extends the idea of the possibilities of our gaining forewarning of future evil, and, presumably of future good. Such forewarning is of particular interest to the disabled, who need to take precautionary action ahead of others. In the case of the physically handicapped, they would need to begin to escape from danger in good time.

Text 16 considers a choice between times in terms of the periods of the day: morning, afternoon, evening - the metaphorical equivalents of past, present and future. The text is an answer tot the hypothetical question: 'Which is the best life?' One in which prosperity comes early so that it is soon gone and only remains a memory? Or is it a life in which good fortune comes in the present in the context of an uncertain future? Text 16 declares emphatically a Nembe preference for security in the future to crown a successful life in its closing evening time.

VII.

We note that the traditional Nembe and Ikwere concepts did not, apparently, include Eternity as a category of time periods, as St. Augustine's Christian philosophy did, placing it in the knowledge of God alone. We note that in Nigeria, groups such as the Nembe and Ikwere are responding to such ideas presented to them in the Christian Bible and liturgy. In northern Nigeria also the Muslim Kanuri and Nupe have absorbed similar ideas to the point where God-centred proverbs appear in their traditions:

17. Even a bird with a long neck cannot see the future. (Ojoade 1978: 174, Kanuri)
18. God will outlive eternity. (Ojoade 1978: 174, Kanuri)

The Nembe and Ikwere traditional texts conceive of time in non-religious terms as human problems in the domain of daily life capable of solution through the application of reasonable experience.

Outside the categories of time: past, present and future, it is possible to propose a fourth, that of continuing time:

19. Obiribei ninimi / dou dou timi tere / okiringami bo. (Alagoa 1986: 78-9, Nembe)
    The dog's nose was cold, before the onset of the harmattan season.
20. Bere / burugha. (Alagoa 1986: 18-19, Nembe)
    Litigation does not decay.

Text 19 represents the discussion in the present of a matter which is recognised and declared to be a matter continuing from the past, and likely to continue into the future. The case cannot, therefore, be settled by reference to a present situation or season alone, calling for a deeper search for fundamental solutions.

In text 20 the present matter is recognised to be one that can endure long-term consideration. Delay resulting from the need to exercise patience would not, therefore, cause irreparable damage.

Texts 19 and 20 between them recommend to our attention time considerations overlapping from the past into the present, and others which would benefit from continuation into the future.

VIII.

In conclusion, Nembe and Ikwere proverb texts exhibit a capacity to open up discussion into time concepts and relationships in terms of reason and experience. Interpretations deriving social and moral values relevant to development and political action are also possible from a teasing out ideas immanent in these texts. They constitute a corpus of traditional texts worthy of our attention, being a viable medium trough which community voices can be heard in community-centred development programmes.

References

Alagoa, E.J.: *More Days, More Wisdom: Nembe Proverbs*, University of Port Harcourt Press, 1986.

Alagoa, E.J.: *Augustine, Saint*, in Lucian Boia (ed.): *Great Historians from Antiquity to 1800: An International Dictionary*, Greenwood Press, New York, Westport, London, 1989, p. 314-316.

Alagoa, E.J.: *An African philosophy of history in the oral tradition.* In: *Paths towards the Past: African historical essays in honour of Jan Vansina,* edited by Robert W. Harms, Joseph C. Miller, David S. Newbury and Michele D. Wagner, Atlanta, Ga. 1994, p. 15-25.

Alagoa, E.J.: *Proverbs as contested texts: the construction of a philosophy of history from African proverbs*, presented at a symposium on the African proverb at the University of South Africa , 1995/96 (in press).

Ekwulo, S.A.: *Ikwere Proverbs*, Rivers State Council for Arts and Culture: PHC, 1975.

Ojoade, J.O.: *God in Nigerian proverbs*, *The Nigerian Field* (1978), nrs. 43, 171-172.

Ryan, R.K. (ed.): *The confessions of St. Augustine*, New York, 1960.

Penser le temps: vers un nouvel imaginaire du développement

Aminata Cisse Diaw, Dakar (Sénégal)

La mise en cause de la culture dans l'échec des politiques et stratégies de développement participe à la recherche de causes internalistes à la crise africaine. Une précision s'impose pour lever toute équivoque relative à la perspective dans laquelle se situe ce questionnement: il n'est point question de récuser l'impact déterminant des facteurs externalistes.

En la matière, les travaux de Samir Amin offrent des pistes de réflexion intéressantes. Il convient cependant de prendre en charge la remarque de Thandika Mkandawire en ce qu'elle met particulièrement en évidence la complexité du problème:

'Bien que les interprétations concernant la nature et les origines de la crise soient nombreuses, il s'est dégagé au cours des six dernières années environ deux courants d'interprétation diamétralement opposés qui dominent le débat actuel [...]. Ces deux courants peuvent être subdivisés en interprétations internalistes et externalistes de la source de la crise[...]. Dans la pratique, les chevauchements sont considérables et les interprétations qui s'insèrent strictement dans une des catégories sont de plus en plus rares'.[1]

S'interroger sur la pensée du temps et la conscience du développement en Afrique Noire relève d'une sensibilité particulière de ce problème.

Qu'il s'agisse de l'acharnement dans la torpeur dont parle M. L.Eteki Otabela ou de la passivité collective soulignée par P. Hountondji, il semble bien que la question de l'aptitude de la culture africaine au développement se pose, quelles que soient par ailleurs les réactions émotionnelles qu'elle peut provoquer.[2] Du reste l'ouvrage de Axelle Kabou *Et si l'Afrique refusait le développement?*comme celui de D.E. Manguelle.[3] *L'Afrique a-t-elle besoin d'un programme d'ajustement culturel?*, sont bien les signes de cette façon d'appréhender la crise africaine et l'échec du développement.[4]

Si la pensée scientifique du développement implique l'existence d'une dimension linéaire du temps qui va d'un présent modeste à un futur meilleur, alors il semble que l'inculturation d'un tel modèle nécessite une réflexion préalable sur la conception que la société d'accueil se fait du temps. Quelle est

Etudes de philosophie interculturelle, tome 8 (1997), p. 225-238

la conception africaine du temps? Est-il pertinent (aujourd'hui comme temps de la globalisation et de la mondialisation) de parler d'une conception africaine du temps qui ne soit une manière de justifier ou de légitimer la marginalisation du continent? Il s'agira, en se posant cette double question de mettre en oeuvre une réflexion sur le temps mais aussi et surtout sur le discours sur le temps et les mécanismes idéologiques de celui-ci. L'idée d'une tradition africaine trop hâtivement admise et qui consacre une conception du temps essentiellement tournée vers le passé autorise-t-elle le comportement de rupture qui est la condition de possibilité même du progrès? L'invention d'un futur, d'un imaginaire possible pour le développement est-il pensable avec ce discours? Une projection de l'homme africain dans l'histoire, dans son histoire qui est le développement qu'il aura choisi, sera le signe d'une reprise de l'initiative historique en ce sens qu'il ne s'agira plus de se penser *en face de* la modernité (face a face qui est le lieu de l'agression et donc de la mort) mais résolument *dans* la modernité qui ne pourra plus s'opposer à la tradition parce qu'elle sera elle.

I. Temps mystique, temps social, temps historique: quel temps pour l'Africain?

Forme a priori de la sensibilité pour Kant parce qu'étant antérieure et indépendante de l'expérience, ordre a posteriori que nous mettons dans l'expérience ou relation de succession que nous imposons aux choses selon Leibniz, d'une façon générale, le temps est considéré comme le cadre de notre expérience, l'ordre dans le lequel se succède les événements. Hobbes en parlant de l'idéalité du temps cherchera à montrer par là que le temps constitue bien la condition de la représentation du mouvement d'un objet se déplaçant d'un lieu à un autre. Ce qu'il est important de souligner ici c'est, certes, la dépendance qui existe entre le temps et la pensée mais de façon plus précise encore le fait que le savoir part de la représentation et non de l'être.

En nous appropriant le mot de Heidegger, quelle 'définition systématique et universellement valable du temps' pouvons-nous donner qui soit acceptable pour l'Africain et qu'il puisse s'approprier?[5] Ou y a-t-il un temps proprement africain?

La centralité du temps dans l'appréhension du cosmos permet de voir comment l'individu ou le groupe social perçoit son être-au-monde mais aussi, et cela n'est pas dépourvu d'intérêt, comment il est perçu par autrui. C'est dans ce sens que la remarque de Boubou Hama et de J. Ki-Zerbo mérite d'être soulignée:

' A première vue, et à la lecture de nombreux ouvrages ethnologiques, on a le sentiment que les Africains étaient immergés et comme noyés dans le temps mystique, vaste océan sans rivage et sans repère, alors que les autres peuples parcouraient l'avenue de l'Histoire, immense axe jalonné par les étapes du progrès'.[6]

Cette remarque met en évidence le fait que la conception du temps dans le cas de l'Afrique est une conception attribuée, une construction de l'ethnologie coloniale, d'un discours produit dont l'herméneutique devra nécessairement prendre en charge les motivations et mobiles. Dès lors, il convient de porter l'interrogation à un double niveau: d'une part, dans quelle mesure le temps mystique exclut-il de l'Histoire et du progrès, donc du développement, d'autre part, quel temps pour l'Africain?

Commençons par le deuxième niveau. Dans son ouvrage sur la pensée africaine, A. Ndaw distingue trois catégories ainsi dénommées: le temps physique, le temps psychologique et le temps social.[7] Le temps physique se caractérise par le fait d'être identique pour tous les humains mais par son autonomie vis-a-vis de toute construction mentale, il est, pour reprendre la formule de Heidegger, celui qui 'se rencontre d'abord dans l'étant qui s'altère'.[8] On peut, à ce titre, parler d'une expérience humaine identique du temps. Il en est autrement du temps psychologique que Ndaw caractérise par certaine ambiguïté. Ce temps donne lieu à une expérience plurale et diversifiée qui se donne à voir à travers l'angoisse, le désespoir, l'ennui, la maturité, etc. La troisième catégorie est celle du temps social dont la spécificité réside dans le caractère conventionnel, codifié, qui est fonction du groupe, de ses habitudes économiques et religieuses. Ainsi est-il fait mention du calendrier des Nuer, des Ashanti, des Ba-Congo etc.

La typologie de A. Ndaw, en restituant les temporalités africaines plurielles, fait ressortir une spécificité qui mérite attention: à savoir celle relative à la négation du temps ou éternité qui 'fait partie intégrante de la cosmogonie du groupe'.[9] Ce Grand Temps ou temps mystique est le lieu de la spécificité africaine. Il diffère de la spatialisation du temps propre à la pensée occidentale, objet de la critique bergsonienne et qui renvoie aux catégories de quantité et de mesure qui permettent d'appréhender le 'de-quand-a-quand'.[10]

Ainsi pour Heidegger 'l'horloge mesure le temps, pour autant que l'existence de la durée d'un événement est ramenée à une série identique d'états de l'horloge et donc numériquement déterminée dans sa quantité'.[11] Le temps africain est 'une réalité sentie et vécue'[...]'comme une qualité, non comme une quantité abstraite, géométrique'.[12] L'axe d'ordonnancement des événements dans une telle perspective est fonction soit des institutions originelles de la société, soit de l'époque où vivaient certains ancêtres décédés, soit du cycle des saisons.

Cette perception du temps ne s'effectue pas hors des catégories 'avant', 'après', un 'avant' et un 'après' qui ne sont pas quantitativement mais plutôt qualitativement déterminés. C'est cette détermination qualitative qui participe à la suppression du temps ou pour le dire autrement à la sacralisation-ritualisation du temps à l'instar du paysan dogon qui, par son activité, re-crée 'l'émergence du monde hors de l'oeuf cosmique'.[13]

La sacralisation-ritualisation, dans sa sempiternelle oeuvre de répétition, assigne au temps un pouvoir d'altération qu'il s'agit de nier: elle est un double acte d'abolition du temps profane et d'instauration du temps sacré. Il semblerait donc que cette conception du temps mythique ou du Grand Temps ne permette pas une appréhension de l'être comme projet et comme producteur de sa propre détermination mais plutôt comme ritualisation d'une effectivité déjà advenue. La ritualisation permet de figer l'effectivité et par là-même de rendre impossible et impensable la transgression. Dans une telle perspective, il ne peut y avoir une appréhension du temps en terme de rupture; bien au contraire, la coïncidence de l'être avec son effectivité, tant du point de vue de l'individu que du groupe social, exclut la possibilité de se penser en dehors de la naturalité.

Il y a lieu d'opposer naturalité et humanité dans ce sens-ci: parler de l'humanité, c'est parler du 'fiat humain', de l'ouverture en tant qu'elle est celle que 'ménage pour un être libre la capacité, par rapport à ce qui est et à ce qu'il est, de poser des fins définissant ce qui doit être et ce qu'il doit être'.[14] Ainsi, l'humanité comme ouverture, c'est-à-dire aussi comme autonomie, c'est l'être comme non encore advenu mais qui ne peut advenir que selon la détermination que lui imprime l'individu et, par conséquent, le groupe social. Dans ce cas, la détermination de l'être, c'est l'à-venir, c'est le non encore advenu. Il ne peut y avoir dès lors sacralisation ni même ritualisation du déjà-advenu si ce dernier n'est pas l'effectivité de l'être. De même, l'expression de la détermination ne peut être le fait des ancêtres, ces derniers étant le lieu d'ancrage du groupe social dans la naturalité qui est le lieu de la clôture et de la choséïté. Parce qu'elle est sacralisation et ritualisation, la perspective de la naturalité qui est celle du temps mythique n'autorise pas le développement qui est l'appréhension de l'homme comme projet, comme à-venir à réaliser, comme transgression permanente ou encore comme 'capacité permanente d'initiative historique et créative'.[15] Il est admis pourtant, surtout depuis Hegel, que 'l'être de l'homme consiste à se poser comme sujet vis-à-vis du monde conçu comme un objet essentiellement étranger à l'homme, 'muet' en ce qui concerne sa destination ultime'.[16] Est-ce à dire que le temps mythique exclut de l'Histoire, qu'il n'est pas un temps historique, qu'il ne peut se poser comme substrat du développement. Il ne s'agit pas de construire une argumentation validant l'incapacité de la société africaine au développement ou son refus du développement et ce, en s'appuyant sur des raisons socio-culturelles qui envelopperaient l'Afrique 'dans la couleur noire de la nuit'. Cette hypothèse est scandaleuse parce que logiquement impensable. Que faut-il alors penser? On peut se demander si la société ou le groupe social qui pense son rapport au temps sous forme de la sacralisation et de ritualisation ne le fait pas d'une certaine façon pour la préservation de son être dans des conditions économiques, technologiques, et écologiques précises de précarité. Pour les mêmes raisons, n'est-ce pas ce qui fait que le groupe social ne peut se penser sous une forme fragmentaire mais seulement comme entité indissociable qui exclut l'individualité et donc la possibilité de la transgression?

Cette hypothèse, si elle se vérifie, permettrait du même coup de valider l'idée d'une conception du temps, production de l'ethnologie, dont les motivations ne peuvent être ignorées. La sacralité ne serait qu'un mode de gestion de l'espace mental, de l'imaginaire si nous concevons ce dernier comme ouverture du champ de la création qui est aussi inquiétude de l'avenir. En cherchant à rendre impossible et impensable la transgression, la sacralité s'érige en condition sine qua non de survie du groupe et de l'individu, limitant et annihilant même toute incertitude, celle-ci étant consubstantielle à la nouveauté, au progrès. Il convient alors de réinterroger la question préalablement posée par nous 'le Temps mythique exclut-il de l'Histoire et du progrès, donc du développement?' tant elle semble orientée par une représentation de notre être-au-monde conçue pour nous et que nous avons charge d'intérioriser. Le devenir 'maîtres et possesseurs de la Nature', acte radical de pensée avant d'être principe d'action, s'est exprimé dans une temporalité qui consacre la perte de l'initiative historique africaine. Le paradigme 'centre-périphérie' semble opératoire ici qui ferait du centre le lieu du mouvement, de la transgression et donc de la créativité et de l'histoire, et de la périphérie, le lieu de la sacralité, de la quiétude et donc de la non-histoire'.[17]

Il ne s'agit pas de nier la ou les temporalités africaines mais plutôt de nier que ce qui est africain (l'exceptionnalité africaine) soit par là a-historique et non producteur d'un fiat humain parce que confiné dans une éternelle répétition.

Le fait pour certaines cosmogonies d'attribuer au temps mythique les progrès dans un temps historique, le fait pour le temps social d'être un attribut de la souveraineté (la mort du roi ouvre une parenthèse dans le temps chez les Mossi par exemple), ou encore le fait qu'un objet puisse symboliser le pouvoir du temps social et qu'il soit confié pour transmission au patriarche ou au roi autorise, certes, à placer le mythe a l'origine mais ne permet pas d'affirmer qu`il préside à l'émergence d'une histoire non empreinte de dynamisme. L'historialité du groupe social trouve son substrat dans le temps mythique, ce qui permet, d'une certaine façon, d'atténuer ou de nier la spécificité africaine. Ne trouve-t-on pas là une certaine universalité qui place le mythe à l'origine de toute l'histoire humaine? Il y a lieu de prendre en charge la remarque de Hama et de Ki-Zerbo pour qui 'dans la conception globale du monde, chez les africains, le temps est le lieu oú l'homme peut sans cesse procéder à la lutte contre la décroissance et le développement de son énergie vitale'.[18] Que l'animisme soit l'expression de ce dynamisme, de cette quête de régulation entre les forces cosmiques (les forces de la nuit et les forces du jour) pour la préservation de l'énergie vitale, ceci ne rend-il pas inopérant la réduction de l'histoire à une simple répétition de la geste des anciens? Ne peut-on affirmer dès lors que le temps africain est un temps historique qui n'est pas simple 'recommencement cyclique' mais bien re-création, ce qui suppose un certain dynamisme, une certaine 'étrangeté' du monde. Il convient à ce niveau d'interroger un peu plus le temps de la tradition.

Dans sa remarquable étude sur l'avenir de la tradition, Souleymane Bachir Diagne tire la conclusion suivante: 'l'identité de la tradition ne peut être une identité de répétition. Après tout, dans sons sens premier, 'tradition' signifie ce qui est digne d'être transmis pour être au principe de comportements qui répondent à des conditions et à des temps nouveaux'.[19] Qu'est-ce à dire? Que le temps de la tradition n'est pas le temps du passé remémoré; que l'appréhension du temps de la tradition ne peut être qu'une appréhension en rupture en ce sens qu'elle met en exergue des 'blocs de temps qui se remplacent par surgissement de nouveauté' et qui exigent évaluation, ré-évaluation et auto-évaluation. Alors, on peut une nouvelle fois dire avec S.B.Diagne qu'il n'y a nulle spécificité mentale des Négro-africains constituant un frein à l'idée de progrès... Ce que la littérature coloniale a donc présenté comme misonéisme n'est pas refus de progrès mais capacité de résistance et réflexe d'auto-conservation de mentalités traditionnelles' (p.20).

II. Un nouvel imaginaire du développement ou la production endogène de la modernité

Cette perspective constructive requiert nécessairement, d'un point de vue méthodologique surtout, une approche critique. Pour Ka Mana, 'la représentation imaginaire africaine cherchait un développement qui soit instauration sans effort des aspects les plus tape-à-l'oeil de la modernité occidentale.'.[21] Cette critique impute l'échec à la logique de mimétisme qui renvoie à un 'imaginaire de colonisé'. Qu'est-ce à dire au juste? On peut relativement à cette question reprendre le mot de Jean Copans pour qui 'la modernité n'est plus un phénomène historique et intellectuel [...] mais au contraire un fantasme démagogique, une série de recettes et de projets (dits de développement)'.[22] La raison fondamentale qui rend intelligible sa critique est la suivante: 'les paradigmes théoriques africains naissent encore en Occident, qu'on le veuille ou non ...'

Au-delà de ces mots se profile une donnée fondamentale à savoir la déconnexion modernité-modernisation en postcolonie africaine. Le consensus politique sur la nécessité de moderniser le pays a dessiné la trajectoire des institutions d'enseignement supérieur et de recherche, à savoir l'avènement d'une élite intellectuelle devant prendre en charge la dimension technique de la construction nationale et de la production d'une identité nationale.[23] Il y a là la figure d'une double subordination qui fixe les paramètres de la problématique extravertie dont finalement le développement n'est qu'un aspect: il s'agit de la subordination de l'intelligentsia aux stratégies et pratiques de l'Etat, lesquelles sont, a leur tour, subordonnées aux 'paradigmes de l'Empire'.[24] [25]

A s'approprier le jeu de mots de Mamoussé Diagne, on se rend compte que les 'paradigmes de l'Empire' sont les instruments de la clôture de 'l'Empire des paradigmes' qui signifie l'enfermement dans un espace-temps totalement extraverti ou encore l'inaccessibilité du sujet à la question qui le concerne. Dès lors, la modernité, 'résultat d'une double formalisation, juridico-idéologique d'une part, intellectuelle et scientifique de l'autre', en tant qu'elle est porteuse d'un type de société pétrie par les valeurs de liberté, de démocratie et de laïcité, est réellement à inventer.[26] Que soit exprimé ainsi l'impératif d'une reprise de l'initiative historique et donc théorique pour une production endogène de la modernité, pour l'invention d'un nouvel imaginaire du développement ne fait aucun doute. Pour autant une précision s'impose pour éviter tout quiproquo: l'endogénéité ne s'oppose pas à l'universalité si nous ne comprenons pas celle-ci comme l'universalisation d'un espace-temps qui s'approprie le sens de l'Histoire (et qui aujourd'hui a la prétention d'énoncer/annoncer la fin de l'histoire). Elle est d'abord un pari sur l'humain, c'est-à-dire la capacité d'innover, de substituer un imaginaire à un autre, d'inventer une 'rupture radicale avec l'extraversion, au profit d'un développement endogène des savoirs et savoirs-faire'(Hountondji). La pro-duction endogène de la modernité ne peut faire l'économie de la question suivante: quel imaginaire pour quel développement?

Une question aussi cruciale ne peut trouver sa propre pertinence que dans sa mise en relation avec la croissance démographique productrice aujourd'hui de nouvelles dynamiques sociales et surtout de nouvelles civilisations. Ainsi l'urbanisation, comme processus irréversible et expression de la crise africaine, doit amener à penser autrement et à penser autre chose. De ce fait, la question préalablement posée a des allures léniniennes en ce sens qu'elle pourrait se réduire simplement à cette triple interrogation: quoi penser? Que faire? Pour qui? Il y a là véritablement une modernité à élaborer, ce qui ne peut se faire sans ruiner la double subordination préalablement évoquée et le principe des paradigmes dominants. L'idéologie nationaliste qui a présidé à la construction de l'Etat et de la Nation en postcolonie africaine a essentiellement trouvé des ressources de légitimité dans l'entreprise de développement. L'urgence de celle-ci a permis de théoriser le rattrapage comme condition sine qua non de l'entrée de l'Afrique dans la modernité et dans l'Histoire Universelle. Le mythe de l'an 2000 (aujourd'hui on parle plutôt de l'an 2025 !) dans l'histoire du Sénégal indépendant s'inscrit totalement dans cette perspective qui voit le troisième millénaire être celui de l'accès de l'Afrique à l'âge de la majorité. Il y a là une réduction du développement à sa dimension mythique mais de façon plus fondamentale encore une conception totalitaire ou dictatoriale du temps qui relève du droit régalien de l'Etat qui est de dire le futur, d'en énoncer les contours et configurations, et surtout de lui assigner un contenu en annihilant toute possibilité de délibération publique. En effet, la négation de celle-ci apparaît bien comme la condition de possibilité de ce futur qui, dès lors, ne peut que reposer sur le principe autoritaire (messianisme intellectuel, encadrement socio-politique, administratif). La dimension mythique du développement qui ne le pense qu'en référence à l'Absolu occidental, érigé en norme universelle, prouve, si besoin en était, que l'événement colonial, avec sa logique de subordination et de contrainte, continue encore à structurer l'imaginaire du pouvoir africain. Aussi, la faillite de l'Etat dans la promotion du développement, facteur de légitimation par excellence de la politique en Afrique, est-elle accentuée par le fait que la population cible, dans son écrasante majorité, n'a pas en partage les valeurs qui nourrissent l'action étatique. Le poids démographique des jeunes et son impact sur la transmission des valeurs et références, l'importance de la démographie urbaine sont, à l'inverse du processus occidental d'urbanisation, des expressions de la crise africaine. L'exemple du Sénégal montre que 57,7% de la population a moins de 20 ans, que la proportion de la population urbaine pour l'ensemble du pays s'élevait à 39% en 1988 et, qu'entre 1976 et 1988, l'accroissement moyen annuel de la population urbaine a été de 3,8%. Cette urbanisation accélérée doit se lire à l'aune de l'importance du facteur migratoire (exode rural surtout) qui apparaît comme une stratégie de survie, comme une réponse à la crise, tout en donnant lieu à des recompositions identitaires. Pour Mamadou Diouf 'le recours à la violence, la symbolique de la purification par le feu, la destruction des lieux et monuments de la munificence postcoloniale, comme pour déterritoraliser son inscription dans l'espace, constituent des éléments communs aux mouvements sociaux animés principalement par des jeunes'.[27] Il y a lieu de rajouter que la déterritorialisation dont il est question ici s'est accompagnée d'une deterritorialisation qui a procédé par une déconstruction/transgression de la mémoire nationaliste, lieu d'élection de la sacralisation de l'imaginaire colonial (même si elle se donne comme son contraire) et donc nécessairement d'un certain passé.

Dans le cas du Sénégal, le mouvement Set Setal, par le signe pictural (qui consacre une mémoire autre que coloniale ou nationaliste), mais aussi par la préoccupation écologique et morale (nettoyage et embellissement des quartiers), a voulu mettre en exergue les linéaments d'une nouvelle historicité et d'une nouvelle socialité permettant de rendre lisible l'exigence d'un développement alternatif qui ne soit pas exclusivement un effet du droit régalien de l'Etat.[28] Cette ré-articulation de l'histoire pour et par la production d'une nouvelle identité exhibe une certaine inventivité culturelle qui puise dans des répertoires qui brouillent la dichotomie traditionnel/moderne et super-posent des temporalités différentes à l'image du modernisme et de l'informel au Sénégal.

S'il est un lieu de vitalité reconnu dans l'économie sénégalaise aujourd'hui, c'est bien le secteur de l'informel généralement mis en opposition au secteur moderne et au secteur étatique. Pour autant, les agents qui investissent ce secteur ne sont pas porteurs d'une expertise académique de leur activité mais plutôt de valeurs socio-religieuses (mourides en l'occurrence) qui leur permettent d'élaborer des stratégies d'échange et de négociation dont on n'a plus besoin de prouver l'efficacité.

En effet, la constitution de réseaux internationaux dans le domaine du commerce qui est le leur, exprime la capacité à se soumettre au temps de la rationalité économique, qui est un temps dépersonnalisé parce que soumis aux seules normes de l'échange et de la mobilité (de la marchandise, de l'information et des opérateurs). Paradoxalement cette performance n'est possible que parce que d'une part, est mis à son service ce que nous pouvons appeler un temps primordial, résidu de l'appartenance à une société agraire qui force la patience et la persévérance, d'autre part, des valeurs qui sont celles des taalibes et qui prévalent dans les daaras. Il y a là effectivement superposition de temporalités, voire une hybridation des séquences temporelles d'autant plus opératoire que le marabout est censé s'occuper de l'au delà et donc du salut de leur âme.

Ces deux exemples montrent qu'il n'y a pas une indifférence au temps mais à chaque fois un rapport d'appropriation et d'insertion dans le temps du village planétaire qui est aussi le temps du marché et qui exige de nouvelles recompositions identitaires. La conscience du développement existe bel et bien en postcolonie africaine si tant est que nous entendons par là que ce n'est pas son absence qui est la cause des crises dans le processus de développement en Afrique mais plutôt son existence. Autrement dit, la 'capacité à perdre du temps' est moins une stratégie de refus du progrès ou du développement qu'une stratégie de résistance vis-à-vis d'un développement qui n'a pas été imaginé du dedans mais surtout qui ne correspond pas au 'vouloir vivre mieux en commun' selon la perception des populations. La conscience du développement c`est la pensée volontaire et réfléchie de l'homme comme projet, c'est-à-dire comme effectivité non encore advenue, projet que nourrit un certain imaginaire individuel et collectif, substrat d'une nouvelle historialité et d'une nouvelle dynamique identitaire. L'honneur à penser des intellectuels réside peut-être dans cette voie là, c'est-à-dire penser nous-même notre être-au-monde dans la perspective de ce que S.B.Diagne a appelé l'universalité latérale.[29] Si l'humanité se décline au pluriel et la rationalité au singulier, alors la différence saura se conjuguer avec l'égalité; autrement dit, il s'agira comme tâche théorique de créer les conditions de possibilité d'un discours et d'une communication d'une part, fondés sur le principe d'égalité et d'autre part rendant impossible tout temps de décalage et toute nécessité de rattrapage. L'honneur à faire des politiques consistera essentiellement en sa traduction en dynamique politique.

Pour conclure, on pourrait énoncer autrement le propos de Descartes pour lui donner une dimension programmatique et révolutionnaire: il s'agira de changer l'ordre de nos désirs pour changer l'ordre du monde. C'est peut-être ce qu'ont compris les personnages de la belle pièce de Oumar Ndao et Boubacar Boris Diop, 'Grandakar-Usine'. Las d'attendre un bus qui ne venait pas, ils ont finit par décider d'en construire eux-mêmes. La construction achevée, les acteurs découvrent à leur grande surprise un bateau au lieu d'un bus. Ils décident de le déconstruire pour construire une nouvelle fois un bus. On peut faire fonctionner ce texte comme un palimpseste où notre mémoire retrouverait le texte originel sous la plume de Frantz Fanon:
'Il y a de part et d'autre du monde des hommes qui cherchent.
Je ne suis pas prisonnier de l'Histoire. Je ne dois pas y chercher le sens de ma destinée.
Je dois me rappeler à tout instant que le véritable saut consiste à introduire l'invention dans l'existence.
Dans le monde où je m'achemine, je me crée interminablement.
Je suis solidaire de l'Être dans la mesure où je le dépasse.'

NOTES

1. T. Mkandawire, *Ajustement structurel et crise agraire en Afrique*. Document de travail, Codesria, 2/1989, p. 3.

2. D.E. Manguelle, *L'Afrique a-t-elle besoin d'un ajustement culturel?* Nouvelles du Sud, Paris, 1991, p. 12.

3. A. Kabou, *Et si l'Afrique refusait le développement?* L'Harmattan, Paris, 1991.

4. D. E. Manguelle, op. cit.

5. M. Heidegger, *'Le concept de temps'*, Cahiers de l'Herne, Paris, 1983, p. 34.

6. B. Hama & J. Ki-Zerbo, *'Place de l'histoire dans la société africaine'* In: *Histoire générale de l'Afrique, Jeune Afrique*, Stock, UNESCO, 1980, tome 1, p. 66.

7. A. Ndaw, *La pensée africaine*, NEA, Dakar, 1983, p. 130.

8. M. Heidegger, op. cit. p. 35.

9. A. Ndaw, op. cit. p. 132.

10. M. Heidegger, op. cit. p. 36.

11. Ibid.

12. L.S. Senghor, *Préface à la pensée africaine*, p. 27.

13. A. Ndaw, ibid., p. 134.

14. L. Ferry & A. Renaut, *La pensée 68,* Gallimard, Paris, 1985.

15. Kä mana, *L'Afrique va-t-elle mourir?* Cerf, Paris, 1991, p. 21.

16. G.W.F. Hegel, *La raison dans l'histoire*, 10/18, p. 5.

17. Nous trouvons trace de cette déconnexion chez F. Fanon quand il affirme: 'le colon fait l'histoire et sait qu'il la fait. Et parce qu'il se réfère constamment à l'histoire de sa métropole, il indique en clair qu'il est ici le prolongement de cette métropole ... L'immobilité à laquelle est condamné le colonisé ne peut être remise en question que si le colonisé décide de mettre un terme à l'histoire de la colonisation, à l'histoire du pillage, pour faire exister la nation ...', *Les Damnés de la terre*, Paris, 1966, p. 40.

18. Hama & Ki Zerbo, op. cit, pp 72-73.

19. S.B. Diagne, *'L'avenir de la tradition'* In: M.C. Diop (sous la direction de), Sénégal, trajectoires d'un Etat, Codesria, Dakar, 1992, p. 296.

20. Ibid. p. 284.

21. Kä Mana, p. 88.

22. J. Copans, *'Intellectuels visibles, intellectuels invisibles'*, Politiques Africaine, 51, oct.1993, p. 18.

23. M. Diouf & M. Mamdani (sous la direction de) *Liberté académique en Afrique*, Codesria, Dakar, 1994, p. 320.

24. P. Hountondji parle des trois formes d'extraversion de l'activité scientifique africaine: celle qui concerne les infrastructures matérielles, celle qui concerne l'infrastructure légère de la recherche: les livres, les périodiques scientifiques, les maisons d'éditions et administrations correspondantes, et celle, psychologique, qui fait que le choix des sujets et thèmes de recherche est plutôt fonction des attentes et préoccupations d'un public, celui du Nord. cf. P. Hountondji, *'La dépendance scientifique, hier et aujourd'hui'*, *Revue sénégalaise de philosophie*, 13-14, 1990.

25. M. Diagne, *'Contribution à une critique du principe des paradigmes domi-nants'* In: J. Ki Zerbo (sous la direction de) *La natte des autres. Pour un développement endogène en Afrique*, Codesria, Dakar, 1992, p. 112.

26. J. Copans, *La longue marche de la modernité africaine*, Karthala, Paris, 1990 p. 227.

27. M. Diouf, *Citoyennetés et recompositions identitaires dans les villes ouest africaines*, p.3.

28. Set Setal: expression wolof signifiant propre et rendre propre. L`expression ici renvoie au mouvement des jeunes (après les difficiles élections de 1988 et la crise sénégalo-mauritanienne) qui s`est lancé dans des opérations d`investissement humain pour rendre la ville propre et belle. Cette dimension hygiénique et esthétique n`a pas de sens que par sa résonance éthique et politique comme l`indique sans équivoque ce protagoniste cité par M. Diouf: 'cette grande pluie est signe de purification donc nous devons nettoyer notre quartier, le débarrasser de sa mémoire récente, des drames existentiels de tous ordres... Le Setal est dans l`esprit et le coeur de tous les jeunes. Si les gens pensent que faire du Set Setal c`est uniquement balayer les rues et peindre les murs, ils se sont trompés puisqu`il y a des gens payés pour ça. On ne peut pas faire de tous les jeunes des balayeurs de rue. Les autorités n`ont pas compris. Ils ne savent pas écouter. Faire du Set Setal, c`est se débarrasser de tout l`héritage colonial régulant notre façon d`être, de concevoir les choses. Le Set Setal c`est une obligation absolue de se débrouiller et cette nécessité de s`exprimer selon les nouveaux concepts et dans un langage nouveau, dans cette bataille pour vivre'.

29. Pour S.B. Diagne, 'La notion d`universalité latérale recouvre celle, à penser, d`un universel tel que les cultures placés côte à côte et sur un même plan, pourrait conspirer à le produire. Elle indique par conséquent une tâche, pour une époque comme la nôtre, qui est de décolonisation, de substituer à l`universel abstrait un nouvel universel', *'Difficulté de la notion d`universalité latérale'* In: *Revue sénégalaise de philosophie*, 7-8, p.151, Janvier-Décembre 1985.

30. F. Fanon, *Peau noire, masques blancs*, Seuil, Paris, 1952, p.186.

Le temps des afro-pessimistes

Yacouba Konaté, Abidjan (Côte d'Ivoire)

Plus le dormeur paraît engourdi, plus rudement il faut le secouer. Il semblerait que l'Afrique soit engourdi sinon assoupie dans l'interminable torpeur du sous-développement. A en croire Axelle Kabou, non seulement elle ne fait rien pour s'en sortir, mais encore elle s'y plaît, s'y complaît. Elle refuse le développement à force de s'envelopper dans le négrisme, le vendredisme et de bien d'autres états d'âme. En son temps Etounga Manguelle avait été moins catégorique. Axelle Kabou en revanche dira les choses avec verdeur. Or si sommeil il y a dans le sous-développement, ce sommeil ne peut-être vide de cauchemars. Aussi est-on en droit de se demander comment l'Afrique continuerait-elle à dormir malgré les innombrables cris de ses enfants dont certains meurent de faim tandis que d'autres se font la guerre?

1. L'Afrique insultée

A se porter aux devants des procédures d'évitement dont Axelle Kabou équipe l'Afrique, on court le risque de tomber sous le coup d'un proverbe certainement déjà négriste ou vendrediste: si quelqun'un te rapporte une insulte qui t'était adressée et que tu n'avais pas entendue, c'est bien le rapporteur qui est l'offenseur et non l'auteur. Aussi le rapporteur ci devant-vous qui vous prie de l'excuser de devoir être l'offenseur de service, voudrait évoquer sinon invoquer un autre proverbe vendrediste si on veut: 'on ne cache pas une plaie à celui qui est commis pour la soigner.'Si un symposium à quelque part un sens et une fonction, si les réflexions qu'il organise, soutient et diffuse, ne sont pas inutiles, il sert un tant soit peu à nettoyer, à désinfecter les problèmes dont ils traitent. A cet égard, tous autant que vous êtes, et tous autant que seront nos auditeurs ou lecteurs, nous sommes commis pour nous pencher sur les plaies de l'Afrique.

Cette présentation du problème à ceci de pervers qu'elle tend à présenter le corps de l'Afrique comme une chose en putréfaction, une chose qui donne la chair de poule tant elle suppure. Aussi nous faut-il rectifier le tir: les plaies de l'Afrique ne sont pas matérielles au sens où notre continent serait un grand tissu de teigne irriguée par des rigoles de pu et de sang. Les plaies dont ils

Etudes de philosophie interculturelle, tome 8 (1997), p. 239-250

s'agit ici sont psychologiques. Elles touchent à la conscience et semble-t-il la conscience 'africaine' du temps. Mais on peut se demander si elles ne sont pas tout autant sinon plus dans les interprétations souvent montées de toutes pièces qui sont proposées de cette conscience du temps. L'Afrique n'est-elle pas autant malade d'elle-même que des théories de la maladie qui l'enveloppent dans leurs discours; discours dont la puissance heuristique ou curative restent périphériques au corps du grand malade qui s'ignore.

Michel Foucault explique comment la conception de la maladie soumet le corps à un ordre, un système de signes et de codes. Ce code prend possession du corps, qu'il détache et découpe de la réalité pour mieux l'instruire. L'Afrique en panne ne devient pensable qu'en rapport avec une théorie de la panne; l'Afrique vendrediste est une Afrique rebaptisée par Robinson; l'Afrique en crise renvoie à une théorie de la crise, l'Afrique naufragée chavire d'une théorie de la navigation dont les Afro-pessimistes sont des capitaines en ce sens qu'ils tiennent le cap d'une mise en accusation qui se veut radicale. Acres, sucrés ou douloureux, c'est selon, voici quelques éléments des verdicts de Robinson tels qu'édictés dans *Si l'Afrique refusait le Développement?*

Pour Axelle Kabou, l'Afrique est incontestablement en retard, en retard sur son développement. Le retard du continent consiste en ce que 'l'Afrique est une grande gaspilleuse de temps, d'argent, de talents, d'énergie (Kabou, 1990, p. 24)'. Par ailleurs et toujours selon A. Kabou, 'l'Afrique vit psychologiquement au Moyen Age (Ibid. p.139)'. Avec ou sans cette imputation pour le moins hâtive, la pamphlétaire a déjà son compte de vérités-verdicts. Deux de celles-ci persiflent à dire que les Africains 'n'ont pas la notion de processus' et qu'ils s'en tiennent à une périodisation vulgaire du temps.'Donnons plus directement la parole à l'auteur: 'Ainsi, ayant expulsé définitivement la notion de 'processus' de leurs catégories discursives, ils (les Africains) s'emploient, depuis les indépendances, à ne saisir de leur histoire que les phases d'écroulement ou de splendeur; et ils se sont convaincus que l'Afrique s'est effondrée d'un seul coup (p. 98)'. Comment comprendre cette distorsion?

Une phase, par définition, consiste en une période qui dure. L'Afrique qui se regarde dans le miroir de son histoire aux travers des 'phases d'écroulement ou de splendeur', ne remarquerait certainement pas les pesanteurs charriées par celles-ci. Et quand sonne l'heure du bilan, incrédule, surprise, elle pense à un mauvais coup du sort et s'en remet à une explication soudaine et inopinée. Est-ce à dire que les Africains voient les phénomènes en devenir mais les thématisent à l'inverse comme spontanéité? Ce type de fonctionnement de la conscience, s'il existe, n'est pas plus banal que ce modèle de raisonnement qui déduit de la saisie des phases, une conscience du ponctuel. Rivée sur l'instant, la conscience africaine en deviendrait floue, incapable qu'elle est de mettre en perspective le passé, le présent et l'avenir. 'A une période ante-coloniale de rêve (dont on ne sait si elle doit remonter jusqu'aux grandes glaciations), succède une période coloniale perçue comme un temps (de) mort: une parenthèse totalement étrangère à l'histoire réelle de l'Afrique; puis vient le temps franchement ambigu des indépendances, perçu à la fois comme celui de la liberté retrouvée et comme un lieu d'égarement 'voire de perdition (ibid. p.111)'.

Tandis que le continent accumule les contre-performances du fait de ce retard, ses fils n'en ont aucune conscience. Comment pourraient-ils en prendre conscience puisqu'ils n'ont pas la notion du temps? Et A. Kabou citant un poème extrait de la rubrique de Jeune Afrique 'Nos lecteurs ont du talent' de l'année 1984, de noter pour son propre compte, c'est à dire comme une citation venant certifier son point de vue propre: 'L'essence du Noir n'est pas réglée sur le temps; le Noir prend le temps de vivre; il n'est pas pressé (p.124)'.

Comment arrive-t-on à tirer des conséquences générales et africaines, d'un courrier de lecteurs ou plus exactement du courrier d'un lecteur? La légitimation d'une telle désinvolture théorique apparaît quelques pages plus loin: 'Il n'y a aucune différence de mentalité entre les intellectuels africains et les masses (...) Tout se passe, en effet, comme si l'intellectuel africain avait honte d'en savoir plus que les masses analphabètes, et les investissait d'un savoir supérieur pour mieux revendiquer une culture populaire dévalorisée par le colonisateur, et se laver ainsi du péché de toubabisation. On retrouve ici la démarche classique du vendredisme (p.126)'. Mais comment ne pas noter également la grande facilité de Robinson à produire la 'formidable homogénéité des modes de pensées des sociétés africaines (p.129)'?

Plus qu'unanimiste, cette image de Vendredi renvoyée par Robinson est hyper-unanimiste. L'idéal-type de l'Africain qui se dégage de ces considérations est perverse à plusieurs titres: confusion entre les intellectuels africains et l'intellectuel africain et tout aussi allègrement confusion entre l'homme de la masse et les masses; confusion enfin entre les intellectuels et les masses analphabètes. L'avant garde ainsi ravalée aux positions de l'arrière garde, c'est en toute logique que cette fois A. Kabou peut dénier à l'Afrique toute velléité et toute réalité de progrès ou de mutation. 'L'Afrique en mutation culturelle est un mythe. La conscience africaine actuelle est une sorte d'espace carcéral où l'idée que l'on se fait de la 'chose du Noir', et l'idée que l'on se fait de 'la chose du blanc' se partagent des territoires distincts, coupés par une frontière excluant toute porosité. En effet, loin d'annoncer une dichotomie prometteuse de synthèse libératrice d'énergies nouvelles, le cadastre de cette conscience évoque plutôt un objet desséché et entouré de barricades. Et c'est en cela que le dualisme 'tradition-modernité' est fallacieux: il postule le progrès des mentalités vers une ouverture qui se produira d'autant moins que les sensibilités africaines sont figées, repliées sur elles-mêmes, après avoir diabolisé les valeurs de la modernité. Ce drame est loin d'être terminé. (p. 96).'

Bien entendu au nombre des valeurs diabolisées il y a le temps et par delà le temps, la machine et le système capitaliste: 'Le temps, on l'aura compris, est à la diabolisation de la machine. Par ailleurs, on abhorre le bourgeois. D'abord en tant qu'exploiteur d'ouvriers, au centre; ensuite, en tant que consommateur de chair jaune et noire, à la périphérie. Il s'agit, en somme, de deux crimes relevant d'un même chef d'accusation contre le capitalisme 'amateur comme pas un de la viande d'autrui.' Incapables de réalisme, les Africains par contre sont hantés par l'utopie.

Et l'on voit que ne pas avoir de conscience du temps, c'est en fait ne pas avoir une certaine conscience du temps qui est en fait la bonne. Celle-ci bonne pour le développement, prend la dimension d'une norme. Cela semble évident pour A. Kabou. 'Le développement n'est pas une course contre l'Occident, mais contre les maux croissants et multiples de l'Afrique. Il devrait donc se poser en termes autocentrés et actualisés.(...) Les Africains qui ressentent leur retard comme une accusation implicite d'arriération par rapport à l'Occident, et qui se barricadent derrière leurs valeurs culturelles, doivent savoir qu'ils se tendent là un piège dont ils sont seuls à pâtir; en clair, le refus du développement ne pénalise que les Africains, et cela de la façon la plus cruelle que soit.(p.112)

Aussi l'Afrique qui s'était assoupie dans la paresse de son immédiateté avait-elle besoin qu'on lui remette 'les yeux devant les orbites', qu'on lui 'remette les pendules à l'heure'... une fois pour toutes. Mais ces yeux sont-ils bien ceux de l'Afrique? Ces pendules sont-elles bien celles de l'Afrique et à quelles conditions l'heure des pendules devient-elle la référence et la norme? Réponses d'Axelle Kabou: En refusant de refuser le développement c'est à dire en rompant avec le vendredisme, le négrisme, le droit mythique à la différence et tous leurs avatars; en devenant rationnelle.

2. Précédents et récurrences

Les Afro-pessimistes ou ceux qu'on convient d'appeler sous ce nom ont ceci d'engageant qu'ils soumettent l'Afrique à une critique sans complaisance. Ils ne garantissent pas l'euphorie de l'auto-célébration culturelle à laquelle les 'africains et les africanistes depuis au moins Cheikh Anta Diop se sont abonnés. Plus de 'fiers guerriers dans les savanes ancestrales', plus de 'c'est la faute à l'Occident', plus de facilités sentimentales. En revanche que de vérités générales ressassées et quel ballet culturaliste et combien d'images surgelées pour démontrer si peu! En tout cas, elles n'arrivent vraiment à convaincre que d'une chose: l'Afrique est en crise. Et il y a urgence à réagir. D'où peut-être le ton quelque peu abrupt des propositions de la pamphlétaire. Mais à sa décharge, on peut indiquer qu'il y a une vérité de l'insulte.

L'insulte suppose la colère. Derrida disait en substance 'On ne se met pas en colère contre quelqu'un qui parle une langue étrangère' mais contre celui qui parlant la même langue, touche à notre propre rapport à la langue. Sous ce même rapport A. Kabou dérange en ce qu'elle permet de re-problématiser les rapports indolents et complaisants que bien d'intellectuels impliqués dans les questions africaines entretiennent avec les maux et les souffrances de l'Afrique. En cela ces propos nous concernent. Ils nous concernent en ce que le discours qu'ils constituent réfère à une norme du temps qui intègre un idéal spécifique de développement. Mais encore faudrait-il parler vrai! Encore faudrait-il parler juste! La véhémence du ton, la brutalité de la forme ne sont pas seulement des artifices de pamphlétaire. Elles peuvent être rapportées aux raccourcis de l'observation et aux insuffisances de l'analyse.

'Laissons de côté, à cause de leurs errements épistémologiques, toutes les observations fondées sur la conception d'une altérité fondamentale des cultures africaines et insistant, aussi abondamment que peu rigoureusement, sur les incompatibilités qu'elles présenteraient avec les univers techniques et organisationnels, productifs et dynamiques qui seraient ceux des entreprises. (Faure, 1994, p. 14). Aucune disposition humaine, aucune tendance sociale, aucune 'spécificité' à supposer qu'elle existe n'est innée ni naturelle mais reste toujours induite par l'éducation, la culture, l'histoire et à ce titre peut ne pas l'être. Aucune irréversibilité ne préside à l'adoption des habitudes. Elles ne sont pas inscrites dans les gènes mais relèvent d'accoutumances socialement déterminées.

Les données du problème de la pensée du temps dans le processus du développement sont relativement connues. Les scories de la lenteur font système avec le manque de ponctualité, de rigueur, d'initiative. Il n'a pas fallu attendre le début des années 90 pour évaluer ces dispositions comme des obstacles culturels au développement. Déjà dans le contexte colonial le problème avait été relevé par l'écrivain et dramaturge B.B. Dadié. En effet B. Koctchi (1993) note qu'un des personnages de la pièce Min Adja O de Bernard B. Dadié s'étonne de ce que son patron le renvoie de son emploi parce qu'il s'était absenté une semaine durant à cause des funérailles de sa mère.'.Et dès 1965, le colloque Tradition modernité en arrivait à un état des lieux comparable. Aussi le rapporteur d'une des commissions pouvait-il déclarer: 'Notre commission avait pour thèmes les difficultés que rencontrent les pays africains parce qu'il semble que la notion de temps soit absente de leurs conceptions et qu'ils ne peuvent pas prévoir, épargner pour investir; coordonner, planifier, toutes choses qui sont indispensables dans une économie contemporaine.(p.65)

L'exposé de la commission précédente lors du même colloque ne disait pas autre chose quand elle notait: 'Nous avons constaté unanimement que le négro-africain n'avait pas la notion de temps dans le processus économique.; le paysan africain a le souci de l'immédiat, il thésaurise , il accumule, mais des biens qui ne sont pas productifs (p. 55)'.

Autant dire: 'L'Africain vit dans le présent; il ne se préoccupe pas de résoudre à l'avance les difficultés futures; il ne se préoccupe pas davantage d'économiser pour satisfaire à ses besoins futurs. (p. 49)' Le temps constituera un thème privilégié de l'ethnophilosophie et de la philosophie dite africaine. Kimmerle (1992) dégage un espace interculturel avant de faire remarquer que le temps abstrait correspond à l'aptitude arbitraire de produire toute chose.

Intervenant trente ans après, pour faire le même constat, on peut faire droit à la véhémence d'une certaine impatience et même d'une certaine colère. La durée trop longue de la regénérescence de la société africaine, les dysfonctionnements des mécanismes de reproduction sociale et économique eux-mêmes devenus obsolescents ont fini par démontrer l'inopérationnalité de la violence réparatrice et mis en péril l'organisation sociale. La crise des sociétés africaines est grave en ce que multidimensionnelle et généralisée, elle confirme la sortie de l'Afrique du système mondial.

Dans un numéro spécial intitulé *Afrique. Naufrage d'un continent*, l'hebdomadaire français *L'Expresse* du 24 avril 1990, on peut lire dans l'article de

Christian Hoche qui donne son titre au numéro: 'Depuis dix ans, l'Afrique contemple sa propre chute. Une situation que le Fonds Monétaire International (F.M.I.) résume ainsi: de 1980 à 1988, au sud du Sahara, les paiements du service de la dette ont augmenté de 44%. Quant au produit intérieur brut (P.I.B.), ramené au nombre d'habitants, il a diminué -exemple unique au monde- de près de 10%. Découragés, les banques fuient et les sociétés industrielles se redéployent (p. 38).' On se rappellera que c'est dans ce contexte que Jacques Chirac déjà célèbre pour ses remarques sur les odeurs et les bruits drainés par les émigrés en France, lors d'une visite en Côte d'Ivoire, avait cru savoir que le multipartisme est 'une sorte de luxe pour que les pays en développement, qui doivent consacrer leurs efforts sur leur expansion économique, n'ont pas les moyens de s'offrir'.

En fait l'Afrique ne s'est pas offert le prétendu luxe du multipartisme avant de voir ses états en faillite. Selon Labazée (1995, p. 47), 'le désengagement et 'l'indifférence paresseuse et désabusée (Bayard, 1990, p. 50)' des grandes puissances se nourrissent du déclassement politique des pays d'Afrique sub-saharienne, lui-même lié à leur effondrement économique: l'investissement des nations industrielles dans l'entretien des connivences avec les clientèles politiques africaines s'épuise, dans la mesure où ces dernières ne sont plus en état d'en payer le taux d'intérêt politique.' Poursuivant l'analyse du contexte macro-économique de l'Afrique sub-saharienne; Labazée explique que tout semble conjurer les épousailles de l'Afrique et de l'idéologie économiste néo-libérale. 'Dans un contexte de déconnexion de marché mondial et de dépérissement de la base matérielle des économies nationales, la probabilité serait faible de voir émerger un homo oeconomicus qui, conformément à la loi évolutionniste néo-classique, aurait dû se dégager peu à peu des résidus d'une culture africaine de l'irrationnel et de conceptions communautaires de la production, de la répartition et de la consommation. De ce point de vue, la 'conditionnalité privée' implicite des politiques de développement ne pourrait être remplie à court ou moyen terme. (Labazée, 1995, p. 47)'

Ainsi, c'est au moment où l'Afrique remplie le moins bien les conditions d'une performance néo-libérale que l'injonction de le faire lui est intimée par ses bailleurs de fonds, ses alliés et ses complices. Alors qu'elle n'a plus aucune valeur sur le marché international et que ses gouvernements privatisent les sociétés d'Etats comme on se résout à brader des bijoux de famille, l'Afrique est invitée à renoncer à ses 'valeurs culturelles.' C'est dans ce contexte qu'en faisant l'économie d'une définition rigoureuse de ce que Boas appelait la personnalité de base, des auteurs africains se lancent à l'assaut du grand public pour vulgariser l'idéologie culturaliste, caricaturer et pervertir la culture africaine pour mieux l'incriminer. Il fallait mettre l'opinion au diapason, il fallait la mobiliser contre elle-même. Tandis que certains auteurs font dans l'amalgame et la confusion, d'autres jouant la carte de la sérénité, opèrent avec des concepts scientifiques dont l'enflure de l'irrationnel, la distance hiérarchique (Etounga, 1991), pour ontologiser et fonder anthropologiquement les différences culturelles.

3. Rationalités du temps

Mais le problème reste entier. Aucune peuple au monde, aucun être humain ne refuse le bien ni le bien le plus suprême qui est chez Aristote est le bonheur. Certes il y a des hommes et des peuples plus ou moins malheureux mais ce n'est jamais parce qu'ils refusent le bonheur mais parce qu'ils n'ont pas pu, n'ont pas su y accéder. Si on considère que le développement est le nom économique et social qu'on donne au bonheur, alors il faut en convenir, aucun peuple ne saurait refuser le développement pas plus qu'il ne refuse le bonheur? Y a t-il une ou plusieurs rationalités sans les sociétés humaines? Le progrès suppose-t-il toujours une occidentalisation? Y a t-il d'autres voies, d'autres procédures, d'autres rythmes pour y accéder?

En Afrique les motivations socio-culturelles telles qu'elles s'expriment dans les réseaux d'obligations et de redistributions l'emportent sur les logiques économiques y comprise la logique des prix. Le temps des activités traditionnelles l'emporte sur le temps productiviste, c'est d'ailleurs ce qui ressort de la remarque faite par B. Kotchi. C. Lévi-Strauss souligne que la société est d'abord un système d'échanges symboliques avant d'être un système d'échanges onéreux dans une logique d'efficience. La dimension symbolique des actes, la valeur des hommes et la personnalité des acteurs sociaux l'emportent sur les logiques économiques ou politiques. Comment nier à des sociétés qui quoique soumises à la pression du quotidien investissent si lourdement dans l'au-delà, l'absence de conscience du futur?

Au juste, peut-on avoir le sens du rythme sans avoir la notion de temps? Au fait, pourquoi et comment l'afro-pessimisme qui consiste en une dévaluation massive de la culture africaine ne propose jamais une évaluation des arts africains; de la musique et de la sculpture africaines par exemple? Comment peut-on soumettre à la question une culture sans donner la parole à ses meilleurs avocats au plan international? La musique africaine d'une part, la sculpture d'autre part sans parler de la danse et de la peinture en plein essor constituent autant de domaines où jamais l'Afrique n'est apparue indolente. La créativité et le dynamisme propres à des savoir-faire reconnus par les amateurs et les professionnels, ont inspiré et inspirent encore aujourd'hui les avant-gardes artistiques d'Europe et d'Amérique.

J. Attali dans Histoire du temps, indique que 'toute culture se construit autour d'un sens du temps; tout travail de l'homme est pensé comme un temps cristallisé, comme une accélération de celui de la nature' (1982, p. 8). En ce que le pouvoir consiste à gérer ou disposer du travail des autres, il procède comme le démontre Marx dans le livre I du Capital d'une accumulation du travail et donc d'une accumulation de temps. Ce temps n'est pas uniforme et il comporte plusieurs niveaux d'authenticité. 'La fonction première d'un pouvoir est donc de donner un sens aux multiples temps du monde, de les nommer et d'organiser la vie collective en fonction de leur écoulement et de leur retour, de donner l'ordre de faire ou de ne pas faire', et donc d'indiquer le temps de faire, de ne pas faire, de ne plus faire.

En fait, les sociétés africaines confient à la communauté et notamment aux organisations telles les associations et les tontines le soin de les assurer contre les aléas du futur. A l'attention de D. Etounga qui à la suite de Kluckohn; Inkels et D.J. Levinson, puis Bollinger et Hofstede, définissent les sociétés par un certain nombre de repères dont le contrôle d'incertitude, les autres étant la distance hiérarchique, les rapports au temps et au divin, la nature du pouvoir et de l'autorité, il ne serait peut-être pas inutile d'indiquer que la religion n'est pas le seul régulateur de l'incertitude. Par ailleurs alors que dans la pensée économique libérale, les agents engagés dans des schèmes d'anticipation rationnelle, sont assimilés à des individus calculateurs, les agents économiques africains intègrent plusieurs logiques sociales. 'Si des effets de retard, repérables dans le comportement de ces agents face aux mutations des champs économique et politique, attestent bien de la présence agissante d'une histoire incorporée, on ne peut pour autant traiter les 'traditions', les 'valeurs' et les 'moeurs' comme autant de substances inertes et dégagées des conditions sociales qui les engendrent et les actualisent à chaque moment (Labazée, 1995, p. 50).'

Le temps de l'horloge qui passe pour être le temps du développement ne signifie pas travailler pour vivre, n'en déplaisent à ceux qui pensent que 'les salariés africains travaillent pour vivre, mais ne vivent pas pour travailler (Kabou, p. 157)'. Il entraîne dans son système l'épargne, l'accumulation, le profit, la prévision, la longue durée. 'Le temps devient de l'argent, quand l'homme devient machine, le ressort et l'ancre donnent à la classe bourgeoise la maîtrise du temps des ouvriers (Attali, 1982, p. 35)'. Le temps de l'horloge intervient en Europe au terme de procédures économiques et politiques précises. La dynamique de l'expansion européenne au XVIIè siècle, conduit à ne pas prendre soin seulement du corps social mais aussi du corps humain individuel. L'époque de la théorie cartésienne des animaux machines est ainsi le temps des machines. Les progrès de la biologie et de la chirurgie aidant, le corps humain se pense, se répare comme une machine. Dans le même temps l'usage de son temps se fera comme un chronomètre. 'Le temps devient de l'argent, quand l'homme devient machine, le ressort et l'ancre donnent à la classe bourgeoises la maîtrise du temps des ouvriers (Attali, 1991, p. 35).'

Conclusion

Les Afro-pessimistes subissent l'effet des influences déformés des thèses weberiennes. A partir d'observations expéditives, ils constituent tout aussi hâtivement un éthos économique comme un système d'actions qui encouragent l'épargne, le respect du temps de l'horloge, l'enrichissement et partant dégagent l'envers de ce décor comme tout ce contre quoi s'édifie l'entreprise: dépenses, ostentation, élasticité du temps. Cet envers apparaît dans la dimension du pathos culturel. On ne guérit pas le malade de l'extérieur. Mais on ne change pas le fonctionnement d'une société de l'extérieur ni contre elle-même et ses valeurs mais plutôt à partir de ses dispositions internes manifestes ou latentes au changement à partir des enseignements tirés des défis qu'elle a déjà su relever.

Le culturalisme conduit sûrement à ce dont il procède: l'économisme. A Prétendre juger de la pertinence de l'économie à partir d'un ancrage économiste, l'afro-pessimiste développe une évaluation normative des sociétés africaines à l'aune de la productivité entrepreneurial occidentale projetée comme universelle. Mais une société n'est pas une entreprise et pas plus qu'il n'existe pas de société qui ne veuille pas le bonheur, il n'existe pas de société sans homme habile en affaires. Wangrin le héros du récit d'Hampaté Bâ en est un exemple truculent.

Dans *L'Ethique protestante et l'esprit du capitalisme*, Max Weber établit l'influence de facteurs religieux et culturels sur l'esprit d'entreprise, depuis les

effets intra-mondains sur l'accumulation de capital d'un corps de croyances qui prône l'abstinence, valorise l'épargne et proclame la possibilité d'accomplissement des individus dans les actes professionnels et dans l'activité économique. Dans son étude consacrée au commerce informel entre le Nigéria et le Niger et donc les principaux acteurs sont les commerçants dits Haoussas, Labazée montre ces agents économiques ont développé des fortes communautés marchandes en rapport avec les fortes demandes monétaires des lignages, les pressions communautaires, l'importance métaphysique de la mort, l'importance financière des funérailles, les valeurs et les obligations religieuses islamiques, toutes choses qui rendent l'enrichissement utile, désirable et même indispensable pour conserver mériter dignité et respect dans la société.
On ne travaille pas pour travailler et les sociétés organisent leur temps en fonction de leurs intérêts et des normes de conduite qui prévalent. Les comportements ne sont pas des atavismes biologiques mais des apprentissages historiques qui se modulent en rapport avec la demande sociale.

Non, l'Africanité ne s'est pas épuisée avec la crise et encore moins avec la dévaluation. Au delà du classicisme et du naturalisme, les traditions se renouvellent à la pointe de réussites mal connues. Et plutôt que d'évaluer une société par rapport à ces contre-performances, il serait plus utile et pertinent de l'aborder de temps à autre par rapport à ses succès indéniables. Chacun de ceux-ci pourrait informer sur les conditions de possibilité du succès.

Bibliographie

Attali, Jacques, *Histoire du temps*, Paris, Fayard, 1982.

Derrida, Jacques, *Douze leçons de philosophie*, Paris, La Découverte/Le Monde, 1985.

Etounga Manguelle, Daniel, *L'Afrique A-t-elle besoin d'un programme d'ajustement culturel?* Paris, Ed. Nouvelles du Sud, 1991.

Faure, Yves-A, *Petits entrepreneurs de Côte d'Ivoire*, Ed. Karthala, 1994.

Kabou, Axelle, *Et si l'Afrique refusait le développement?* Paris, Ed. L'Harmattan, 1991.

Kimmerle, Heinz, *Art and philosophy in the developpement of sub Saharan Africa*, Dans: International sociology, Vol. 7, 1992.

Koctchi, Bathélémy, *Culture africaine et entreprise moderne,* Dans: Questions actuelles, Abidjan, 3è trim. 1993.

Labazée, Pacal, *Petite histoire d'un grand mariage entre le néo-libéralisme et le culturalisme*, Bulletin no. 9, jun. 1995 APAD Association Euro-Africaine pour l'Anthropologie du changement social et du développement, Marseille.

Les Rencontres Internationales de 1965, Paris, Ed. du Seuil 1965.

Du temps comme dimension au temps comme condition de développement

Issiaka-Prosper Lalèyê, St. Louis (Sénégal)

De Saint Augustin aux horloges atomiques actuelles, en passant par Descartes, Kant, Bergson et Ferdinand Gonseth, les penseurs européens ont soumis le temps à une élaboration théorique impressionnante et particulièrement perspicace. Tantôt abordé comme concept, plus souvent traité comme une de ces 'données immédiates de la conscience' en-deçà desquelles il est malaisé à l'intelligence de retourner, ou défini par Kant comme une des deux formes a priori de la sensibilité, le temps peut être certainement considéré comme un des thèmes permanents de la métaphysique et de la physique européennes.

De nos jours, tandis que s'estompent à l'horizon les intuitions d'un Newton qui tenait l'espace et le temps pour des sens de Dieu (sensorium dei), l'agir quotidien de l'ensemble de l'humanité apparaît comme gouverné par une conception du temps et un sens de l'espace qui l'un et l'autre commandent une stratégie qui se déploie à l'échelle de la planète.

Nous avons coutume d'appeler développement l'ensemble complexe des phénomènes globaux suscités et entretenus par cette conception du temps et ce sens de l'espace. C'est la raison pour laquelle je me propose de consacrer ma présente communication à la mise en lumière de quelques mécanismes de la situation globale actuelle. Cela se fera à la faveur d'une méditation sur le temps conçu comme réalité vécue. La première partie de mon exposé sera donc consacrée à une phénoménologie de la temporalité subjective. Dans la deuxième partie, j'examinerai le temps à partir du groupe social comme lieu d'insertion du sujet pensant désormais certain de son être-au-monde. Puis dans la troisième partie, j'étudierai notre conscience du développement vécue comme une expérience interindividuelle, intra et inter-sociale.

I. Phénoménologie de la temporalité subjective

S'il est si difficile de penser au temps sans le relier à l'espace, c'est que la conscience qui est à la fois le lieu et le moteur de la pensée sous toutes ses formes, avec et y compris la pensée du temps, est essentiellement mouvement. Pour comprendre cette assertion, je propose qu'on examine notre expérience

Etudes de philosophie interculturelle, tome 8 (1997), p. 251-265

de la pensée du temps, intérieurement à la conscience et au sujet conscient d'une part et, d'autre part, extérieurement au sujet mais intérieurement à la conscience. La différence entre ces deux dimensions de notre expérience mérite d'être signalée parce qu'elle repose sur la permanence de la conscience, ce qui signifie son caractère de facteur incontournable, que le volet d'expérience choisi pour la réflexion sur le temps soit intérieur ou extérieur au sujet pensant.

C'est assurément à René Descartes que l'on pense dès qu'il est question du sujet pensant et de son expérience intime. Cependant la formule la plus populaire de cogito ne comporte aucune allusion au temps: Cogito ergo sum! A entendre ces trois mots, on semble les situer d'emblée hors et comme au-dessus du temps. N'oublions pas, cependant, que le *Discours de la méthode* n'était qu'une préface, une sorte d'exposé délibérément raccourci pour ne pas dérouter '...ceux mêmes qui n'ont point étudié..'que Descartes conviait pourtant à conduire leur raison et chercher la vérité dans les sciences.[1,2] Aussi n'est - on pas surpris que dans la deuxième Méditation, Descartes considère plus amplement son expérience intime - fondatrice de toute sa philosophie - en la questionnant sous le rapport du temps. 'Je suis. Mais combien de temps?' se demande-t-il. Puis il répond: 'Autant de temps que je pense!'[3]

La netteté de cette réponse jointe à la concision de la question qui l'a suscitée permettent de soutenir une chose: pour le sujet humain, l'être et le temps se donnent dans une seule et même expérience. Et lorsque, trois siècles après Descartes, Henri Bergson écrit: 'Nous ne pensons pas le temps réel: mais nous le vivons, parce que la vie déborde l'intelligence', il semblera ne faire que confirmer l'immanence du temps et de la vie.[4] En fait, il y a dans l'expression bergsonnienne une affirmation plus radicale quant aux conséquences que l'on peut en tirer, à savoir l'impossibilité, pour le sujet pensant, de penser la vie; car cela semble requérir que ce sujet sorte du temps pour mieux se le soumettre, ce qui, de toute évidence, est impossible!

Toutefois, la référence de Bergson au 'temps réel' permet de recentrer la réflexion. Puisqu'aussi bien nous savons tous - d'une certaine manière - que le temps se donne à penser autant que la vie! Sans quoi, y-aurait-il toute cette biologie aujourd'hui si triomphante ou toute cette technologie du temps grâce à laquelle l'humanité actuelle a construit ses horloges atomiques? A moins que ce temps et cette vie que notre science d'aujourd'hui et nos techniques hautement sophistiquées ont réussi à maîtriser et continuent de se soumettre ne soient pas le temps et la vie réels!

Plutôt que de chercher à distinguer un temps réel d'un autre qui ne le serait pas, je trouve préférable de distinguer le temps subjectif du *temps objectif*. Aucun de ces deux temps ne serait plus réel que l'autre. Dès lors, le temps subjectif serait celui de la durée ou plus simplement la durée elle-même en tant que vécu intime, pendant que le temps objectif serait une sorte d'abstraction commode grâce à laquelle le sens commun aussi bien que la science ont coutume de se représenter 'Un milieu indéfini, analogue à l'espace (et) dans lequel se dérouleraient les événements chacun y marquant une date...'ou un repère.[5]

Si l'on ne veut pas rouvrir le débat métaphysique sur le temps et en faire la condition préalable de toute réflexion sur les rapports du temps et du développement, il faut se contenter de cette distinction entre le temps subjectif et le temps objectif. Elle suffit pour faire comprendre comment, pour le sujet individuel pensant, un autre temps, objectif celui-là, s'offre à l'expérience autant qu'à la pensée. Et si l'existence du temps subjectif est indissociable de celle du sujet, celle du temps objectif, par contre, est si totalement affranchie de l'autorité du sujet que ce dernier paraît devoir se soumettre à elle.

La conscience, ai-je dit plus haut, est le moteur de la pensée sous toutes ses formes. Mais nous savons aussi que la conscience est de la pensée ou n'est rien. C'est qu'en langue française tout au moins, la pensée en acte et les acquisitions et produits de cet acte portent un seul et même nom: celui précisément de pensée. Et comme l'a si bien fait remarquer Edmund Husserl reprenant l'héritage légué par Descartes, la pensée comme acte pur est impossible. Ce dont le sujet pensant fait l'expérience constante et universelle à l'échelle de l'homme, *c'est la pensée pensant ses pensées: Cogito cogitata ergo sum!*

La relation qui unit le sujet pensant à lui-même dans l'exercice de la pensée a beau être subtile et fugace, son analyse révèle très vite l'importance du rôle que le mouvement y joue. La difficulté ici - et elle est énorme - consiste à être capable de ne pas projeter dans l'espace et notamment dans un espace matériel, ce qui de fait, ne s'offre et n'est accessible que selon une succession immatérielle et même a-temporelle. La saisie de son objet (de pensée) par une pensée en acte ou en train de s'épancher s'effectue selon une modalité qui fige le temps, le réduisant à l'instant précis de l'accès du sujet pensant à la conscience et à l'inébranlable certitude de son existence. Mais, au fur et à mesure que le sujet pensant va d'un objet de pensée à un autre objet de pensée, ou que demeurant fidèle à un seul et même objet, il se représente comme *le pensant*, ce sujet pensant découvre le mouvement qui lui permet de faire ses allées et venues de lui-même à lui-même, par son objet interposé. Cette représentation de soi de sujet pensant, au moment-même où il se livre à l'acte de pensée, c'est ce qu'Emmanuel Kant a appelé *l'aperception*.[6] Et s'il la qualifia de *transcendantale*, c'était pour mettre en lumière cette espèce de synthèse que le sujet pensant fait de lui-même grâce et à travers ses expériences de pensée.

La présence du mouvement ainsi situé à la triple racine du sujet, de la pensée et du temps, permet de chercher à comprendre comment s'organise dans l'expérience intime le phénomène du développement. Il convient de faire remarquer que si le temps paraît inexistant ou figé lorsque *l'ego cogito* (le sujet pensant) découvre son être en adhérant à sa pensée, ce temps subjectif se remet cependant en branle aussitôt que le sujet pensant se plaît à considérer ses différents objets de pensée et les observe l'un après l'autre, ou le même à plusieurs reprises. L'intimité de cette remise en mouvement du temps est ce qui fonde sa nature de vécu en même temps que ce temps se révèle être ou n'être que la durée. Comme telle, elle est rebelle à toute mesure, étant donné que chaque fois que le sujet, dans sa stricte intimité, décide de se fixer à un de ses objets de pensée, le temps est aussitôt comme suspendu. Et dès que le sujet pensant reprend ses pérégrinations intérieures, le temps également intérieur redémarre, subissant l'accélération ou le ralentissement au gré des options toutes subjectives et intimes d'un sujet pensant, littéralement roi en cet univers clos.

Il n'empêche cependant que c'est dans cet 'espace' extensible et compressible de la pensée subjective que le sujet pensant fait l'expérience du développement. Celui-ci s'offre à lui comme la conscience du déploiement de sa propre capacité de pensée dont les différentes étapes, enregistrées qu'elles sont par la mémoire subjective, sont progressivement intégrées à une totalité qui présente au sujet une sorte de miroir dans lequel se reflète son unité d'être.

Si le sujet pensant se fixait à un de ses objets et, de ce fait, arrêtait le déploiement de la durée, l'unique image de cette adéquation de soi à soi que la mémoire du sujet lui offrirait serait la parfaite représentation de l'immobilisme. Mais, aussitôt que le sujet pensant se détache de chaque objet pensé pour en penser un autre, la diversification des images accessibles à l'aperception correspond en même temps au déploiement du développement comme phénomène intime.

La solitude méthodique indispensable pour qu'apparaissent simultanément à la conscience du sujet pensant la certitude de son existence et le déploiement du phénomène du développement ne saurait durer indéfiniment. Trois remarques la concernant doivent cependant être encore faites avant de pouvoir considérer l'expérience du temps au niveau d'un sujet pensant replacé dans les nombreux réseaux de relation qui l'intègrent à son groupe.

La première de ses remarques est qu'il s'agit d'une pseudo-solitude. Ce qui ne veut point dire qu'elle soit fausse, loin de là. Il s'agit néanmoins d'une solitude feinte en ce sens que le sujet pensant qui s'y engage a déjà subi l'influence qui se trouve à l'origine de toutes les autres facultés telles l'attention, la mémoire, l'imagination et la volonté sans lesquelles aucune expérience de la pensée n'est envisageable, aussi intime soit-elle.

L'expérience intime du sujet pensant qui lui révèle sa propre profondeur s'effectue, en vérité, en des 'lieux' si profonds de la subjectivité qu'ils échappent à tout discours et à toute conceptualisation. La deuxième remarque est que c'est pourtant ce développement intime qui force le sujet à sortir de la pensée et donc de sa solitude méthodique. Il est ainsi propulsé dans le monde comme témoin privilégié de sa propre progression intérieure. Or, il s'agit autant du monde de la nature que de celui des autres hommes. En devenant le nouvel espace du déploiement du développement du sujet, ce monde naturel et humain devient en même temps le lieu de manifestation des formes différentes de développement.

La troisième remarque est la suivante: le mouvement imperceptible de l'extérieur mais intensément vécu de l'intérieur de la subjectivité qui porte le sujet pensant de chaque objet qu'il pense à un autre objet, est déjà une *action*. C'est l'action qu'est la pensée, toute pensée. Et l'émergence du phénomène du développement du sujet enregistré par l'aperception doit d'exister à cette forme primitive et si fondamentale de l'agir. Mais, quand s'interrompt la solitude volontaire et que le sujet pensant est replacé dans le monde naturel et humain qu'il n'avait pu que mettre entre parenthèses, avec l'apparition de cet espace nouveau s'amorcent aussi les actions nouvelles par rapport à la pensée intérieure; actions nouvelles qui, non seulement permettent au sujet de reprendre sa place et ses divers rôles dans le tout social qui est le sien, mais encore et surtout lui offrent de nombreuses occasions d'expérimenter la richesse et la diversité intrinsèque de sa subjectivité, de son moi.

II. La pensée du temps comme expérience collective

L'une des caractéristiques dominantes de l'expérience humaine collective est sa dépendance vis-à-vis du langage. L'examen des diverses langues concrètes offre, par conséquent, la possibilité de vérifier la manière dont l'expérience collective du temps a été vécue par les différents groupes humains se servant de ces langues. Pour cette raison, autant l'expérience subjective et individuelle de la pensée du temps a des chances d'être universelle, autant la pensée collective du temps a des chances de porter chaque fois les marques de son enracinement dans un lieu et dans une histoire.

Mais je ne parle que de 'chances'. Car, bien qu'elles aient été entreprises dans le but de parvenir à mettre en évidence les particularités des diverses conceptions sociales du temps, les études de la diversité culturelle du temps ont cependant été victimes d'une méprise importante.[7] A savoir que les discours grâce auxquels l'on a entrepris de rendre perceptibles les particularités socio-culturelles d'une conception donnée du temps ont considéré comme inexistant, ou comme ne possédant qu'une influence négligeable, le traitement spécifique du temps que comporte la langue dans laquelle ces discours s'expriment. Exemple: croire que l'on peut se servir impunément de la langue française pour rendre manifestes les particularités de la conception non pas africaine, mais wolof, diola, yoruba, peulh, et cetera du temps.

Cependant, le fait de prendre conscience ou même simplement de supposer que chaque langue possède une influence déterminante sur la conception du temps propre aux hommes qui se servent de cette langue ne devrait pas induire à poser le problème de la méthode la plus apte à restituer le plus fidèlement possible l'infinité de conceptions du temps que véhiculent les langues concrètes humaines également en nombre infini, aussitôt qu'on les imagine non pas seulement dans l'espace, mais justement dans le temps! Il me paraît plus intéressant de s'interroger, au contraire, sur la manière dont le langage comme faculté humaine propre aborde et traite le temps. Ainsi, au lieu d'une infinité de problèmes appelant une infinité de solutions, des éléments de solution permettant de mieux éclairer un seul problème libéreront notre réflexion et l'orienteront vers l'état actuel de notre conscience du développement.

L'abandon des langues concrètes pour le langage me paraît posséder l'avantage supplémentaire que voici. Nous nous focalisons pour l'instant sur le temps en raison de l'invitation qui nous est adressée à rendre compte de notre pensée du temps en même temps que de notre conscience du développement. Mais il va de soi que la manière dont le langage humain aborde et traite le temps a de fortes chances de n'être pas radicalement différente des manières dont il aborde d'autres notions aussi importantes que le temps, comme sont les notions de Dieu, de liberté, de monde ou de volonté. Comprendre comment le langage traite le temps peut ainsi être une des meilleures manières de commencer à comprendre comment au-delà de toutes nos langues particulières, le langage de notre époque traite une chose qui nous semble aujourd'hui aussi importante que ce que nous appelons développement.

Au terme d'une étude savante et minutieuse du temps dans le langage, Ferdinand Gonseth croit avoir réussi à mettre hors de doute l'affirmation suivante:`...ce que le langage parvient à dire, il ne le fait que très partiellement à l'aide de significations qui seraient localisées dans les mots. Ceux-ci prennent une partie de leur sens de leur participation à des locutions, à des façons de dire, à des combinaisons et à des jeux discursifs multiples et variés. Le langage institue des dialectiques, une dialectique de temps par exemple, qui n'est elle-même qu'une approche de la théorie mathématique du temps envisagé comme un continu linéaire'.[8]

On commencera par noter que ce qui est dit des mots n'est ni qu'ils n'ont point de significations, ni que celles-ci pourraient être d'importance dérisoire. L'important se trouve dans le fait que quelle que soit la signification conférée à un mot isolé, hors de tout contexte d'utilisation réelle de la langue, cette signification n'est que partielle. Comme telle, elle est appelée à s'incorporer à de nombreuses autres significations qui ne seront révélées qu'à l'occasion de locutions, de façons de dire, de combinaisons et de jeux discursifs eux-mêmes multiples et extrêmement variés. Cela veut dire que la signification résultante ou terminale d'un mot, quelle que soit la langue concrète considérée, est un produit de l'utilisation de la langue où se situe ce mot. Gonseth ayant mené son analyse en considérant tour à tour le prédicat, le verbe et l'adverbe, non comme des propriétés concrètes d'une langue particulière, mais comme des fonctions génériques et générales de la faculté de langage, ce que contient l'expression d'une des conclusions auxquelles il est parvenu telle que l'évoque la citation faite ci-dessus, vaut pour le langage en tant que tel et non pour la langue française en particulier. Langue dans laquelle Gonseth a non seulement exprimé sa réflexion, mais l'a surtout conçue et réalisée comme expérience de pensée.

On notera ensuite cette importante affirmation de Gonseth selon laquelle le langage institue des dialectiques. Celle du temps par exemple. Quelles que soient les significations minimales ou primitives qu'une langue concrète donnée a pu conférer au mot temps tel qu'elle le contient, (temps, time, tempo, zeit, etc.) c'est la dialectique instituée par cette langue qui mériterait d'être interrogée si l'on veut mettre en lumière les particularités de la conception du temps qui caractérise cette langue. Comme l'analyse de Gonseth n'est point située au niveau des langues, mais plutôt à celui du langage, ce qu'il dit de la dialectique qu'institue le langage au sujet du temps possède, en conséquence, l'avantage d'installer notre effort de compréhension au-delà de toute langue particulière. Or, Gonseth fait remarquer que '... la dialectique du temps que le langage institue par l'intermédiaire du verbe n'est encore qu'une ébauche de ce que le mathématicien... est capable d'édifier dans des formes plus précises'.[9] La construction du mathématicien, s'agissant du temps n'étant rien d'autre que le continu linéaire mentionné plus haut, on peut comprendre comment, d'une façon générale, tout utilisateur du langage ne dispose pas d'un côté d'un univers de choses et de faits préalablement donnés et, d'un autre côté, des ressources d'une langue appelée à désigner et décrire ces êtres et ces faits de la façon la plus adéquate, la plus fidèle et, pour finir, la plus vraie possible. 'Ni la façon d'être pour nous - écrit Ferdinand Gonseth - de tout ce qui pourrait être dit, ni le langage capable de lui donner sa forme discursive ne nous sont donnés à l'état séparé'.[10]

Il découle des deux remarques faites ci-dessus que dès qu'elle est mise en fonction, la capacité de langage déploie des dialectiques productrices de significations à partir de significations primitives et minimales que chaque langue particulière a conférées aux mots dont elle se compose. Cela étant vrai du temps, l'analyse de ce pouvoir propre au langage telle qu'elle fut faite par Gonseth permet de comprendre comment le temps est une construction, une production. Or, l'espace de l'existence et du déploiement du langage comme réalité ou faculté humaine n'est pas l'individu; c'est le groupe, c'est la société. Le fonctionnement du langage permet, par conséquent, de comprendre comment dès qu'on franchit les limites du sujet individuel, le temps devient une production collective dont le langage abrite la dialectique.

Envisagée tour à tour au niveau de l'individu isolé et du group collectif ou social, notre méditation sur la pensée du temps aboutit à une double incapacité de savoir ce qu'il est.

En effet, au niveau de l'expérience que fait le sujet pensant volontairement isolé dans sa pensée, la saisie du temps par la conscience et celle de la certitude d'être sont si intimement liées que tout ce qu'il est permis de dire est que le temps et l'être se donnent en même temps, sans qu'il soit possible de préciser davantage ce qu'est l'être autrement qu'en disant de façon apparemment tautologique, que l'être est le temps ou que le temps est l'être.

Par ailleurs, une fois évité le piège d'une exploration horizontale des diverses langues concrètes, à la recherche de leurs conceptions propres (parce que culturelles) du temps, nous avons pu constater que grâce au langage et aux dialectiques qu'il a pour fonction d'instituer, le temps est une production collective sans que cependant il nous soit possible de dire ce qu'il est au juste. Et cela, quand bien même il serait entendu que les dialectiques qu'institue le langage ne fonctionnent pas et ne produisent pas à partir de rien (ex nihilo), mais bien plutôt à partir des significations primitives disséminées dans les langues concrètes et grâce à l'utilisation que font les locuteurs de ces langues de leur faculté de langage.

La référence au temps mathématique dont Gonseth affirme d'ailleurs qu'il est un construit produit par le mathématicien dans le prolongement de l'élaboration que fait le langage du temps, permet de maintenir comme horizon du temps subjectif et du temps collectif ce temps mathématique qui fait figure, dès lors, du véritable temps objectif. Voyons, à présent, comment les trois temps ainsi distingués permettent de considérer notre conscience du développement non plus comme un phénomène intime et intrasubjectif, mais bien comme une réalité socio-historiquement vécue à l'échelle de l'humanité actuelle et de la planète.

III. La conscience du développement

Depuis que la société industrielle a donné naissance à la sociologie, les frontières de cette société n'ont pas arrêté de s'étendre. Les analyses et les conclusions relatives à la société en tant qu'entité évoluant toujours et partout dans le contexte d'autres sociétés en arrivent à perdre peu à peu leur adéquation à leur objet, étant donné que celui-ci, en tendant à faire coïncider ses limites avec celles de l'humanité, accède subrepticement à la situation d'une société *seule au monde*. Il ne me semble pas que la sociologie se soit déjà rendue compte de cette transformation lente mais réelle et apparemment irréversible. C'est pourtant d'elle qu'on doit partir si l'on veut comprendre le fonctionnement de la société planétaire actuelle et poser adéquatement les différents problèmes que rencontre notre conscience actuelle du développement.

L'exploration de l'expérience subjective du temps continue d'alimenter le génie artistique sous toutes ses formes. Chanteurs, poètes, peintres et sculpteurs continuent de nous émerveiller par les extériorisations d'une expérience de la temporalité qui demeure inaccessible aux autres moyens de connaissance, faisant persister un mystère que nul ne semble pressé de percer. Au même moment, les traitements collectifs du temps qui caractérisent les diverses cultures humaines continuent d'évoluer et de résister, consciemment ou non, aux tentatives d'invasion ou d'annexion que les cultures semblent condamnées à exercer les unes sur les autres. Mais, au même moment, la *mégasociété* vers laquelle le dynamisme des sociétés industrielles avancées fait tendre les limites de l'humanité, est en train d'acquérir une autonomie d'existence et de fonctionnement dont les multiples conséquences sont d'ores et déjà partout visibles.[11]

Ce qui me paraît intéressant à noter, c'est la manière dont cette mégasociété se joue des résistances des microsociétés et instaure progressivement une loi implacable à laquelle il semble bien qu'aucun groupe humain particulier ne peut plus se soustraire. Je prétends en effet que dans l'intervalle d'un siècle à peine, en faisant semblant de laisser les microsociétés (sociétés ordinaires de jadis) continuer à vivre selon leurs rythmes propres, se laissant dorloter au ronronnement de leurs contes, légendes, mythes et coutumes, la mégasociété a entrepris de se les soumettre toutes, et cela, d'une manière dont la caractéristique est, à mon avis, qu'elle passe moins par les paroles ou les débats théoriques que par des actes et des dispositions pratiques.

C'est ici que l'on peut retrouver un des avantages complémentaires de la réflexion menée par Ferdinand Gonseth sur le traitement auquel le langage soumet le temps. Mais, pour cela, il faut s'empresser de rappeler que le langage contient et dépasse les langues, faisant appel à des modes de communication extra-linguistiques qui ont cours à une échelle désormais planétaire. Partie des sociétés industrielles avancées, une certaine dialectique du temps s'est déjà instituée. Cette dialectique consiste en un nouveau langage qui évolue au-dessus et au-delà des langues particulières. Ces dernières semblant ne pas s'apercevoir du processus d'englobement qui les emporte toutes dans un même mouvement, malgré leurs querelles intestines.

C'est dans le contexte de la mégasociété à l'origine, aux composantes et au fonctionnement ici brièvement évoqués que nous devons situer notre conscience du développement. Les interminables discussions portant sur le sens du mot développement ont fait la preuve de leur inutilité. Les tentatives les plus sincères pour trouver une alternative au développement se sont heurtées à la nature apparemment indéracinable et incontournable du phénomène. Le développement continue donc de soumettre tous les êtres, toutes les choses et tous les faits à sa loi, sans que l'on puisse savoir pourquoi, comment, pour qui et jusqu'à quand.[12]

Mon sentiment est que les actes que les sociétés aujourd'hui dites industrielles ont posé, dans leurs rapports avec les autres sociétés de la planète, au fur et à mesure que ces sociétés périphériques consolidaient leur organisation selon le modèle occidental, ont été des éléments du nouveau langage qui institue le temps nouveau dans le cadre duquel s'inscrit ce que nous appelons *développement.*

Sans s'attarder sur la question de savoir si ce développement est en vérité un 'sous-développement', un 'mal-développement' ou un 'pseudo-développement', les actes auxquels je pense ici vont de l'aménagement des territoires à l'introduction de l'Etat comme forme spécifique d'administration des hommes, en passant par l'introduction de l'école, de la monnaie, des moyens dits modernes de communication, de production, de commercialisation et même de consommation. L'extrême variété de ces dispositifs qui enserrent les individus, les groupes et les nouveaux ensembles nationaux soumis à l'autorité, et, pour ainsi dire, à la loi des métropoles de jadis, jointe à la durée d'installation de ces dispositifs de production, d'échange et de consommation des biens de tous ordres, peut permettre de comprendre la profondeur atteinte dans l'instauration du nouveau langage régissant le monde actuel, sans distinction de tribus, d'ethnies, ni même de continents.

Qu'on ajoute à cela le découpage de l'année en douze mois de trente jours, et de chaque jour en vingt-quatre heures rigoureusement régies selon la rotation du globe terrestre à partir d'un même méridien, et l'on commencera de comprendre de quelle façon la terre entière se trouve soumise à un même rythme de vie, à un même temps, par le simple fait que le langage qui est le sien est désormais un seul et même langage.

La conscience du développement qui en découle n'est donc rien de moins que celle d'une planétarisation. La terre étant devenue le cadre que s'assigne une mégasociété productrice d'un mégalangage.

Comme dit plus haut, les éléments de ce mégalangage se situent au-delà des mots. Comme tels, ils échappent à la discursivité tant de la part de ceux qui alimentent son élan que de la part de ceux qui subissent sa loi. Et comme en plus les éléments de ce mégalangage sont essentiellement des actes, les traces dérisoires de tels actes cachent indûment les mécanismes qui assurent le fonctionnement grâce auquel ce mégalangage travaille à la pérennité de sa dialectique et de son temps propres.

En conséquence, sans porter ouvertement atteinte aux diverses conceptions du temps centrées dans les micro-sociétés et leurs micro-cultures, le méga-temps produit par le mégalangage de la mégasociété déploie, sous nos yeux, les équations apparemment insolubles du développement tel que nous sommes obligés de le vivre.

Une des conséquences à la fois aberrantes et cependant imperceptibles de la domination de ce mégalangage est que le devenir des sociétés périphériques est totalement construit et pensé dans les termes d'un temps exogène. Qu'est-à-dire?

La participation de chaque individu au fonctionnement de sa micro-société est le moyen le plus naturel par lequel, sans supprimer le temps subjectivement vécu, ce temps est néanmoins supplanté par le temps collectivement produit. Etant donné que la solitude à la faveur de laquelle le sujet pensant accède à la conscience de son existence et pense son temps n'est qu'une pseudo-solitude, il serait plus juste de reconnaître une influence constitutive du temps collectif sur le temps subjectif. C'est en tout cas ce que les découvertes de la psychanalyse[13] auront contribué à mettre en lumière.

On peut donc dire que la solitude subjective étant un acte volontaire et provisoire du sujet, lorsque celui-ci réintègre sa place et ses différents rôles dans le tout social, il ne peut que se sentir profondément chez lui. Même si, qu'il soit métaphysicien ou non son intégration et son maintien dans sa propre société continuent d'exiger de lui conscience et vigilance.

Il n'en va pas de même pour une société sommée d'intégrer la mégasociété pour y prendre une place et jouer un rôle qui n'ont jamais été les siens. C'est l'ordonnancement des différentes positions qui constituent cette place et l'ordonnancement des actes qui composent ce rôle qui créent le nouveau langage et le temps nouveau qui imposent leur loi à l'ensemble des sociétés subjuguées par la mégasociété. D'où le caractère exogène de ce mégatemps.

D'où aussi le sentiment de fuite en avant que l'on éprouve - à partir des sociétés dites sous-développées, quand on considère les efforts infructueux qu'elles déploient pour épouser le rythme du langage que leur imposent les sociétés dites développées. Sentiment de fuite en avant, non point vers des horizons qui, en nous renvoyant ne serait-ce qu'une image agrandie de nous-mêmes, nous offrirait comme une consolation, l'impression de finir par nous rejoindre et comme nous retrouver quelque part. C'est au contraire le sentiment d'une fuite en avant vers un gouffre sans fond. D'où un vertige croissant et avec lui, une angoisse grandissante.

Certaines questions ne sont pas examinées ici, bien que leur intérêt pour notre réflexion soit des plus évidents. Parmi elles, je me permets d'en évoquer cinq.

1. Que peut bien être le temps pour Dieu, je veux dire en se plaçant du point de vue divin?

2. Y-a-t-il, à l'image de ce temps mathématique que nous aimons nous représenter comme une ligne continue allant du passé au futur, à moins que ce ne soit du futur comme 'à venir' vers le passé, à une vitesse constante, au rythme de la succession de ses parties rigoureusement égales les unes aux autres, un temps de Dieu pour le monde et pour tout ce qui s'y trouve? Et ce temps de Dieu pour le monde et les hommes, possède-t-il des échéances connues et connaissables d'avance, comment et par qui?

3. Le temps collectif tel que par leurs actions et leurs interactions, les hommes, en l'organisant, se donnent l'impression de le produire, a-t-il une influence quelconque sur le temps de Dieu pour le monde et vice versa?

4. Les différentes sociétés humaines ont-elles une place et un rôle particuliers à tenir et à jouer dans le poids dont pèse le temps des hommes pour le monde sur le temps de Dieu pour ce même monde?

5. Enfin, le temps est-il autre chose que cette dimension de la conscience que nous prenons de notre existence et la condition de notre participation, en tant qu'individu, à la vie de notre société en tant qu'entité socio-culturelle?

Intéressantes et importantes pour penser le développement à l'échelle planétaire, mais inabordables à partir des éléments mis à contribution dans notre réflexion actuelle, ces questions et certaines autres que l'on pourrait encore poser au sujet du temps, n'empêchent pas une constatation de devenir chaque jour plus évidente. Les sociétés dites périphériques sont dépossédées de leur aptitude à produire, grâce à leurs langages propres, les temps objectifs, collectifs ou sociaux propres sur l'horizon desquels il leur est loisible de projeter comme sur un écran, les composantes de leurs destins. Destins apparemment fixes et figés, mais dont la multiplicité, du fait de la multiplicité des sociétés, suffisait pour assurer une malléabilité foncière.[14]

Si l'expérience subjective du temps et l'analyse de la production collective du temps ne nous permettent pas de savoir ce qu'est au juste le temps en soi, équivalent approximatif du temps pour Dieu, ces deux formes possibles de notre expérience humaine permettent cependant de se représenter avec netteté le nouvel enjeu qui se dégage de la situation actuelle du monde.

A défaut de pouvoir en préciser la nature, le temps n'en apparaît pas moins comme la *dimension fondamentale* - parce que irrécusable - de la conscience que nous prenons de notre être-au-monde.

En devenant le temps du monde, le temps des pays actuellement dominants soumet la multiplicité des temps objectifs à l'unicité de sa structure qui, en organisant une certaine vision du monde, un certain ordre des êtres, des choses et des faits, se prend pour et se présente comme *le temps de Dieu pour tous les autres hommes*.

Il s'agit dès lors de faire admettre par chacun et par tous qu'en attendant de savoir - en supposant que cela soit possible - ce qu'est le temps de Dieu pour les hommes et quelles sont les étapes et les échéances de ce temps pensé et voulu par Dieu pour nous, nous devons impérativement reconnaître le temps actuellement prévalant comme celui d'une des parties du monde et entreprendre de définir et de mettre en application la participation de toutes les autres parties de ce monde à la construction-production de ce temps global, au lieu de le leur imposer comme la condition du développement.

Notes

1. Dans une des ébauches de titre au *Discours de la méthode*, Descartes avait écrit: 'Le projet d'une science universelle, qui puisse élever notre nature à son plus haut degré de perfection, plus la Dioptrique, les Météores, ... où les plus curieuses matières que l'auteur ait pu choisir pour rendre preuve de la science universelle, qu'il propose sont expliquées, en sorte que ceux mêmes qui n'ont point étudié les peuvent entendre'. Cf. *Discours de la méthode*, présenté par Louis Liard, Paris, Garnier, 1960. P.32.

2. Conformément au sous-titre connu du discours.

3. Cf. Louis Liard, ouv.cit., p.27.

4. Cf. A. Lalande, *Vocabulaire Technique et Critique de la Philosophie*, Paris, P.U.F., 1968, 10è édition, p.1110.

5. Ibid., p.1111.

6. Ibid., p. 66 où on peut lire: 'Chez Kant, action de rapporter une représentation à la conscience de soi (aperception empirique). L'aperception pure ou transcendantale est la conscience de soi, le *Je pense*.'

7. Voir en particulier deux ouvrages publiés par l'Unesco en 1975 et en 1978 et dont les titres sont suffisamment indicatifs de leurs contenus: *Les cultures et le temps*, 1975, 276 p. et *Le temps et les philosophies*, 1978, 248 p.

8. Cf. Ferdinand Gonseth, *Le problème du temps, Essai sur la méthodologie de la recherche*, Neuchâtel, Editions du Griffon, 1964, p. 364. 5388p.)

9. Ibid.

10. Ibid., p. 365.

11. Le concept de mégamachine utilisé par le Prof. Serge Latouche, dans un ouvrage paru dernièrement, se rapproche de celui de mégasociété sans cependant lui être identique.

12. Cf. Lewis Mamford, *le Mythe de la machine*, Paris, Fayard, 1987.

13. C'est aux endroits où l'étoffe dont est faite la subjectivité est victime de déchirures ou de craquelures que se révèle le mieux le rôle que le groupe qui abrite cet individu a eu à jouer dans sa construction. A condition, bien entendu, que ces déchirures ne soient pas encore trop profondes pour que les énergies individuelles soutenues et éclairées par le psychanalyste ne puissent pas les réparer.

14. Cf. I.-P. Lalèyê, *Pour une anthropologie repensée ... `Approche phénoménologique des cheminements de la liberté dans la pensée yoruba'*, Paris, La Pensée Universelle, 1977, 158 p.

Organic Time and Development in Africa

Douwe Tiemersma, Rotterdam (The Netherlands)

I. Introduction

In Western countries time as a rectilinear concept seems to be predominant. This concept of time exists also in Africa, but what I call 'organic time' is traditionally much more important. In a previous article 'organic time' has been discussed on the basis of experiences in Africa and India and with help of African and Indian philosophical literature.[1] This article gives an elaboration of some aspects of the model of organic time and relates it to the praxis of development. I will begin with some references to African philosophical literature (§2) and with a categorial characterization of organic time (§3). To both sections several new elements have been added. Quite new is the description of development in the context of organic time (§4) and the sketch of the processes in which a rectilinear model of time and development is superimposed on an organic time field (§5). In §6 the exemplary case of the Structural Adjustment Programme will be discussed, so that the model will be linked to developmental praxis. The conclusion (§7) gives a preliminary evaluation of the descriptions in terms of understanding historical processes. So, the model of organic time will be elaborated and applied to factual developmental processes in Africa.

II. Some references to African literature

In the African world view the universe is conceived as a spiritual whole. This conception creates a 'cosmos' in the true sense of the term: a universe in which all beings are interrelated, in which they become an organic whole. 'Being' is perceived in terms of its relationship to the whole, which gives it *meaning* or ontological reality. To have being is to be a 'force'. Reciprocity becomes important in this view. We are part of a web of relationships.[2]

According to Richard, this organic world view is indispensable to understand the role of the divine blacksmith, but also of any other aspect of African tradition. In Africa space and time are not idealized as they are in Western science; they permeate all things and this all-pervading continuity underlies the concepts of space and time themselves and should not be

Studies in Intercultural Philosophy, Vol. 8 (1997), p. 267-285

confused with them.[3] Africans have, according to Kamalu, the notion of a permanent indivisible substance. It is a concept derived from experience beyond the realm of experience. It is Life Force born from the interaction of fundamental duality, whose nature is always preserved although it is manifested in many forms. With respect to this concept of energy, the Western concept is an abstraction.

Writing about the division of time with the people living in the lagoon area of Ivory Coast, Niangoran-Bouah describes the several cyclic rhythms of natural phenomena and ritual ceremonies, and the stages in which life is divided.[4] The night comes gradually. After sunset the twilight appears 'comme une entité objective, comme une vapeur sombre qui montait le soir de la terre, ...'[5] It is the realm of the spirits which spreads over the world. In the early morning, when light as a clear damp emerges, the reverse occurs and with the first crowing of the cock the spirits retire. So, the transitions of day to night and night to day as an important division of time, seem organic processes in people's life. Similar processes are found during the course of the day which is connected to the position of the sun, during the course of the month determined by the moon, and in the recurring rituals. The whole situation of natural and social events is developing as one field, and time is not abstracted from this process. When a church is built in the village, things change. Every hour the bells are tolling, and so the European order of artificial time is imposed upon village life.

Life is divided into a number of periods delimited by rituals. For instance, the initiation rite of male persons that marks the moment the young boy becomes a man. From that time on female and male, together in youth, are separated. Behrend describes the initiation rite of a boy as the concentration and fusion of time moments.[6] 'At the moment (*Augenblick*) of circumcision life and dying, death and rebirth coincide.' The so-called 'place of death' is also the place of rebirth, and the stone of circumcision is also the stone at which a woman gives birth to a baby. Human time is first of all the organic time of life and death, of growing and decline.

From his investigation of verb tenses among the Akamba and Gikuyu of Kenya, Mbiti concludes that the linear concept of time in Western thought is practically foreign to African thinking.[7] The future is virtually absent. Why? Because future events have not taken place, they have not been realized and cannot constitute time. 'What has not taken place or what has no likelihood of an immediate occurrence falls in the category of "No-time".' Time is a composition of events which have occurred, those which are taking place now and those which are immediately to occur. This is an organic view on time, in which there is only the time of the dynamic field of interconnected events. The remark of Ayoade that the Yoruba do have a perspective of future time, falsifies the general statement of Mbiti, but does not diminish the importance of Mbiti's emphasis on time's special connection with the actual situations at present and in the past.[8] Ayoade himself indicates that time is more qualitative than quantitative. The past is relevant in that it determines the qualitative character of the present situation, for instance: the initiation makes the child as old as his parents; the future is encapsulated in the present, and although we do not know the future exactly, it is 'only an outgrowth of the present'. It is the event that gives time its meaning and not that particular moment indicated by the clock. Therefore, according to Mbiti, Africans are not wasting time, when they are sitting down, because time is not an independent entity that could be wasted. Idle people are either waiting for time or events to come, or they are in the process of 'producing' time for activities.

Mbiti's description of human life also shows organic time. Birth is a slow process which is finalized long after the person has been physically born. In many societies one is only fully born after the whole series of rituals, including marriage. Similarly, death is a process, the slow process of fading away from society, via the personal immortality of the living dead and collective immortality. Ayoade gives an account of the periods and transitions in life with the Yorubas. Growth of time is the growth of the child, of growing old with special indicators for the various periods. There is an ordered sequence and duration of periods, and that is time intrinsic to the events of human life. Personal events are also connected to environmental events as the flooding of a river and the enthronement of a king. The temporal localization of events takes place in a space structured by events. Therefore, it is a relative localization.

Time in Africa seems not so abstract and mechanized as it is in Western societies. It is closer to natural phenomena and everyday life, which are more organic. Time seems to be connected with the important idea of life-force. Kimmerle concludes, partially from Tempel's statement that 'life-force' and not 'being' is the most general concept in African thought: 'Von daher wird man den Grundcharakter dieses Denkens eher dynamisch als statisch auffassen müssen. Nicht eine Seinspyramide ... sondern ein in sich dynamisches Verhältnis von Kräften wäre dafür ein adäquates Modell.'[9]

For many African people, time seems to be inherent in the dynamic field of organic (natural, social, superhuman) forces, this time view I call 'organic'. In reading all these texts the question to elaborate the model of organic time, more or less implicit in these texts, becomes very urgent. This elaboration should be given in field-theoretical terms.

III. Organic time

I define 'organic time' as the dynamics of the existential and interexistential field. In order to clarify the notion of organic time, it is necessary to clarify the notion of 'field'.[10] What does this field character of time mean? At least, that time is inherently connected with space (1) and that both space and time are continuous (2). Further, 'organic time' implies that there are many different dynamic structures in this space-time continuum: the field is heterogeneous (3), there are vectors (forces with a direction) in this heterogeneous space-time continuum (4) and this heterogeneous dynamic space-time continuum has an existential character or it is at least related to the first person (3.5.). In our analysis these aspects have to be discussed separately, but even then it is obvious that they belong inextricably together.

1. Spatiality of time

In seeing, hearing and touching we perceive all phenomena as spatial. So, our experience of time is always connected with space. Time is not an directly perceivable isolated phenomenon, it is always an aspect of a spatial situation. With the exception of very extreme or very artificial perceptions, we perceive spatial phenomena as changing and moving, and then we say that they change and move in the dimension of space as well as in the dimension of time. Therefore, time is, the dimension of 'first this, then that', of 'earlier and later', in which spatial phenomena are changing and moving.
Not only in perception, but also at the conceptual level, in measuring and in speaking, time is closely connected with space. When we measure space, we use a measuring rod, a line with a standardized scale. When we measure time, we use a clock, that is a circle with a standardized gradation and two pointers. This means that we measure time in the spatial dimension. Speaking about time, we often use spatial metaphors. We speak about a point of time, a distance of time, a flow or river of time and even of a space of time. Past and

present are 'spread out' here and now. On the other hand, time is always implied in measuring space and speaking about space. Space implies time even in its definition as *extensio*: to 'ex-tense' space is a process in time. Moving or looking from one spot to the other takes us time. Nevertheless, it is less difficult for us to approach space than to approach time. The prominent sense of vision provides a field in which the spatiality (left and right, here and there, et cetera) is actually given. The dimension of time (past and future) does not possess such a perceptual immediacy. From this fact we can understand why time is so fundamentally spatial for us in perception. If time is abstracted from space, it is natural to consign space to sensory experience and time to thought. That is the view of Descartes.[11] In his transcendental philosophy, Kant defined space as the a priori form of the external sense, and time as the a priori form first of all of the internal sense.[12] However, this separation of time and space cannot be found in experience, but only throught a reflexive analysis.

2. Continuity of space-time

The field of space-time in experience should be considered more closely. As a field it is characterized by its continuity. There is no cleft in space. The field-forces extend over the whole field. Never are the forces zero. Connected to this continuity is a mutual dependency of all parts of the field. A change at a certain spot changes the whole field. In this sense all events in the field are internally interconnected. The identity of the structures which can be discerned depends on all the other structures. The identities are field dependent. This all applies to time as the fourth dimension of the continuum. The changes in time are gradual, so that there is also a chronological continuity. The field forces flow with time without disappearing absolutely. At all points of time the situation depends on previous ones. The history of the field is relevant to the identity of the structures in the field. So, the field identity has not only a spatial, but also a temporal aspect. Continuity of space, of time and of forces, and structural interdependency are intrinsic characteristics of the space-time field.

This situation greatly differs from Newtonian space with its corpuscles and otherwise strictly delimited volumes and spaces. From this idea of discontinuity and delimitation emerged the great insolvable problems of causality and action at a distance in Western philosophy. How could a philosopher or scientist ever give an intelligible account of the temporal-spatial relationship between two states if the states are thought to be inherently unrelated? With respect to the action at a distance, Descartes for instance postulated a problematic intermediate matter, even in cosmic space and in a vacuum: extension is material extension. Even the propagation of light occurs as a process of individual particles in a space full of particles.[13] With respect to the causal relation in time, Hume for instance referred to our mental faculty of association and tried to reduce causality to contiguity. But he did not clarify the ontological question of the space-time processes themselves. Even Kant, in his formal transcendental approach, did not give an account of the factual regularities within space and time, which are taken up in the successive synthesis of knowledge. A psychologism, respectively an idealism, is the result.

The development of thought which led to these philosophical difficulties was that of the mechanization of the world view, which became prominent in the seventeenth century.[14] In connection with the developing science of mechanics, a general mechanical world view was elaborated. The regular, organic movements of the celestial bodies, which were the most important indices of time, were formalized into natural laws and implemented in the mechanical apparatus of the clock. Time changed from a more natural and organic phenomenon to any particular position of the hands of the clock: time became 'en-clocked'.

In opposition to this mechanic time, organic space-time shows a continuous flow of interrelated field-processes: processes of generation, differentiation, blossoming, regression and decay in an overwhelming dynamic multitude.

3. Heterogeneity

This multitude has to be mentioned as a special characteristic of the dynamic field. Organic time implies that there are many dynamic structures in this space-time continuum. In rectilinear time everything that happens, happens in one dimension, all events are ordered in one direction, to one future. Organic time implies many structures in the space-time field with different kinds of time. The complex structure and dynamics of differently functioning parts of the field is the basis of a variety of local time-situations. Although the different parts of the field are internally connected, the processes do not have the same speed, their clocks are not the same. Processes in an organism may show a circadian, a monthly or a yearly rhythm. The impulses in the nervous system are measured in milliseconds. In an individual the experience of time changes according to ones attitude and to the meaning felt in the various situations. In a society a similar heterogeneity in the clocks can be found. There are many different social processes each with its own pace. Asynchronicism is more common than synchronism, diversity in time-places more frequent than contemporaneity, in spite of the inner relations. Not only the speed of time varies, but also its direction. Rectilinear time, circular time and many other curves of time can occur together in the field. But also nonlinear time is possible, for instance when people do not feel the continuity of time with the emergence of a new era, or with the change of their attitude. Even the direction of the developing of time can become opposite to the stream of time to the future, for instance in a ritual people return to prior events. In the mythical (re)pre-sentation of the 'origin', time is universal and in a way non-existent.

4. The force aspect

The space-time field is a dynamic field, a field of forces. Its changes are by definition ascribed to forces existing in the field or constituting the field. These forces are, according to the categories mentioned, continuous and heterogeneous. Continuity in time means that the value of the forces, once existing, not in any case equal zero. What happens has an eternal and universal effect, although this might not be manifest at the practical level. The heterogeneity of time means a complex dynamic pattern. Because of their directionality, the forces are vectors in the field. With respect to time, the main vector is to the future, but this future-vector can result in many kinds of time, as indicated. The nature of the forces depends on the field concerned. In the existential and inter-existential field the intentionality of subjects is important, as well as the forces exerted by natural phenomena and social structures.

5. Existentiality

The organic spatiotemporal field is generally not fully objectified. Speaking in the first person singular, I am oriented towards this dynamic field and I am involved in it. It is, therefore, the field of my life, my existential field. I am the subject of experiencing the changing spatio-temporal phenomena in the world, but I also belong to the world. At least to a certain extend I am immersed in the field of the phenomena. This implies that I am spatial and temporal myself. I am part of temporal processes, I have a present, a past and a future, a yesterday, a today and a tomorrow. Heidegger described time as the general horizon of the fundamental ontological characteristics (*Existentialien*) of being (*Dasein*). Merleau-Ponty saw time as a dimension of the *ek-stasis* of the subject, as *être-au-monde*.[15] He writes that consciousness is *présence au monde*, existence. Our life-sphere of being in the world and being directed to the world is an existential field, with existential dimensions of space and time. Because I only have a certain perspective of the world, I do not overlook the whole field. I am thrown into the world in which I find nature and society already there, and I am involved in them as in a spatiotemporal existential field.

Because time is an aspect of the existential field, the character of time will vary between existential beings and states of myself as existence. Already a short investigation shows the heterogeneity of time. The linear (rectilinear and cyclic) mode can be described as being connected with an existential vector to the past and to the future. But, all modes initially have to be considered as forms of life, as a special structuralisation of the existential space-time field. That also applies to the extend to which I am involved in the field. My *présence au monde* can immerse in the world, but also withdraw from the world. The immersion occurs when people are overwhelmed by the fastness of sweeping events, or by the rhythm of time created by drums or recitation.[16] In that case the existentiality of time disappears as does the existence of a delimited personal subject.

IV. Development in the context of organic time

The spatiotemporal continuity makes the development of a field an integrated process. A change at a certain place influences all other locations in time and space of the field, and these changes are gradual. The changes of the field as a whole can have all kinds of characteristics. In what is called development differentiation plays an important role. This process is a development of parts of the field in different directions. The parts will differ more and more from one another. In an organic development the internal connections between the parts do not become weaker, but stronger. This is so, because the differentiation of the field means a specialization of the parts. They become more structured and get a more specialized function. By this specialization they become mutually more dependent. That is what happens with cells and tissues in a growing embryo, and with individuals and groups in a complicated society.

Development, in opposition to revolution, implies a continuity. Especially in a space-time field there is no gap in the course of changes as long we can speak of a field. The changes in a society may accelerate in a certain period, so long as the society maintains its internal coherence. But, what happens if this coherence of organic time collapses, for instance if the forces of a rectilinear time are too strong?

V. Rectilinear and organic time and development

In spite of recent developments in physics, psychology and other sciences, the conception of time as rectilinear is a predominant style of thinking in Western countries. This thought which reduces time to one direction can be found in most scientific work and in most practical, purposive thought. We shall investigate the superimposition of this rectilinear time on organic time in the space-time field. This happened when Western culture was imported in Africa, this happens when Western style of thought is thrust upon African societies which still are organic to a certain degree. The following short investigation traces the various categories mentioned in §3.

1. Spatiality

In the greatest part of Western thought our world has three spatial and one temporal dimension. By a process of abstraction the dimension of time became fairly independent from space. In theoretically oriented thinking the measures of space and time can be thought to vary independently. If they are thought to have a connection, this connection is external and accidental, not internal and essential. In practice, time as an independent measure can be used in bureaucratic planning. In this kind of planning we take a mental distance from our organic space-time field and project the planned processes in space on the temporal scale of the agenda and clock. Once the plans have been made and the execution starts, we subject ourselves to the clock- and agenda-time, that is rectilinear time which should rectilinearly lead us to the planned results. That is a common situation in which we are the slave of time.

When linear time is superimposed on people who are living in organic time, the spatial aspects of their life play a less important role and linear time as the axis to established goals becomes predominant. They are lost in a one-dimensional time which is not theirs. This causes severe problems for the individual as well and societies.

2. Continuity

The continuous flow of organic time in interconnected field-processes is disturbed when rectilinear time is imposed from the external. Instead of more natural indices of time, the mechanical apparatus of the clock is the model of time. The continuities of life are split up into distinct seconds and minutes on a clock, days, weeks and months in a schedule and into discontinuous tasks to accomplish in these units of time. Time of labour, time of rest, time of schooling, time of sport, time of religion, time of art, everything is measured as a distinct period one after another. In that sense these various aspects of life are separated, isolated in the dimension of time.

Rectilinear time causes unbalance. Due to the imposed one direction the field-forces cannot work in their own direction and own speed. If the biological clocks become asynchronous with the official clock, for instance by rectilinear time imposed on people by shiftwork, the result will be sickness if not death. In the biological as well as in the social sphere parts of the field loose their connections. The field becomes discontinuous in time and space by losing its internal coherence. In society, contemporaneity and solidarity is lost: the detached parts which are not included in the linear system are of no importance to the development and are left behind, suppressed, exploited, dispelled to the margins of society.

Even when the reign of rectilinear time has established itself, the situation is far from ideal. Society will be very instable by the reduced network which should sustain it. The basis of one-dimensionality is too small in order to balance disturbances. As in a monoculture - also a consequence of the rectilinear time model - there are much less balancing mechanisms as in a natural ecosystem with a richness of internal relations. The imposed export crop caused much instability; monoculture showed to be a disaster for the people whose biological and social needs could not be fulfilled by that kind of agriculture.

3. Heterogeneity

With the imposition of rectilinear time, the temporal vector of linear development becomes the main factor in determining the various processes in the field. All parts of the field with their various directions and functions become directed at one goal. The homogeneity of maximal production, and the solidity of the currency unit sweeps the heterogeneity away. People have to live in one-dimensional time sphere and find themselves far from their rich multi-dimensional background. Time becomes 'money' and is no longer time for doing all kinds of social and private things. Time is money; time becomes economized. The change from organic to rectilinear time is connected with the change from a broad range of values to the sole value of money and power. It is tragic to see that people concentrate on this value, that they subdue themselves fully to scheduled time, even when they are free from work. It is no surprise that they become stressed and sick, because their body cannot follow them in this rectilinear time.

The Western concept of 'development' presupposes a space-time situation which is homogeneous and one-dimensional.[17] Development literally brings into sight what was enveloped. It ex-plies what was im-plied. The dominant Western idea of what is enveloped and what will be developed is ultimately based on the Western situation, all the developmental stages are steps on that way. That is the reason why there is only one rectilinear system of development. All development in the world is homogeneous. This idea can be found in the works of many European and American authors. W.W. Rostow described a model of five stages, from the traditional society, via the 'take-off' of industrialization, to the age of high mass-consumption.[18] Binns summarizes the criticism of the implications of this model: its unilinear approach, implying that things get better over time, its Eurocen-tricity, which implies that all countries will imitate the Euro-American experience, and its definition of growth and development.[19]

4. Force aspect

In Africa the change to linear time is effectuated by strong external forces. Indeed, the colonial forces were strong and the neocolonial forces are strong either. The natives were forced to work and to live under the yoke of the order of rectilinearness. So, the clock and the calender were introduced into larger and larger personal and social fields. This introduction also implied subtle mechanisms of discipline, which Foucault called biopolitics and biopower. The architecture of houses, the constraints of education et cetera were meant to civilize the people, but they exerted a situational power which disciplined people into the Western one-dimensional order. This included the adoption of a new scheme of development, in which people identify themselves with the force to the Western future. This enforced richness for a few people, and deterioration for many.

5. Existentiality

In the change from organic time to rectilinear time, the existential aspect of time disappears. The forces which impose linear time alienate people from their own life sphere. This linear time is abstract time, ab-stracted from existential and social interexistential time. It is a time of abstract thought in which people cannot live without losing their organic environment. It is an objectified time which caused enormous practical problems. Of course, on the one hand the objectification and abstraction meant a liberation from the inherent constraints of nature and tradition. In that sense it has been welcomed sometimes. On the other hand people are, more than ever, subdued by the time of the clock and of the agenda. The existential relations in organic society are too much reduced to maintain inter-existential solidarity. Freedom from organic time, how desirable it may be, proves to become slavery of an objective, mechanic time. That is the tragic outcome of development in a Western way.

VI. The case of the Structural Adjustment Programme

In order to illustrate the application of the model of organic time confronted with rectilinear time, the World Bank's approach to African agriculture provides a good example.[20] For decennia the Bank, as all Western donor countries did, concentrated on large scale development of export crop production, on the basis of modern agricultural techniques: high yielding varieties of crops, fertilizers and chemical pesticides. Even in their regional integrated development projects the state played a key role. In the 1980s the ideas changed. In the World Bank publication *Accelerated development in Sub-Saharan Africa: an agenda for action* (E. Berg, 1981) the neo-classical idea of the free market was promoted. It was the basis of 'Structural Adjustment Programmes' (SAPs) in which the role of African government interventions were minimalized. The distortions in local economies would be caused by the political dominance of urban people, the state bourgeoisie and private sector capitals. The adjustment programme intended, among other things, to introduce accumulation by a mass of farmers with small and medium-sized farmings, mainly export crop producers, by means of trade liberalization and other measures.

The result of the interventions, including the SAP, was disappointing. Economical decline was the general feature. Growth, if it existed, has been generally small and/or temporary. Agricultural production showed not any or a very limited improvement, the gap between the rich and the poor became bigger and rural living standards deteriorated. Political and social unrest resulted. Gibbon (1992, 1993) also mentions:

- resurrection of quasi-colonial estate production;
- as far as export cash crop shows a positive response, it is at the expense of commercial food crop agriculture; 'It is difficult to see how this form of agriculture can survive ... under fully competitive conditions' (1992, p. 92);
- increasing external interest payment, drastical decrease of investments in health, education, etc.
- channelling assistance to large-scale horticultural concerns and enacting land law changes, mainly designed to attract foreign investment;
- forestry depletion.

In the literature several reasons for this fiasco have been mentioned:

- intermediaries captured the bulk of the gains;
- the emphasis on export crops; in Ghana the World Bank concentrated on the cocoa sector;
- the world market prices fell; this has been expected; therefore, the negative outcome of the SAP was 'criminal because no effects of a

> recovery in Ghanaian production on the world price of this demand-inelastic crop [cocoa] were predicted' (Gibbon 1993, p. 130).

This background information can be discussed in terms of the model of organic time and development. Gibbon (1992, 1993) emphasizes the 'heterogeneity' of the African agrarian situation. It is characterized by diversification at all levels (fragmented collection of plots, federations of enterprises, heterogeneous groups of different capitalist forms, dispersed systems of enterprises), and by rural social differentiation. Further there is a great social interdependency between the social groups, for instance, a depredation of accumulation by the bourgeoisie and advantaged private sector capital. So, in the terms of our model, the World Bank does not acknowledge the organic of the field of agrarian work and time-structure, with its hetero-geneity and its interdependency/continuity. It assumes that the presence of structures and forces are at variance to African realities, it endorses 'mono-economics' (Bryceson and Howe 1996, p. 180), defined as the assumption that economic behaviour is intrinsically the same everywhere. Gibbon wrote that the World Bank's agrarian political economy rests on idealizations which do not correspond to the realities of the African situation. For instance, the Bank neglects Africa's low level of technology, lack of availability of new land and so on, which makes any substantial export cash crop response difficult.

This ignorance of heterogeneity and continuity/interdependency of 'mono-economics' and what we can generally call 'mono-logic' also involves time. One sticks to the idea that market forces will result in a fast rectilinear development to the situation of Western countries, if the rules of Western economy are applied to Africa. It is this basic idea of rectilinear time that disrupts African society. The adoption of this idea by urban people and especially by the state bourgeoisie who saw their chance, brought them enrichment at the cost of the peasants. This enrichment is a rectilinear growth of wealth which is parasitical upon the more or less traditional organic rural society. Similar things can be said about the national health system in most African countries.[21] Western aid and African policy spend most of their health allocation on Western, urban curative medicine. It has become clear that this implementation of the idea of rectilinear development to aWestern curative system is expensive and produces little result. Also here, it would be wise to join the more organic situation of traditional medicine.

The political and social unrest in many countries undergoing adjustment is related to the non-acknowledgement of the existential character of the organic field. The adjust mental measures are imposed upon people without their consent. To include the people in decision making processes is indicated (Ekpo, 1992, p. 38), in order to restore their existential participation. This all makes the call for the inclusion of culture and a local perspective in development programming obvious.[22] Insight has gained that developmental problems arise from misunderstanding of how rural people exploit their environment and see their world, also in its temporal aspect.

VII. Conclusions

In this contribution the model of organic time has been elaborated and extended with developmental processes. It could be used to describe and elucidate processes in which rectilinear time is imposed upon organic time, processes which are obvious in African history.

In every day life people in Africa, and in Europe as well, employ several models of time, of which that of organic time is most obvious. Every day life is generally more or less organic, in the sense of the set of categories mentioned. People and the world they live in are not always torn up; they show a temporal integration in respect to biological aspects which include time of maturing, to psychological aspects by having time of feeling and enjoying, in social aspects which include the time of social talk and solidarity, and the religious realm which is ultimately no-time. In the organic space-time field the several linear and nonlinear kinds of time have a place.

The description of the imposition of rectilinear time on organic time demonstrated the main problems. It implicitly showed the possibility of the integration of rectilinear time in the organic situation with its heterogeneity. This would be an indispensable condition for a stable and satisfying development. At the practical level it means the acknowledgment and stimulation of the informal economic sector, and of social activities which are not productive in the rectilinear sense. Then, development would not be large-scale interference, but only creating optimal conditions for the several groups and individuals to act according to their own values. Policy should be directed to help small groups in this sense. In that way development with its many aspects would not be reduced to economic growth only.

In the Western and Westernized world in which rectilinear time reigns, things change. The growing 'post-modern' attitude includes breaking the bonds of rectilinear time and making one's own time. The enhanced feeling of one's own time means a return to the field of organic time with its heterogeneity and existentiality. This insight partially changed already the developmental policy of Western countries. At least the discussion about the relationship between rectilinear time and organic time and the consequences of thinking in these terms has become more intensive. The realization that Africans and Europeans share the same problems is a good start for elaborating new models for development. This text is meant as a small philo-sophical contribution to this realization and elaboration.

NOTES

1. D. Tiemersma: 'Organic time. A contribution to intercultural philosophy including African and Indian ideas'. In: D. Tiemersma & H.A.F. Oosterling (eds.) *Time and temporality in intercultural perspective*, Rodopi, Amsterdam/Atlanta, GA 1966 (Studies in Intercultural Philosophy 4), p. 161-175.

2. D. Richards 'The Nyama of the blacksmith. The metaphysical significance of metallurgy in Africa'. In: *Journal of Black Studies* 12 (1981), p. 218.

3. Chukwunyere Kamalu: *Foundations of African thought*, Karnak House, London 1990, p. 65ff.

4. G. Niangoran-Bouah: *La division du temps et le calendrier ritual des peuples lagunaires de Côte d'Ivoire*, Institut d'Ethnologie, Paris 1964.

5. Op. cit., p. 29-30.

6. H. Behrend: *Die Zeit des Feuers. Mann und Frau bei den Tugen in Ostafrika*, Qumran/Campus Verlag, Frankfurt a/M 1985.

7. J.S. Mbiti: *African religions and philosophy*, Heinemann, London 1988 (1969*), p. 17ff. The following quotation is from p. 17.

8. J.A.A. Ayoade: 'Time in Yoruba thought', in: R.A. Wright (ed.) *African philosophy. An introduction*, University Press of America, Lanham 1984 (1977*), p. 93-111; see for other literature critical to Mbiti's statement: H. Kimmerle: *Philosophie in Afrika, afrikanische Philosophie*, Ed. Qumran im Campus Verlag, Frankfurt a/M. 1991, p. 164f.

9. H. Kimmerle 'Ist die Wahrheit eine Frau? Afrikanisches Wahrheitsverständnis aus europäischer Sicht'. In: *Der blaue Reiter. Journal für Philosophie* 1995, nr. 2, p. 39.

10. See D. Tiemersma 'Merleau-Ponty's philosophy as a field theory: its origins, categories and relevance'. In: *Man and World* 20 (1987), p. 419-436, and: idem, *Body image and body schema. An interdisciplinary and philosophical study*, Swets en Zeitlinger, Amsterdam/Lisse 1989, spec. p.237ff. and 346ff.

11. R. Descartes: *Principles of philosophy*, Part I, LVII and Part II, X.

12. Kant *Critique of pure reason*, Transc. Aesthetics §2 and §6.

13. See D. Tiemersma 'Methodological and theoretical aspects of Descartes' treatise on the rainbow'. In: *Stud.Hist. Phil. Sci.* 19 (1988), p. 347-364.

14. See E.J. Dijksterhuis *The mechanization of the world-picture: Pythagoras to Newton*, Princeton University Press, Princeton (N.J.) 1986, and St.F. Mason: *A history of the sciences*, MacMillan/Collier, New York 1962, Ch. 15.

15. M. Heidegger: *Sein und Zeit*, Max Niemeyer, Tübingen 1972 (1927*); M. Merelau-Ponty *Phénoménologie de la perception*, Gallimard, Paris 1945, Third Part, Chapter II.

16. See J.-F. Lyotard: *The postmodern condition: a report on knowledge*, Manchester Universities Press, Manchester 1989, p. 21-22; English translation of *La condition moderne: rapport sur le savoir*, Éd. de Minuit, Paris 1979.

17. The book *One-dimensional man* of H. Marcuse (Beacon Press, Boston 1964) may seem to be outdated, but with respect to homogeneity-autogeneity in developmental policy this book has not lost its relevance.

18. W.W. Rostow: *The stages of economic growth. A non-communist manifest*, Cambridge, Cambridge University Press 1960.

19. T. Binns: *Tropical Africa*, Routledge, London 1994, p. 16.

20. From the mass of literature I mention the following. P. Gibbon: 'A failed agenda? African agriculture under structural adjustment with special reference to Kenya and Ghana'. In: *The Journal of Peasant Studies* 20 (1992), p. 50-96; Akpan Hekpo: 'Economic development under structural adjustment: evidence from selected West African countries'. In: *Journal of Social Development in Africa* 7 (1992), p. 25-43; P. Gibbon: *Blighted harvest: World Bank and African agriculture in the 1980s*, James Curry, London / Africa World Press, Trenton (N.J.) 1993; T.W. Parfitt: 'Adjustment for stabilisation in growth: Ghana and The Gambia'. In: *Review of African Political Economy* 22 (1995), nr 63, p. 55-72; D. F. Bryceson and J. Howe 'An agrarian continent in transition'. In: St. Ellis (ed.), *Africa now: people, policies and institutions*, Ministry of Foreign affairs (DGIS), The Hague / James Curry, London / Heinemann, Portsmouth (N.H.) 1996, p. 175-197.

21. See T. Falola & D. Ityavyar (eds.): *The political economy of health in Africa*, Ohio University, Athens (Ohio) 1992.

22. See A.B. Stahl: *'Valuing the past, envisioning the future: local perspectives on environmental and cultural heritage in Ghana'*; F.M. Deng: *'Cultural dimensions of conflict management and development: some lessons from the Sudan'* and S.S. Nyang: *'The cultural consequences of development in Africa'*. All in: I. Serageldin & J. Taboroff (eds.), *Culture and development in Africa*, The World Bank, Washington D.C. 1994.

Temps et développement en Afrique noire

Pour une repensée de la pensée

Imbuli Mbolokala, Kinshasa (République Démocratique de Congo)

Introduction

C'est avec plaisir que nous avons salué l'annonce de ce symposium aux caractères international et multidisciplinaire qui porte essentiellement sur le temps et le développement en Afrique noire, et qui, à ce titre, se situe en quelque sorte au prolongement de notre communication d'autrefois intitulée: 'La temporalité existentielle et le problème de développement en Afrique: critique d'une idéologie africaine du temps'. [1]

Notre joie est d'autant plus immense qu'aujourd'hui, ce sont d'autres scientifiques du monde qui partagent la même préoccupation avec nous, et se penchent sur cette question afin de trouver les voies et moyens susceptibles d'aider l'Afrique à sortir de l'impasse, mieux du carcan du 'sous-développement'.

Tant la pertinence que l'opportunité du thème sous examen ne sont donc plus à démontrer. Ce qui importe actuellement, c'est, de façon générale, la réponse à donner à la problématique.

Notre réflexion trouve son point de départ dans une pensée africaine du temps qu'explicite A. Kagame et que nous confirmons par quelques éléments de la culture africaine relatifs à la notion du temps – proverbes, dictons, maximes, et cetera. L'impact de cette pensée influe remarquablement sur le comportement du Négro-Africain dans ses activités portant sur le développement.

C'est pourquoi notre démarche, bien qu'à tendance philosophique, se veut plus pratique que spéculative, plus expérimentale que métaphysique. Car une véritable 'chronosophie' nécessite non seulement du temps, mais aussi et surtout une longue histoire à la fois expérimentale et temporelle qui permettrait d'aller, par exemple, de Socrate à A. Kagame, d'Amérique en Afrique, en passant par l'Asie et l'Europe, pour mieux suivre les méandres de la réflexion générale de l'humanité sur le temps existentiel, et se faire finalement une idée philosophique plus ou moins exacte de différentes réponses données à cette question capitale de l'existence humaine.

Etudes de philosophie interculturelle, tome 8 (1997), p. 287-298

Le grand risque, parfois inévitable, que l'on court lorsque l'on aborde cette étude, consiste à toucher même à des aspects théologiques qui révèlent souvent notre incapacité intellectuelle d'appréhender ce concept de temps lié aux notions de Dieu-Créateur (Démiurge) qui se caractérise aussi par son Eternité, de l'Univers, du Même et de l'Autre... que l'entendement humain, la foi mise à part, n'est pas encore parvenu à discerner de manière satisfaisante. Le Timée de Platon, La physique d'Aristote, les Confessions de Saint Augustin et tant d'autres écrits, avec les apories qu'ils nous laissent, en disent long.

Ainsi nous nous contentons d'une simple repensée de la pensée africaine du temps en vue de lier ce dernier au phénomène de développement de l'Afrique, plus particulièrement de l'Afrique noire, qui constitue l'objet de nos préoccupations actuelles. Bref, la question fondamentale que nous nous posons, ici et maintenant, avec Filipcova Blanka et Filipec Indrich, est justement celle de savoir 's'il est possible de sortir de la crise grâce à une autre manière de vivre, une autre manière de travailler, une autre manière de penser', mieux de repenser la pensée africaine du temps.[2] Il s'impose fondamentalement un véritable changement de mentalité.

En plus de l'introduction et de la conclusion, quatre points principaux composent l'ossature de l'ensemble de notre pensée:

I. Une pensée africaine du temps.
II. Du concept de développement.
III. Temps et développement.
IV. Pour une repensée de la pensée.

Par la pratique de la phénoménologie, de l'herméneutique, de l'analyse et de la synthèse, en un mot, par la mise en application d'une méthode philosophique tout à fait architectonique, nous espérons pouvoir expliciter tous ces points, démontrer que le problème fondamental qui se pose en Afrique noire, quant à la réalisation concrète de son développement positif, est d'abord et avant tout un problème d'homme ou de mentalité. C'est à cette dimension humaine que doit s'opérer une véritable thérapeutique, un changement réel de comportement pour que l'Afrique noire puisse évoluer positivement dans le sens de la réalisation effective de son bien-être.

I. Une pensée africaine du temps

1. Un constat phénoménologique

Tant *d'événements-temps*, si nous pouvons nous mettre en droit de reprendre l'expression de A. Kagame, nous permettent d'expliciter notre pensée.

La fête du village (retrait de deuil, mariage, nouvel an...), par exemple, commence et se termine au gré des circonstances du jour. L'avant et l'après du cours de son histoire ne se mesurent presque pas. Il est vrai que l'année et le mois se calculent suivant les mouvements saisonniers et le rythme cyclique de la lune. La semaine se compte par la succession des jours. Le jour de la fête peut être prévu. Mais l'heure du début de la fête, elle, reste toujours et pratiquement indécise. Prévue à 14 heures précises, la fête ne commencera probablement que vers 16 heures. Elle se terminera très tardivement dans la soirée.

Le tribunal coutumier, quand bien même il ne nécessite pas de siècles de recherches très approfondies, se fait à longueur de journée. Les juges ne voient pas la nécessité de se presser. Non seulement à cause du fait qu'ils doivent entendre attentivement toutes les parties opposées et leurs multiples témoins, mais aussi et surtout parce que le temps ne leur suscite aucun inquiétude. Il est et sera toujours là, à la fois lié et entièrement consacré au jugement. Les juges n'ont par conséquent qu'un seul souci: parvenir à trancher justement la palabre, prononcer un verdict susceptible de réconcilier les opposants, rétablir l'entente et la paix dans le village. Peu importe le temps qu'il faudrait y mettre pour atteindre cet objectif.

Le chasseur comme le pêcheur se comportent exactement de la même manière. Ils se laissent souvent guider par leurs actions plutôt que par le temps qui passe. Sinon, ils rentreraient le jour au lieu de la nuit comme cela arrive dans bien des cas. Il ne s'agit sans doute pas d'une question de manière de vivre. Ce comportement nous semble être dû à l'importance que l'on attache à la notion du temps, qui n'inquiète le Négro-Africain que lorsque, par l'âge, l'accident ou la maladie, il s'approche de la mort.

Le voyage moderne subit le même sort en Afrique noire malgré sa modernité et les moyens sophistiqués –vélo, moto, voiture, train, bateau et avion– dont dispose l'homme de ce XXè siècle finissant. Le Négro-Africain a toujours son temps, qui se trouve inséparable tant de l'essence même de l'étant- événement-voyage que de l'étant-homme-voyageur, qui ne peuvent être considérés tels quels que grâce à leur temporalité. Le Négro-Africain ne voit presque pas la nécessité de faire une course à la montre de son existence, bien que cette dernière soit spatio-historico-temporelle et, partant, exige ponctualité – quand il est question surtout d'un voyage d'affaires ou d'un voyage diplomatique ou encore d'une rencontre scientifique – pour permettre aux voyageurs de répondre ponctuellement au rendez-vous de leur histoire. Le temps de travail devient alors de plus en plus problématique. Les expressions si significatives que l'on emploie au Zaïre telles que 'huit heures de travail' et 'huit heures au travail' sont éloquentes en elles-mêmes. Huit heures au travail n'est qu'un passe-temps, un loisir payant au détriment de la nation une présence physique tout à fait défavorable au développement positif du pays. Ici, le travail effectif et susceptible de développer le pays cède le 'lieu-temps' aux causeries interminables, aux va-et-vient inexplicables, aux sorties répétées et injustifiables. Les huit heures de travail effectif s'éloignent de cette manière de l'esprit du fonctionnaire, qui devrait pourtant en tenir compte pour un rendement beaucoup plus efficace de ses activités.

Le rendez-vous, enfin, n'est souvent qu'un leurre, une simple formalité d'usage pour faire preuve de sa civilité. Rares sont ceux qui le respectent. Autrement dit, ce n'est qu'une façon de faire de la 'politique', pour ne pas dire de tromper l'opinion qui perdra alors inutilement son temps pour un rendez-vous tout à fait utopique. D'où se pose la question dialectique du comment et du pourquoi de ce comportement.

2. A. Kagame et la pensée africaine du temps

A. Kagame, qui a essayé d'appréhender la notion du temps en Afrique noire au travers des langues Bantu, répond à cette question en ces termes.[3] Pour les Bantu, 'le temps n'est pas le temps tout court: il est le temps de ceci ou de cela. En l'absence de ce complément, le temps est indéterminé, c'est-à-dire incolore, impensable même. Tel, ajoute-t-il, représentant de notre culture à qui on reproche de *perdre le temps*, répliquera: 'Moi, perdre le temps? Mais je viens de terminer ma tâche!'. Voilà: le temps pour lui est celui qui a été marqué, estampillé, tiré de l'anonymat, de l'impensabilité, par la tâche en question. Une fois celle-ci achevée, l'entité temps s'est évanouie de son esprit. En conséquence, ce qui prime dans l'esprit, ce n'est pas le temps, mais l'événement qui, en étant *individualisé* par le temps, fait à son tour que le temps est *individualisé*, tiré de son indétermination. Ainsi, le temps et l'événement 'se marquent (et) s'estampillent réciproquement. Il en va comme du feu et du combustible: aussi longtemps que le combustible est-là, le feu est-là. Que le combustible atteigne sa consommation, sa fin connaturelle, au même instant le feu s'éteint. Ici le combustible, c'est l'événement; sa progression sur la trajectoire existentielle conditionne l'estampillage par le temps, lequel s'évanouit dès qu'il n'y a plus rien à estampiller'.[4]

Nous pouvons donc tirer de là que le temps coïncide bel et bien avec l'événement. Tant que l'événement est-là, le temps est-là. Il est toujours présent. D'où le Négro-Africain prend son temps, vit de son temps-événement, fête avec loisir sans s'inquiéter de l'écoulement du temps, de ce temps si précieux que d'autres peuples cherchent pourtant à gagner pour pouvoir réaliser d'autres activités relatives à leur développement socio-économique et culturel. On dirait ainsi que le temps n'est pas cher pour le Négro-Africain. Non pas dans ce sens qu'il ne lui représente aucune valeur, mais parce qu'il se confond avec l'événement avec lequel il constitue un tout indissociable.

C'est la raison pour laquelle le Négro-Africain ne juge pas utile de se presser. Bien au contraire, il rejette la précipitation ou la course, en lieu et place de laquelle il préconise la douceur ou 'la sage lenteur'. Dans la vie, il faudrait, pense-t-il, aller 'namoi namoi' (doucement doucement).[5] Car 'araka araka hayina baraka' se précipiter, ce n'est pas béni).[6] Qui plus est, 'botalé aposile la lobango' (la distance ne se racourcit pas à cause de la course).[7] Et 'mbasi kina diaka kilembu ki kaka' (demain est aussi un autre jour).[8] Nombreux sont donc ces proverbes ou dictons africains qui confirment le point de vue d'A. Kagame sur la considération du temps en Afrique noire. Un temps qui ne presse nullement l'homme d'Afrique noire parce qu'allant toujours de pair avec les différents événements de sa vie.

Certes, bon nombre de facteurs expliquent les intemporalités, les 'contre-temps' de l'existence africaine. Mais la réponse à donner au comment et au pourquoi de ce comportement de négligence du temps existentiel devient difficile à comprendre lorsque cette même attitude se découvre même chez ceux qui disposent de moyens de locomotion ou habitent à proximité de leurs lieux de travail. Simple négligence? Peut-être. Cependant, les conséquences peuvent être néfastes pour notre 'existence-dans-le-monde', donc pour notre développement, sur lequel nous devrions aussi nous entendre.

II. Du concept de développement

Diverses et multiples sont aujourd'hui les définitions du concept de développement. En fait, développement est autant dialectique qu'il suppose opposition, conflit entre positivité et négativité, domination et liberté, conscience et inconscience, ignorance et savoir, enfin progression positive (degré élevé de moralité ou de civilité, grande production agricole et minière, exportation élevée, monnaie forte, pouvoir d'achat fort, mieux-être) et régression (immoralité sociale, baisse de la production, peu ou presque pas d'exportation, monnaie sans valeur, crise économique impliquant la dégradation des moeurs, le mal-être ou le mal-vivre). D'où la symbolique de cette balance qui permet de mieux mesurer le degré du développement:

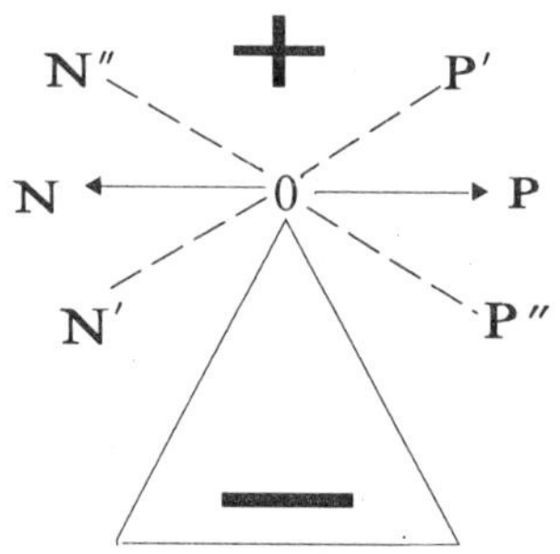

D = développement, O = degré zéro du développement, P = positivité ou progrès, N = négativité ou crise, + = plus, – = moins.
Plus la lettre P monte vers le haut ou le signe +, plus il y a progrès et plus diminue la crise. Plus la lettre N monte vers le haut, plus il y a crise et plus diminue le progrès qui tend vers le signe –.

On observe, par ailleurs, que le concept de développement se rattache à tout être phénoménal, plus particulièrement à l'homme qui est le principe fondamental de son propre développement. En soi, l'homme apparaît toujours comme temporalité et historicité, comme un être continuellement devenant, angoissé et angoissant, interpellé et interpellant, donc comme un dialogue au sens de multilogue tant subjectif qu'intersubjectif. L'homme constitue ainsi une multidimensionnalité dynamique sans cesse évolutive qui ne saurait être épuisée dans une étude comme la nôtre. Au fond, il reste un 'mystère'.[9] Telles sont quelques-unes de ses qualités qui expliquent aussi bien la polysèmie que la dynamicité du concept de développement.

Dans l'entre-temps, les 'développeurs' superficiels, partiaux et partiels, non seulement tentent de plafonner le développement, mais aussi ne considèrent que quelques dimensions humaines, telles la science, la technique et l'économie, pour apprécier le degré du développement des nations.

F. Perroux, par exemple, pense que le développement n'est rien d'autre que 'la combinaison des changements mentaux et sociaux d'une population qui la rend plus apte à faire croître cumulativement et durablement un produit réel global'. [10] Autant dire que ce qui caractérise essentiellement un pays développé, ce sont justement sa croissance économique, son degré d'accumulation des biens matériels, son pouvoir de vente et d'achat.

Mais en matière de développement, même si 'la croissance économique constitue bien la condition nécessaire pour tout développement de quelque société que ce soit, elle n'en est (cependant) pas la condition suffisante'.[11] En effet, la seule réalisation d'un '*plus-avoir*' ne suffit pas pour expliquer et satisfaire les multiples besoins relatifs au développement socio-politique, économique et culturel de l'homme.

P. Case n'a peut-être pas tort quand il défend une pensée selon laquelle: 'pour qu'il y ait développement authentique [...], il faut que la formation d'un certain plus-avoir généralisé permette à chaque individu et groupe d'individus d'accéder à un *mieux-être* type et sur la base de ceux-ci [...] de se réaliser au sein de la société globale au maximum de leurs potentialités et atteindre ainsi ce que le R.P. Lebret appelait avec tant de justesse: le *plus-être*'.[12]

Ce dernier point de vue ne diffère pas tellement de la conception du développement que soutient notre pensée. Cette conception se veut à la fois pratique, réaliste, englobante et évolutive. Considérant la multidimensionnalité toujours progressive du Négro-Africain, elle lutte sans merci pour une meilleure qualité de sa vie. Cela sous-entend: des conditions existentielles toujours meilleures. Le développement du Négro-Africain que nous envisageons ici signifie donc le mieux-être, le plus-avoir, tant matériel que spirituel, et le mieux-exister.

En conséquence, pour nous, le développement devient finalement un idéal, une recherche permanente du bien-être de l'homme et de la société qui s'opère par un processus dynamique de transformation des structures mentales, politiques, économiques, sociales et culturelles de la société. Le carré logique qui suit facilite bien la lecture de ces structures fondamentales et fonctionnelles ainsi que de tout l'enjeu subséquent du développement:

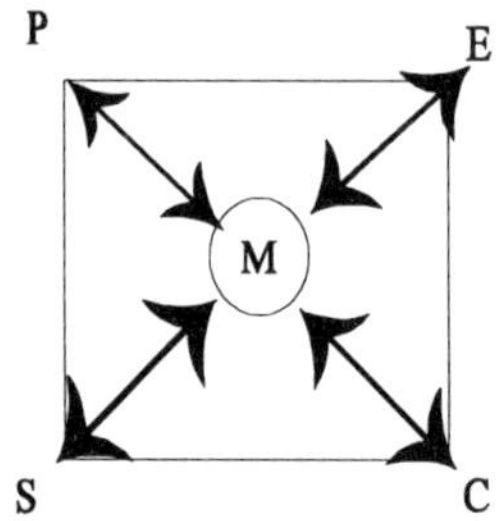

P = politique, E = économie, C = culture, S = structure sociale, M = mentalité

Développement n'est de la sorte que projet qui ne peut se réaliser que sous certaines conditions, à savoir: une éducation civique appropriée du Négro-Africain, la mise en place des politiques adaptées et la pratique de véritables règles démocratiques – égalité, légalité, justice, fraternité, tolérance, suffrage universel, et cetera – le respect du temps matériel et de la temporalité de l'existence humaine. Et pour cause.

III. Temps et développement

Temps et développement se 'marient' pour plusieurs raisons, notamment l'historicité des aspects temporels concernés par le phénomène de développement.

En rappel, le temps qui nous préoccupe dans cette réflexion n'est pas celui qui est considéré dans ses aspects originel, cosmique, mythique, métaphysique et théologique qui dépassent de loin notre entendement. Il s'agit du temps que nous vivons quotidiennement, celui du jour et de la nuit, celui du coq qui chante, réveille et, par conséquent, invite au travail sans lequel aucun développement positif n'est possible. Notre temps est également celui des calendriers, des horloges, des réveils ou montres que nous suivons et que nous nous efforçons de respecter dans nos différentes activités quotidiennes. Parce qu'il faudrait vivre son temps, dans son temps et de son temps, au risque de renvoyer toujours à demain, comme nous venons de découvrir à travers la pensée africaine du temps ce que l'on peut bien faire aujourd'hui, ou de ne rien faire et de se contenter de se lamenter tous les jours d'un 'sous-développement' sans cesse progressif.

Le développement que nous recherchons est celui de l'homme, plus précisément du Négro-Africain et de la société africaine dans leur totalité. Il est donc question du développement des étants-temps dont le mouvement existentiel peut être apprécié ou évalué, mesuré, planifié, même budgétisé.

En effet, pour parvenir à construire une route, à réaliser 'l'auto-suffisance alimentaire' dont parle le 'Plan d'action ...de Lagos' de 1980 et dont le Négro-Africain a grandement besoin, à exporter les produits agricoles et miniers qui permettent de gagner les devises et d'enrichir le Trésor Public, il faudrait programmer, planifier et budgétiser son temps; il faudrait compter le nombre de jours, de mois, voire d'années; il faudrait prévoir les moyens logistiques, les ressources humaines et financières de nature à aider les constructeurs, les agriculteurs et les commerçants à mener à bien leurs activités. Aussi s'avère-t-il nécessaire de travailler avec rationalité, c'est-à-dire avec rigueur et conscience. Conscience du temps, du changement qualitatif du jour et de la nuit ou de divers et multiples événements de l'existence humaine. Conscience également des moyens et de la nécessité d'atteindre les résultats escomptés ou, plus précisément, de réaliser le plus-être, le plus-avoir et le mieux-exister de l'homme.

De là résultent de multiples avantages socio-politiques, économiques et culturels. D'une bonne route dépendent la circulation des personnes et de leurs biens, le commerce, la communication qui peut déboucher sur la communion des esprits et des coeurs, la compréhension mutuelle, l'entente et la paix qui, en tant que vie, est le fondement même de tout développement. D'une bonne route dépend finalement la facilité de l'existence humaine. Alors circulent les produits manufacturés et vivriers. Le peuple mange à sa faim, vit de sa main, de sa propre main au lieu d'attendre toujours les produits importés qui lui coûtent horriblement cher. Sauf miracle de dernière minute, le temps des mannes est révolu. Et, quel que soit le volume de l'aide que peuvent nous accorder nos partenaires extérieurs, le développement de l'Afrique noire ne viendra jamais de l'extérieur. C'est donc de lui-même, par lui-même et pour lui-même que le Négro-Africain doit chercher à réaliser son développement positif, intégral et intégré. C'est alors et alors seulement que l'auto-suffisance alimentaire deviendra une réalité temporelle concrétisable et vivante au lieu d'une idéologie parce que simple idéal comme pensent certains politologues.

Travailler, par conséquent, sans notion du temps qui est un véritable facteur de développement, suppose, pour nous, laisser-aller, négligence, inconscience volontaire ou simulée, oisiveté et paresse, qualités humaines tout à fait défavorables au développement socio-politique, économique et culturel de l'homme. La persistance ainsi que la progression du 'sous-développement' de l'Afrique noire nous semblent être dues aussi à ce comportement du Négro-Africain par rapport à la temporalité de son histoire. D'où la nécessité d'une requalification du temps en Afrique noire.

IV. Pour une repensée de la pensée

La 'synthèse du temps, écrit M. Merleau-Ponty, est une synthèse de transition, c'est le mouvement d'une vie qui se déploie, et il n'y a pas d'autre manière de l'effectuer que de vivre cette vie...'.[13] Vouloir atteindre un certain degré de développement, c'est-à-dire passer, pour reprendre une expression si chère à E. Njoh-Mouelle, de 'la médiocrité à l'excellence', nécessite une mentalité appropriée, une manière d'être, de penser et d'agir répondant aux exigences du développement. Il faudrait donc vivre la vie du développement tel que nous l'avons défini ci-dessus, avec toutes les conséquences qui s'imposent, notamment la requalification effective du temps, une très bonne gestion du temps, qui n'est rien d'autre qu'une très bonne gestion de la vie humaine.

Puisque le développement se réalise dans et avec le temps, il s'impose alors la nécessité de respecter ce temps qui va de pair avec notre développement. Autrement dit, le Négro-Africain se doit de se faire 'violence', renoncer à certaines de ses coutumes et habitudes (aller toujours lentement lorsque l'on travaille ou voyage) afin de pouvoir vivre conformément aux exigences de son développement ou suivant la conduite d'une nouvelle mentalité. Sinon, il vivra toujours en contradiction avec lui-même: chercher à connaître un certain degré de développement et, en même temps, ne pas respecter les principes qui permettent d'atteindre cet objectif.

Par-là, nous n'avons nullement l'intention d'inviter le Négro-Africain à vivre à la manière de l'Européen ou de l'Américain et, partant, de façon déculturée, pour ne pas dire déracinée. Repenser la pensée négro-africaine du temps ne veut pas dire déformer le Négro-africain en vue de faire de lui un Blanc à peau noire, encore moins l'esclave de son temps. Il s'agit simplement de l'aider à adopter un comportement temporel qui puisse le conduire à son bien-être. Ce qui lui demande de ne pas donner priorité à l'événement par rapport au temps, de ne pas chercher à aller toujours lentement lorsque l'on réalise une activité. Car 'zila zila', dit un autre proverbe africain, 'mukomboso azanga mokila'(c'est à force d'attendre que le chimpanzé a manqué sa queue).[14] La nouvelle pensée négro-africaine du temps cherchera plutôt le juste milieu temporel; elle ne se mettra pas à courir inutilement, mais tâchera de partir à point quand il devra réaliser son programme d'action ayant trait au développement.

Conclusion

De ce qui précède, il s'avère clairement que le temps est d'autant plus 'créateur' qu'il fait corps avec la vie.[15] Il constitue ainsi l'un des facteurs décisifs de développement social, si bien que son respect sous-entend discipline dans l'action humaine, bonne gestion de la vie. Il témoigne également de la rationalité, de la rigueur et de la conscience professionnelle, qualités humaines qui, il faudrait le reconnaître, laissent encore à désirer en Afrique noire. Situation qui se trouve aussi à la base de la progression toujours croissante du 'sous-développement' de l'Afrique noire.

Certes, les Ecoles, les Instituts supérieurs, les Universités respectent rigoureusement leurs horaires et calendriers. Il en est de même des sociétés privées ou para-étatiques, dans lesquelles motivation et encadrement jouant, les gens travaillent encore avec une certaine discipline, et la ponctualité se fait encore respecter. Mais la majorité de la population africaine vit au gré des circonstances de son existence sans tenir compte de l'écoulement de son temps. Etat de choses qui ne lui permet pas d'avancer dans le domaine du développement.

Ainsi nous souhaitons vivement que le respect de la notion du temps soit rigoureusement pratiqué par l'ensemble de l'Afrique noire. C'est seulement sous cette condition que la ponctualité peut avoir un impact positif sur son développement socio-politique, économique et culturel.

Notes

1. Mbolokala, Imbuli, *'La temporalité existentielle et le problème de développement en Afrique: critique d'une idéologie africaine du temps'*, Revue Philosophique de Kinshasa, Vol. V, 7-8, 1992, pp. 201-207.

2. Ibidem, p. 30.

3. Ibidem, pp. 157-179.

4. Ibidem, p. 173.

5. Proverbe Lingala. Lingala est une des quatre grandes langues nationales du République Démocratique de Congo.

6. Proverbe Swahili. Le Kiswahili est une autre grande langue nationale du République Démocratique de Congo.

7. Proverbe Ekonda. Lokonda est une langue de la famille mongo.

8. Proverbe Kongo. Le Kikongo est une des quatre grandes langues nationales du République Démocratique de Congo.

9. Leahy, L., *L'homme...ce mystère*, Publications S.P.Canisius, Kinshasa, 1981.

10. Cité par Case, P., *Théories du développement*, dans *Développement et Civilisations*, 42-43, 1970, p. 140.

11. Ibidem, 141.

12. Ibidem, pp. 140-141.

13. Merleau-Ponty, M., *Phénoménologie de la perception*, Gallimard, Paris, 1945, p. 484.

14. Proverbe Lingala.

15. Ibidem, p. 31.

Western Concepts of Time and Development in an African Context

Gerd-Rüdiger Hoffmann, Senftenberg (Germany)

In a central chapter of his book *African Religions and Philosophy* John Samuel Mbiti maintained that the concept of time provided the key to understanding African religions and *Weltanschauung*.[1] Admittedly, he qualified this in so far as he focused on traditional religions and views.

For Immanuel Kant time is not an empirical concept.[2] Time in itself, he wrote in *Critique of Pure Reason (Kritik der reinen Vernunft)*, cannot be perceived.[3] And because time cannot be perceived as an inner experience we remedy this failure, so argued Kant, is by imagining time sequence as an infinite line of a single dimension.[4]

Georg Wilhelm Friedrich Hegel distinguished between oriental and occidental experiences. Only in the West development was found, because transition appeared only to the critical mind as progress. For Hegel Africa is nature, the continent without a history. 'In nature genus makes no progress. In the mind, on the other hand, every change is progress.'[5]

Mbiti demonstrates in an impressive way how the concepts of time of the Kikuyu and the Kamba correspond with the cycles that determine cultivation on the one hand and cattle breeding on the other. On a general level he maintains: 'The linear concept of time in western thought, with an indefinite past, present and infinite future, is practically foreign to African thinking. The future is virtually absent, because events which lie in it have not taken place, they have not been realized and cannot, therefore, constitute time. If, however, future events are certain to occur, or if they fall within the inevitable rhythm of nature, they at best constitute only *potential time,* not *actual time.*'[6]

But is that really a specifically African concept of time? Can Kant's and Hegel's concepts of time be regarded as typically Western?

But then Henri Bergson[7] and Samuel Beckett [8] are also Europeans. And in the small villages of the Eastern part of Germany some people still have another feeling of time.

Caricatures by African artists surely make a fundamental point when they portray the European as slave of his wrist-watch. The phrase 'time is money' is often heard in Europe.

Studies in Intercultural Philosophy, Vol. 8 (1997), p. 299-310

With my grandmother it was different. She lived in a small village in the Lower Lausitz. For her the 8 o'clock bus meant the bus that went at twelve minutes to nine to the town six kilometres away. 8 o'clock bus meant also leaving in good time, that is, being at the bus-stop at 8 o'clock. And it meant, too, having enough time to discuss the latest news with other people in the village. The ironic sentence in Beckett's *Waiting for Godot,* 'Let us not waste our time in idle discourse'[9], would at such times never have crossed her lips. If, however, apart from her no-one else was at the bus-stop, she might well then have thought, with Beckett: 'All I know, is that the hours are long under these conditions..'[10] If I asked her, when she would visit us again, the answer might well have been, 'after the turnips'; which meant that the turnips had first to be harvested. And when I helped in the fields, and she told me to work more quickly, she looked not at the clock, but rather at the sky, wondering whether or not we'd have finished before the rain, or the darkness. My grandmother knew neither Beckett's *Waiting for Godot* nor was she aware that there might be another concept of time in Africa. Nevertheless I'm convinced she was closer to the concept of time described by Mbiti than to my *calculation,* conditioned as it is by the discipline of the city.

And Beckett? Is he typically European? Is there a Western and an African concept of time? Or maybe the question is false? Shouldn't we perhaps better ask, *why* we enquire about the difference between Western and African concepts of time?

No doubt that you know the beautiful poem of Okot p'Bitek about Ocol and Lawino and their marital problems.

Ocol takes a new woman. She treats African traditions with disdain, wanting at all cost to be modern, that is European. Ocol's life itself is consumed with business and politics. He considers the traditional customs of his first wife, Lawino, ridiculous.

Lawino, on the other hand, wants her husband to remember that they are Acoli. The disputes are loud. But, as usual in marital quarrels, it is never so that only one of them is right.

In this poem there is one extended passage where Lawino is annoyed about her husband's western concept of time:

My husband says
I am useless
Because I waste time,
He quarrels
Because, he says,
I am never punctual.
He says
He has no time to waste.
He tells me
Time is money.[11]
[...]

My husband,
In the wisdom of the Acoli
Time is not stupidly split up
Into seconds and minutes,
It does not flow
Like beer in a pot
That is sucked
Until it is finished.

It does not resemble
A loaf of millet bread
Surrounded by hungry youths
From a hunt;
It does not get finished
Like vegetables in the dish.[12]

I like these lines very much. They encompass, arguably with philosophical depth, the problem of varying concepts of time in different cultures.

On the other hand Ocol's comments against the traditionalists and the advocates of African socialism have a sharpness that many will agree with:

Where is Aimé Césaire?
Where Léopold Senghor?
Arrest Janheinz Jahn
And Father Placide Tempels,
Put in detention

All the preachers
Of Négritude;

The balloon of
The African Personality
Exploded long ago,
DuBois is dead
We will erect
No memorial for him;
Why should I care
Who built the citadel
Of Zimbabwe?
Of what relevance is it
Wether black men
Architected the pyramid?

Smash all these mirrors
That I may not see
The blackness of the past
From which I came
Reflected in them.[13]

In this poem it seems to me that something very important emerges, namely, that almost no other essential characteristic of a culture is so clearly defined as the understanding of time. If Ocol is determined to introduce a European concept of time into his life, then he will at the same time abandon his African culture. Whether or not he could ever achieve that, is another matter. But in principle this question addresses all those who in Swahili are described as *mbenzi*[14]. And for this element of the African elite the question might then be put, *which* western concept of time would be appropriate to their context. I suspect they'd cope with this without much philosophical reflection. They'd use a concept of time that reflects general criteria of efficiency in politics, business, information, tourism and sexual habits in industrial society.

Therefore:
more power in a short time;
more growth and money in a short time;
much information, preferably simultaneously;

lots of sights at numerous places on holiday;
and finally the funny word *quickie*, that has found its way also into the German language to describe a relatively boring form of sex.

But that's just one possibility, and it's not clear whether a more cyclical perception of time, such as was typical of Greek antiquity and traditional Africa, has been overcome.

Aurelius Augustinus was probably the first scholar who, with his proposition on the three dimensions of time, rejected the primarly cyclical concept of time of classical antiquity:

The first dimension is *memory* - the presence of the past;
the second dimension is *appearance* - the presence of the current;
the third dimension, according to Augustinus, is *expectation* - the presence of the future.

Those in politics who have begun to think in terms of legislative periods, necessarily lose at some point the future dimension of time. Whoever resolutely forsakes his African culture has no past. And without a past it's difficult to live in the present.

Life then is probably characterized by the *return of the same*. 'Development' and even 'progress' are then mere clichés, no longer categories that determine the contents of life. The man who has a hundred women, one after the other, and does the same with all of them, can hardly maintain, that he has developed. To do a hundred different things with just one woman, can however in certain circumstances be more beneficial. Yet it can't be expressed quantitatively.

Progress and striving for profit - more money, more power, more potency, more in a shorter period - are in fact signs of the time, but in the long run they probably won't result in a better quality of life. The incessant production of the transient shows not even a linear movement; it is rather cyclical, like fashion. And as a reaction to this attitude towards time, another inevitability arises:

Returning to African concepts of time with cautious 'discovery and extension of the future dimension of time'[15], as Mbiti put it. He went on saying: 'In Western or technological society, time is a commodity which must be utilized, sold and bought; but in traditional African life time has to be created or produced. Man is not a slave of time; instead he *makes* as much time as he wants.'[16]

And about the prejudices of Europeans, who criticized Africans for wasting so much time, he wrote: 'Those who are seen sitting down, are actually *not wasting* time, but either waiting for time or in the process of producing time.'[17]

When Mbiti occasionally remarked that these statements relate to 'the life and attitudes of African peoples in the villages', then a certain romanticizing of 'African life' and therefore of African concepts of time cannot be denied.

And when European Africanists und African traditionalists come to the conclusion, that Africa must definitely remain 'traditional', then this is not only unrealistic, but sometimes also immoral.

For who has the right to tell farmers threatened by drought, that they should retain traditional methods of cultivation, when international science has developed methods to prevent soil erosion and leaching?

Who is in favour of telling sick children, that time is unimportant, when speedy treatment is required to save lives or prevent an epidemic?

And who is willing to tell Ethiopian women, that life will always be so, that from morning to night they'll be on the move looking for firewood? Who wants to tell them that is right and proper, when they've seen in a film how other women, by simply pressing a button, turn on an electric oven?

Another solution must therefore be found. The question, African or Western concepts of time, doesn't arise. It won't be a matter of replacing the predominantly Western concept of time in the world with an African concept, just as, the other way around, Western concepts of time can no longer be accepted uncritically in Africa.

The most important problem is not that there are different concepts of time, that happen to be provided with the labels 'African' or 'Western'. Neither is the recording of traditions decisive, traditions neither written down nor benefiting from their own system of historical reference.

Djibril Tamsir Niane writes about this in the preface to his edition of *Sundiata - an Epic of Old Mali,* directed at 'armchair intellectuals': 'Unfortunately the West has taught us to scorn oral sources in matters of history, all that is not written in black and white being considered without foundation. Thus, even among African intellectuals there are those who are sufficiently narrow-minded to regard speaking documents, which the griots are, with disdain, and to believe that we know nothing of our past for want of written documents. These men simply prove that they do not know their country except through the eyes of Whites.'[18]

Traditional concepts of time no longer function in large cities or in areas struck by disaster. But there are also no functional alternatives, that can be held up against them. Ahmadou Kourouma, in his novel *Les Soleils des Indépendances*, described impressively how tragic, and sometimes laughable, a former chief appears when, now living in the city, he still insists on his traditional values. When this chief - Fama, in the book - returns for a certain time to his village, he has to realize that also there nothing remains as it was. He doesn't survive in the new time, that has neither place for old values nor something better to replace them with.

With his wife it's different. She bears a particularly hard burden from her traditional past, forgets nothing, but approaches the future dimension of time with increasing self-confidence. By portraying this woman, Kourouma hints at the fact that it's all about something else: *an intercultural concept of time must be the aim*.

A study from the German Wuppertal Institute for Climate, Environment and Energy comes to the conclusion that change is *necessary,* if we want our grandchildren to have a future on our planet. It also concluded that sustainable change is also *possible*.

Carrying-on, quicker, more: the credo that propels the industrial society. But a *'carrying-on'* based on this credo, cannot hold good for ever.

Without reconciliation between North and South there'll be no lasting peace on this earth. If growth continues to be regarded as progress in the economy, then outer space will become perhaps a rubbish tip, because even Africa won't have space enough for the refuse of the rich North. It could then emerge that Europe - the West - has a lot to learn from Africa. Of course it won't be a question of adopting African concepts of time in Europe. But such chapters of the Study as *Right dimension for place and time* (*Rechtes Maß für Raum und Zeit*), which are concerned with slowing down and breaking-up, or *Living well instead of possessing a lot* (*Gut leben statt viel zu haben*), that makes the point that prosperity could also mean having a lot of time; in particular the chapter, *From linear to cyclical production processes (Von linearen zu zyklischen Produktionsprozessen*), makes the point, that it could be sensible to consider African ideas of time and development. Not only traditional but also modern concepts might prove of interest; those that have arisen in conflict with Western concepts.

Kwame Gyekye writes: 'Since behaviour is a comprehensive or totalistic concept, development must be regarded as multifaceted, a generic concept.

Consequently, to see development in terms solely of economic growth or economic development is to perceive the tip of an iceberg whose base is much more complex and ramifying.'[19]

And in the Study it is mentioned for example, that at present differing concepts of time exist side-by-side, namely economic, ecological and social. 'Because the economic system of communications threatens to destroy the other two, society and ecology', the Study points out that 'integrated approaches are required and with them new forms of business and management.''[20]

Though the willingness in Europe to learn from Africa will hardly develop out of love for Africa. Without pressing cause it won't happen. But just this crisis will occur. This willingness to take leave of old ways of thinking and to learn from Africa - 'the continent without a history', as Hegel described it - can be expedited by means of precise research, information and criticism of existing structures.

In order to become receptive to such ideas, a prime requirement is the recognition in western countries of the following facts:

a) Western categories and theories are recognized as universally valid not only because of their possible inherent truth, but also because they gain acceptance within the framework of political and economic exploitation;
b) these concepts correspond to a reality, that brought wealth and development to the North only under the condition, that the Third World remains underprivileged;
c) this contradiction cannot be sustained in the long term.

Considered from this point of view it could be in the 'egoistical' interest of Europe to take note of concepts of time and development outside Europe, that up to now have been ignored. And it could also be of interest in Europe that, for example, Teilhard de Chardin and Karl Marx are to a certain extent read differently in Africa, namely as philosophers of self-consciousness and liberation, and not as advocates of finalistic concepts of development.

In this context it's surely expedient in academic debates to distinguish precisely between time as an existential form of matter, perceived duration and means of measurement. It will also be useful to mention congruent characteristics of all concepts of time, though it's unimportant whether the concept in question is African or Western. What concerns us is the co-ordination between physically separated people and events, the necessity of socially acceptable, that is integrated measurement of time, planning as pre-requisite for all work, as well as knowledge of past times, on which every culture is dependent.

There is, however, another essential matter: The problem is not in fact that other concepts of time predominate in Africa, but rather that Africa is regarded as being behind the times. Epochal presentation in lexicons and history books contributes also to the strengthening of this attitude, both in Europe and Africa.

The dramatist Heiner Müller puts it unequivocally: 'Epochal characterization is colonial policy so long as history is not universal history, based on equal opportunity, but rather the rule of an elite through money or power.'[21]

Africa lags behind. Africa doesn't develop. Africa must develop; in other words, it should resemble Europe. Africa - African ways of life, African culture, African art and philosophy, yes, even African history - *Africa is excluded from time*. Africa, described in old ethnological books, it has always been so. These prejudices go very deep.

Two methods from ethnological science are more or less applicable to all other areas:

a) the exclusion of a subject from time, in so far as African art, African philosophy and also African concepts of time are raised almost to a collective value for an all-prevailing characteristic;
b) the shifting of the subject of Africa into pre- and ancient history. Titles like, *'Art of primitive society and traditional art of Africa and Oceania'* make their own particular contribution.

It's precisely this approach that results in Africa's exclusion. Both forms deny Africa contemporaneity with industrial societies, with scientific cultures and with rational philosophies.

Here's an example: Let's imagine that Unesco wants to gather together a large representative exhibition on the theme, *Europe: The Art of a Continent*. One can be sure that classical Greek sculptors would be shown, medieval art would be represented, Cezanne, Rubens and Rembrandt could not be lacking. Were Picasso, Dali or Giacometti not to be present, there would surely be an outcry. Most likely contemporary artists would also be present. In any case a line of development would be apparent in the exhibition. And naturally, the influence of foreign art - from Africa or Latin America for example - would be acknowledged.

Now just a few weeks ago there was a large exhibition in Berlin on the theme, *Africa: The Art of a Continent*. It was really most interesting and the selection of exhibits quite remarkable. The best pieces from museums all over the world were on view. But nevertheless, in terms of the exhibition's conception, Africa had no presence, just tradition, long-past history. Africa, excluded from time, exotic, good merely for the edification of Europeans weary of civilization.

Malangatana was missing, nothing from Twins Seven Seven, Moké, Amadou Bâ, Pape Mamadou Samb (better known as Papisto Boy) or Aïssatou Edith Djionne Touré. It was therefore only logical that the *Haus der Kulturen der Welt* in Berlin, alongside this large exhibition also put on a smaller one devoted to *New Art from Africa.*[22]

For the theme of my contribution, *Western Concepts of Time and Development in an African Context,* the following consequence arises:

An invariable characteristic of every culture concerning the concept of time and development is receptivity to the new. That is a normal condition under circumstances of unlimited possibilities of exchange of goods, information and people. However, up to now the exchange has not been an act between equals, but has rather taken place under the domination of western ideas, policy and economy. Regarding conceptions of time and development it's certainly not helpful when in Africa traditional concepts are maintained as contrast. But a critical treatment of Western and African attitudes concerning this problem could provide a contribution towards the required process of rethinking, as Mbiti merely hinted and the Wuppertal Study described in detail. It could lead to greater self-confidence among all those who have little money and power but a lot of new ideas.

Perhaps something new can derive from African cultures, enriched by the experiences gained in dealing with Western conceptions, both through adoption and rejection.

Perhaps something can re-emerge on a new level, an attitude for example, that speed in development is not to be regarded in all areas as desirable, but rather that a composure that values not possession but living well is preferable.

NOTES

1. The chapter is therefore called: 'The Concept of Time as a Key to the Understanding and Interpretation of African Religions and Philosophy' - cf. John Samuel Mbiti: *African Religions and Philosophy*. London/Ibadan/Nairobi 1969. Pp. 15-28.

2. Immanuel Kant: *Kritik der reinen Vernunft*. Leipzig 1979, p. 103. Edition A, p. 30.

3. Cf. ibid., p. 278 (A183).

4. Cf. ibid., p. 106 (A33).

5. Georg Wilhelm Friedrich Hegel: *Die Vernunft in der Geschichte*. Berlin 1966, p. 153.

6. John S. Mbiti: *African Religions and Philosophy*, p. 17.

7. Cf.: Henri Bergson: *La pensée et le mouvant*. Paris 1934.

8. Cf.: Samuel Beckett: *Fin de partie*. Paris 1956.

9. Samuel Beckett: *Warten auf Godot/En attendant Godot/Waiting for Godot*. Frankfurt a M. 1971, p. 196.

10. Ibid., p. 198.

11. Okot p'Bitek: *Song of Lawino/Song of Ocol*. Nairobi 1991 (first published 1972), p. 67.

12. Ibid., p. 69.

13. Ibid., p. 129.

14. ***mbenzi*** (Swahili; pl. ***wabenzi***) means: Rich man, member of the elite; ***m-*** and ***wa-*** (in the plural) designate class 1, to which people, or better said, all creatures endowed with reason belong. And ***-benzi*** derives in fact from Mercedes-Benz.

15. John S. Mbiti: *African Religions and Philosophy*, p. 28.

16. Ibid., p. 19.

17. Ibid.

18. Djibril Tamsir Niane: *Sundiata - an Epic of Old Mali*. London 1989, p. VII.

19. Kwame Gyekye: *The Unexamined Life. Philosophy and the African Experience*. Accra 1988, p. 18.

20. *Zukunftsfähiges Deutschland. Ein Beitrag zu einer global nachhaltigen Entwicklung* (Studie des Wuppertaler Instituts für Klima, Umwelt, Energie). Basel/Boston/Berlin 1996, p. 191.

21. Heiner Müller: *Material. Texte und Kommentare*. Leipzig 1989, p.22.

22. I'd like once more to emphasize, that the exhibition *Africa: The Art of a Continent* was of outstanding quality. Its particular achievement was to display the exhibits not as ethnological objects but rather as art with an aesthetically universal claim. Missing was just the present, a major failing.

Le développement par restructuration et redéploiement des potentialités internes

La leçon socratique

Félix-Nestor Ahoyo, Porto Novo (Bénin)

L'Afrique est une grande gaspilleuse de temps, d'argent, de talents, d'énergie.
Axelle Kabou

Socrate: Que t'en semble, Ménon? Y a-t-il dans les réponses de ce garçon une seule opinion qui ne soit pas de lui?

Menon: Non, elles sont toutes de lui.

Socrate: Et cependant il ne savait pas, nous l'avons reconnu il n'y a qu'un instant.

Menon: C'est vrai.

Socrate: Ces opinions se trouvaient donc en lui, n'est-ce pas?

Menon: Oui.

Socrate: Ainsi donc celui qui ignore une chose, quelle qu'elle soit, a en lui des opinions vraies sur la chose qu'il ignore?

Menon: Apparemment.

Socrate: C'est ainsi que, chez cet esclave, ces opinions viennent de surgir comme en songe. Mais si on l'interrogeait souvent et de diverses manières sur les mêmes sujets, sois sûr qu'à la fin il en aurait une connaissance aussi exacte que personne au monde.

Platon: *Menon* 85c - 85d

Etudes de philosophie interculturelle, tome 8 (1997), p. 311-316

En plein milieu du 19e siècle, Karl Marx affirmait que l'humanité ne se pose que des problèmes quelle peut résoudre car à y voir de près les solutions sont déjà là, malheureusement méconnues des hommes. Descartes pour sa part avait deux siècles plus tôt constaté l'universalité du bon sens, de la raison, affirmant ipso facto l'égalité entre les hommes, mais attribuait l'inégalité au fait que les hommes conduisent mal leur raison et s'égarent. Nous osons souligner ici que c'est le cas des africains.

Ces deux grands maîtres de la pensée moderne avaient eu un précurseur génial dans l'Antiquité grecque en la personne de Socrate, lequel avait joint avec succès la théorie à la pratique. Socrate, un athénien pauvre de naissance mais fin d'esprit et doué d'une intelligence prodigieuse, fils d'un pauvre sculpteur et d'une sage-femme dévouée à son métier, avait senti l'appel du destin pour délivrer son peuple de la misère et de la détresse, bref du sous-développement moral et matériel dans lequel l'avaient plongé plusieurs années de la guerre de Péloponnèse. Et il parvint à réussir sa mission grâce à une méthode singulière, la maïeutique. Socrate n'apportait rien de neuf à son partenaire, il l'aidait tout simplement à retrouver par ses propres ressources, le vrai chemin qui est le sien; il l'aidait à sortir de l'enlisement spirituel et à s'engager sur la voie du progrès.

Lorsque dans la perspective socratique nous analysons le problème du sous-développement en Afrique nous aboutissons à la conclusion que la solution aux problèmes africains ne viendra pas de l'extérieur de l'Afrique mais elle viendra de l'Afrique et des africains eux-mêmes.

C'est toujours dans la perspective socratique que nous nous proposons de réfuter ici deux grands mythes à savoir le mythe selon lequel un facteur essentiel du sous-développement de l'Afrique serait la conception misonéiste du temps par les sociétés d'Afrique Noire et le mythe selon lequel la pérennisation du sous-développement en Afrique serait due aux graves séquelles laissées par le colonialisme.

Le temps en effet est l'une des représentations fondamentales sur le fond de laquelle se déroule la vie quotidienne des hommes. La conception du temps dans une culture reflétera essentiellement, cela va de soi, la vision de l'existence propre à cette culture, cette société.

Pour ce qui est de la conception du temps en Afrique les études anthropologiques et sociologiques révèlent que les sociétés africaines ont une conception globalement misonéiste du temps. Nous pouvons citer à l'appui les travaux de John Mbiti pour les pays anglophones et ceux de Alassane N'Daw pour les pays francophones. Selon John Mbiti l'Africain a une conception bidimensionnelle du temps; il n'appréhende que le passé et le présent, la perspective d'avenir lui est inconnue.

Alassane N'Daw pour sa part mettra l'accent sur la conception cyclique du temps chez les Africains. Il affirme 'A l'échelle la plus vaste des cultures traditionnelles les choses sont considérées comme ayant été meilleures sous l'âge d'or des héros que maintenant. A une échelle plus petite, l'échelle annuelle, la fin de l'année est une époque où tout, dans le cosmos s'affaiblit et se ralentit, sous l'effet de l'accumulation des souillures et des pollutions. La conséquence de cette attitude vis-à-vis du temps est le développement des activités propres à nier son écoulement cela par un retour aux sources'.[1]

Le point qu'il convient de faire est que nous ne pouvons pas mettre en doute le sérieux du résultat de ces recherches sur l'Afrique traditionnelle. Mais là où le problème épistémologique surgit c'est quand l'anthropologue ou le sociologue glisse subrepticement de son terrain pour se muer subitement en métaphysicien et postuler que ce qu'il vient de mettre en évidence caractérise l'essence de l'Africain de tous les temps; et, se muant en même temps en idéologue, postule le traditionalisme culturel selon lequel l'abandon de cette conception du temps par l'Africain ne peut que le conduire dans l'aliénation.

Cette approche essentialiste de la temporalité des peuples et de la culture en général nous semble foncièrement erronée. L'approche culturaliste des réalités africaines fondées sur la tradition est du reste très populaire depuis deux décennies. Selon ce courant de pensée le sous-développement de l'Afrique trouverait son origine dans l'aliénation culturelle. Le développement ne peut s'opérer que si les africains adoptent comme sous-bassement du développement leurs propres richesses culturelles. Une telle approche de solution quoique séduisante à première vue, apparaît à l'analyse spécieuse a au moins deux points de vue:

- Elle prend la culture comme une donnée statique et perd de vue que la culture est elle-même création et dépassement continus.
- Elle prend les cultures africaines comme immaculées et comme la source du tout bien, et la culture occidentale comme la source du mal; or une telle vision manichéiste de la culture ignore la complexité des réalités socio-culturelles qui ne répondent pas à un schéma si simpliste et si naïf.

Pour revenir à l'aspect de la culture qui nous intéresse ici, c'est-à -dire la conception du temps, il nous semble que Karl Marx a dit la vérité quant à la véritable nature de l'être social à savoir que ce n'est pas la conscience qui détermine l'existence, mais c'est plutôt l'existence des hommes qui détermine leur conscience. Ainsi, tant qu'ils avaient à vivre dans un système économique simple - économie agraire de subsistance utilisant des outils rudimentaires - nos parents avaient développé une conscience du temps tout aussi simple essentiellement qualitatif; de même avec une économie contemporaine devenant de plus en plus complexe, il va de soi qu'une conception plus adéquate, sinon plus dynamique, en tout cas plus appropriée du temps finira par s'imposer tôt ou tard. Mais on ne change pas un élément de la culture d'un peuple comme on change une pièce dans une machine. Il faut soit laisser le temps faire son oeuvre, soit hâter les conditions objectives du changement de perspective. Ebenezer Njoh Mouelle dit très justement:'....La conception traditionnelle du temps chez le Négro-Africain n'a rien de figé dans l'éternité de l'essence. Elle change au gré des bouleversements des conditions réelles d'existence'.[2]

On est allé jusqu'à évoquer un impérialisme du temps pour justifier la nécessité pour l'Africain de conserver sa conception traditionnelle du temps; chaque société tendrait à imposer sa temporalité aux autres.[3] En vérité le fait est que lorsque deux cultures différentes avec deux temporalités différentes viennent à se trouver en contact permanent, la temporalité qui finit par l'emporter est celle la plus dynamique, celle qui répond le plus adéquatement aux exigences de l'existence concrète des hommes. Nous n'en voulons pour preuve que la temporalité judéo-chrétienne linéaire qui a fini par s'imposer aux grecs qui, on le sait, avaient une conception cyclique du temps. Et par le truchement de la Grèce cette temporalité linéaire a fini par s'imposer à toute l'Europe non par un quelconque impérialisme mais par un processus d'inculturation.

Le deuxième mythe qui nous préoccupe est celui selon lequel le colonialisme est entièrement responsable du sous-développement de l'Afrique. Cette approche extravertie de nos réalités tendant à déculpabiliser à peu de frais l'Africain et à postuler que l'enfer ce sont les autres, ne nous semble pas tout à fait exacte, ceci que nous considérions la période coloniale où la période post-coloniale.

On sait par exemple que c'est pendant la période coloniale que les premiers chemins de fer, les premières routes bitumées ont fait leur apparition ce qui a largement facilité la communication entre les divers groupes tribaux, les diverses communautés linguistiques qui vivaient naguère en autarcie. Ce phénomène a constitué un facteur d'accélération des transactions commerciales entre les peuples africains.

Dans l'ex-Dahomey par exemple ce sont les colons et non pas les Dahoméens qui ont mis fin aux sacrifices humains et ont exigé que cette valeur suprême qu'est l'homme soit désormais respectée.

Et puis dans la période post-coloniale où nous-mêmes avons détenu les rênes du pouvoir, qu'avons-nous pu réaliser? Est-ce que nos dirigeants ce sont toujours comportés en de vrais responsables, conscients et préoccupés du sort de leurs pays?

Il me plaît de partager avec vous la réflexion du Nigérian E.A.U. Ikoku. Notre auteur dans son ouvrage consacré au développement de l'Afrique s'interroge en ces termes: 'Supposing then, for the purposes of realising these objectives we assume that there was no colonialism and the other 'ism', how could our fore-fathers have developed? What could they have handed over to us?'[4]

Si donc il n'y avait eu le colonialisme et les autres 'isme', aurions-nous hérité une situation meilleure de nos ancêtres? La réponse de l'auteur est négative et nous sommes de son avis. Ici, la devise socratique 'connais toi toi-même' nous interpelle à plus d'un titre.

Pour en revenir à Socrate c'est le lieu de dire qu'il est le premier philosophe qui nous enseigne que l'homme est le moteur de tout développement. Il nous enseigne que l'homme gonflé de faux savoir et de faux avoir (avoir factice) est un misérable qui s'ignore, c'est un homme sous-développé; il est le tout premier à nous enseigner la primauté de l'être sur l'avoir, de l'être sur le paraître.

Si l'on va au fond de la réflexion socratique pour en saisir l'essentiel quant à ce qui concerne le problème du développement, il nous semble qu'on retiendra ce qui suit quant au devenir de l'Afrique! Ce n'est ni le manque de capitaux, ni le manque de ressources matérielles et spirituelles, encore moins l'abandon ou le travestissement de nos cultures qui sont les maux qui minent le développement de l'Afrique. Ce qui mine l'Afrique et les africains c'est l'ignorance de ce que nous avons et de ce que nous pouvons. La conséquence de cet état de chose -c'est que nous devenons de simples instruments aux mains des puissances étrangères. C'est seulement de cette manière qu'il faut comprendre le marasme nigérian et zaïrois (pour ne citer que deux exemples frappants) deux géants de l'Afrique qui pourtant aux indépendances, avaient tous les atouts pour un décollage développemental réel. Comme le dit si bien Edgar Pisani 'Le développement ne se réduit pas en une collection d'objets importés ou construits, mais s'appuie sur des êtres et des sociétés dont il mobilise les capacités créatrices et les systèmes d'organisation'. Et c'est là justement le fond de la leçon socratique. Socrate n'apportait rien de neuf, rien de l'extérieur à ses partenaires, il les aidait tout simplement à redécouvrir, restructurer et redéployer au mieux ce qu'ils possédaient.

Pour conclure nous dirons que ce qui fait obstacle au développement de l'Afrique ce n'est ni une conception traditionnelle du temps ou de l'espace, ni les séquelles du colonialisme. L'Afrique connaîtra le vrai décollage du développement dès que les africains mettront fin au règne de l'irrationalité, de la gabegie et de la superstition et apprendront à découvrir ce qu'ils ont et s'organiseront pour mieux les utiliser. Il appartiendra donc à nos partenaires au développement de l'Afrique, de pratiquer prioritairement avec les africains une politique de coopération de type socratique qui se résume en ceci: Plutôt que de donner, aider son partenaire à prendre conscience de ce qu'il est en vue de l'utiliser judicieusement.

NOTES

1. Alassane N'Daw, *La pensée africaine. Recherches sur les fondements de la pensée négro-africaine*. Les nouvelles éditions africaines, Dakar 1983, p. 134.

2. Ebenezer Njoh Mouelle, *De la médiocrité à l'excellence. Essai sur la signification humaine du développement*. Editions clé, Yaoundé 1970, p. 62.

3. Honorat Aguessy, *Interprétations sociologiques du temps et pathologie du temps dans les pays en développement*. Dans: *Le temps et les philosophies*. Etudes préparées pour l'Unesco. Editions Payot, 1978, p. 102.

4. E.A.U. Ikoku, *African development with a human face*. Biddles Ltd. Guilford, Survey 1976, p. 141.

La perception africaine du temps et son impact sur la coopération internationale

Luaba Lumu Ntumba, Kinshasa (République Démocratique de Congo)

'Trop souvent, j'ai perdu du temps, cet élément essentiel de notre vie, qu'on ne saurait acheter, échanger, voler, contrefaire, quémander'.
Nina Berberova

Le drame de l'Afrique, aujourd'hui, est de demeurer dans l'ambiguïté, de n'avoir pas su sortir de l'ambivalence, d'être 'entre deux eaux' dans presque tous les domaines, y compris celui du temps.[1] En elle et en chacun d'entre nous, coexistent et s'affrontent, parfois même s'annihilent, d'une part, le temps souple, lent et circulaire de la société ancienne, de l'autre le temps linéaire du monde moderne. Selon les circonstances et en fonction de la nature des activités concernées, tantôt l'un prédomine, tantôt l'autre reprend le dessus. Or, comme le souligne Jean Pucelle, 'le rapport hiérarchique des unités de temps est brouillé, lorsque les deux séries, temps d'autrui, temps personnel interfèrent'.[2]

D'un tel brouillage naissent facilement des décalages, des malentendus, des discordances, voire des heurts et des chocs, sinon des paralysies, lorsque se tissent des relations de coopération entre sociétés qui s'inscrivent différemment dans la temporalité, dans lesquelles prédominent des temps psychologiques et sociaux dissemblables. Lorsqu'on parle temps et programmation, l'entendement n'est pas souvent le même chez les partenaires, le sens de l'urgence n'est pas perçu de la même façon par tous.

La coopération peut s'en trouver gênée, voire bloquée. Des problèmes liés à la gestion du temps surgissent aussi lorsque les Etats africains veulent instaurer entre eux des modalités de coopération inspirées de la rationalité spatio-temporelle occidentale.

Après avoir analysé les grandes caractéristiques du vécu africain de la temporalité, nous allons en apprécier, tant que faire se peut, les incidences sur la coopération verticale avec l'Europe, ainsi que sur les relations inter africaines.

Etudes de philosophie interculturelle, tome 8 (1997), p. 317-327

I. Les grandes caractéristiques de la conception africaine du temps

A parcourir la littérature assez peu fournie consacrée aux problèmes du temps en Afrique et à éplucher les proverbes, contes, légendes et mythes, il ressort que les deux grands traits de la perception et du vécu du temps en Afrique résident dans son inépuisabilité et une perspective limitée. [3]

1. L'inépuisabilité du temps africain

Un adage Luba, une ethnie du République Démocratique de Congo, dit que 'les jours sont plus nombreux que les poils de la chèvre' (Matuku mmapita myoosa ya mbuji). Pour d'aucuns, cette sentence populaire veut exprimer la patience que l'on doit observer en toute chose. Quoi qu'il en soit, elle signifie aussi l'idée du caractère innombrable des jours, de la surabondance du temps. On est en présence d'une conception élastique du temps: un temps toujours disponible, indéfini, qui revient sans cesse. Aussi a-t-il été qualifié de temps cyclique.[4]

L'impression de la surabondance du temps est liée à la façon même de l'organiser et de le répartir. Le temps africain est celui des événements et de la relation. Les paramètres ou points de repères indicatifs de temps ne sont pas uniformes et demeurent approximatifs.

Ainsi, dans la culture Komo, les subdivisions de la journée se réfèrent aux mouvement du soleil (le soleil bondit 6h-9h, le soleil part 17h-18h), au comportement de certains animaux (les buffles vont boire ± 3 heures, le premier et le deuxième chant du coq 4h-5h, l'épervier fait son tour 14...) et au degré du sommeil (le premier sommeil ± 23 heures, le milieu du sommeil ± 24 heures, le second sommeil 1 heure)...[5] Il s'ensuit que les moments de la journée sont subdivisés en tranches inégales, plus ou moins élastiques.

Chez les Yansi et les Bunda du République Démocratique de Congo, l'agenda hebdomadaire est constitué par une ficelle portant cinq noeuds qu'on défait chaque jour qui passe, jusqu'à la fin de la semaine, puis on recommence. Le mois a comme repère la lune et l'année, les saisons sèches et pluvieuses. Chez les Bakongo (ethnie répartie sur l'Angola, le Congo et le République Démocratique de Congo), la semaine traditionnelle est subdivisée selon un critère de 'temps-lieu' en quatre jours indiquant les lieux successifs où se tient le marché: konzo, nkenge, nsona et nkangu.[6] Chez les Komo, les périodes de l'année sont déterminées aussi selon des critères variés:

l'apparition de telle ou telle constellation, la position du soleil, les activités à entreprendre (périodes de brûlis, de défrichage, de pluie, de ramassage des chenilles ...).

Tous ces facteurs font que l'appréciation du temps est approximative et souple en Afrique. Ce n'est pas un temps quantifié, considéré comme une matière première faisant l'objet d'une gestion rigourcuse, dont on peut évaluer le coût de la non-utilisation ou de la mauvaise utilisation. Le temps africain constitue plutôt une ressource disponible et renouvable à l'infini.

2. Une perspective temporelle limitée

D'après J. Mbiti, le temps africain est marqué par la bi-dimensionnalité avec un long passé, un présent et virtuellement aucun futur.[7] Au-delà du compte annuel, la perception africaine du temps est muette. Il manque de concept indicatif d'une décennie, d'un siècle ou d'un millénaire.[8] Un des arguments avancés par J. Mbiti est d'ordre linguistique, l'absence de mots pour désigner le futur long dans les langues est-africaines (Kikamba et Gikuyu) qu'il a examineés. Le même constat peut être établi pour d'autres langues africaines du République Démocratique de Congo où la même expression désigne hier et demain.

Langue	**Hier**	**Aujourd'hui**	**Demain**
Ekonda	Loobi	Loloko	Loobi
Kingombe	Mpuma	Busabubu	Mpuma
Lingala	Lobi	Lelo	Lobi
Tetela	Loi	Elo	Loi

Cette réalité laisse supposer que, dans de telle cutures, demain apparaît, tout simplement comme le prolongement d'hier, le futur court comme un élargissement ou une extension du présent.[9] En fait, c'est le contexte d'utilisation du mot qui permet de savoir si l'on parle d'hier ou de demain.

Dans une affirmation trop absolue, D. Zahan estime que l'Africain 'orienté vers le monde des ancêtres... tourne le dos à ce qui va arriver, à l'avenir'.[10] Tel n'est pas le point de vue de D. Chidiebere Okeke qui, observant le mode de vie des Ibos (rites de passage: semailles, élevage, commerce; projet d'accroissement de la richesse et du nombre d'épouses, souci de trouver des épouses pour les fils et de donner les filles en mariage..), conclut à la recherche d'un futur meilleur.[11] Ngub'usim et Kuyunsa trouvent aussi que la présence des greniers est un signe d'anticipation et de prévision.[12] En revanche, pour P. Pradervand, il s'agit là d'une 'protection contre l'avenir', contre les imprévus climatiques, et non d'une tentative de maîtriser l'avenir, rationnellement et systèmatiquement.[13]

Néanmoins, les langues des peuples qui furent organisés en royaume ou en empire possèdent généralement des mots spécifiques pour indiquer demain et désigner le futur. Par ailleurs, certains d'entre eux ont su s'adapter avec beaucoup de facilité à la modernité.

	Kongo	**Kuba**	**Luba**	**Tshokwe**
Hier	Mazono	Ikol	Malaba	Nzau
Aujourd'hui	Lelo	Luole	Lelu	Musono
Demain	Mbasi	Lelo	Makelela	Hamene
Passé	Ntama	Kany'	Kale	Hakale
Présent	Bungangi	Leshu La-Luole	Lelu	Halabiya
Futur	Bilumbu bikwisa	Bosbulien	Matuku atshivwavwa	Kulufwe

Pour sa part, J.S. Mbiti estime que l'avenir n'existe pas au-delà de quelques mois (six mois en général) et ne dépasse guère deux ans.[14] Cependant, s'il est vrai que l'on n'est pas en présence d'un futur long et que les mots pour l'exprimer signifient souvent 'les jours qui viennent', il n'en demeure pas moins que, selon les circonstances, il peut s'étendre à l'échelle d'une génération (15 à 25 ans).

Quelques adages tirés de la culture Luba prouvent la présence d'un futur qui exige un minimun de prévoyance et de prudence:

'Kwatshila mwana mpasu, pakolaye wakukwatshila peebe': attrappe des sauterelles pour ton enfant afin qu'une fois grand, il le fasse aussi pour toi;

'Kusekiseki mwineebe, kumanyi manyi tshiyiiya': ne te moque pas d'autrui car tu ne sais pas ce que l'avenir te réserve.

La dynamique temporelle, l'irréversibilité du temps et la mutabilité des choses sont aussi perçues: 'tsidibudibu ntumpu ntumpu, mianda ya kalakala ki nya lelu': courge pousse et rampe, les affaires d'hier ne sont pas celles d'aujourd'hui.

Cependant, d'une manière générale, on rencontre une certaine attitude attentiste vis-à-vis du futur. 'Lobi pe mokolo' ou demain est un autre jour, dit-on en Lingala. Prédomine alors un vécu 'instantanéiste' du temps, où seul le présent compte. Car, comme l'affirme un adage Rwandais: 'Ce que tu mangeras demain, Dieu passe la nuit à te le chercher'. Tenter d'anticiper sur l'avenir est même une entreprise impossible: 'Les cornes d'une génisse, personne ne sait dans quelle direction elles se développeront' (proverbe Rwandais). Il découle d'une telle conception une absence de prévision qui rend impossible une gestion avertie et ne favorise pas la planification.[15]

II. L'impact de la perception africaine du temps sur la coopération eurafricaine

L'Afrique a toujours été généreuse dans ses relations avec autrui, donnant et se donnant sans compter, notamment au niveau de son temps. C'est, observe Edgar Pisani, le continent des gens qui n'ont rien mais qui partagent et sont prêts à faire des kilomètres à pied, en trottant pour vous montrer votre chemin.[16] Qui pourra calculer le coût économique des jours fériés, en trois décennies, pour accueillir dans la liesse populaire les chefs d'État et les ministres en visite officielle?

Même pour ses rendez-vous internationaux, l'Afrique ne se préoccupe guère du temps. Combien de délégations africaines n'arrivent-elles pas aux réunions internationales avec un ou deux jours de retard ratant ainsi l'essentiel des débats?

Très peu de pays africains arrivent vraiment à se plier aux contraintes de la programmation internationale. Outre la complexité et la longueur des procédures, le chevauchement des Fonds européens de développement (F.E.D.), l'utilisation assez insuffisante de leurs ressources, tout comme le sous-emploi général de la Convention de Lomé, s'expliquent notamment par cette difficulté. Aussi, côté européen, est-on en train de s'interroger sur le type de programmation le plus approprié. Il a été, par exemple, préconisé une programmation en phases ou par tranches, au lieu de l'octroi d'une enveloppe financière globale quinquennale, de façon à lier le volume de l'aide aux performances réalisées et à inciter les pays ACP à accélérer la mise en oeuvre des projets et programmes.[17]

Aux dires du Professeur P. Issiaka Laleye, une vision et une disposition circulaires des êtres et des choses du monde contribue à réduire considérablement l'agressivité entre les civilisations et à les situer dans des rapports de complémentarité. En revanche, la conception européenne linéaire du temps a pour effet de placer les civilisations sur une sorte de ligne droite du temps et 'introduire dans les rapports entre les civilisations une atmosphère de rivalité et de concurrence dont il ne reste dès lors à la civilisation européenne qu'à s'efforcer d'être à la fois le champion et l'arbitre'.[18]

Nous pensons que c'est pour cette raison que l'Afrique est comme déboussolée et perdue sur l'échiquier international où règne la logique de l'anticipation de la performance, de la productivité et de la compétitivité. Dans ce sens, Samuel P. Huntington doute de l'aptitude des Africains à forger une civilisation capable de les faire participer efficacement aux combats qu'annonce demain 'le choc des civilisations'.[19] Atsutsé Kokouvi Agbobli est tenté de lui donner raison dans la mesure où la conscience négro-africaine vit une situation de crise généralisée fondée notamment sur une vision erronée de la notion du temps, une vision angélique de la vie et de l'existence.[20]

En fait, les Africains subissent les aléas de la coopération internationale et n'arrivent pas à anticiper sur les tournants et les retournements majeurs de la scène internationale. Dépourvus de toute stratégie prospective, ils sont souvent surpris par les événements internationaux dont ils subissent les à-coups sans aucune préparation. Ils arrivent quelque part, lorsque tous les autres sont déjà ailleurs.

Au reste, peu nombreux sont, en Afrique, ceux qui se préoccupent de savoir quels seront les enjeux et les acteurs prépondérants, les besoins du monde, les sources de la richesse et de la puissance des nations en l'an 2025. Qui se soucie de savoir quelles seront les incidences sur le devenir du continent africain du rapprochement eurasiatique en cours sous la forme d'un partenariat économique ou d'une éventuelle association entre l'Union Européenne et le Mercosur?[21]

Alors que les 'Dragons' et les 'Tigres' asiatiques ont préparé patiemment, au fil des ans et des décennies, leur pénétration sur d'autres marchés du monde, en particulier américain et européen, les Africains, pendant ce temps, dorment sur les privilèges acquis: les fameuses préférences de Lomé.[22] Un beau matin, ils sont surpris de constater que, sans bénéficier de la même rente de situation, certains pays d'Asie et d'Amérique Latine sont devenus plus compétitifs qu'eux sur le marché européen.

III. L'impact de la perception africaine du temps sur la coopération internationale

L'une des premières conditions nécessaires pour la réussite d'une coopération régionale est l'organisation du temps. En effet, la coopération régionale est un processus fastidieux et de longue haleine.[23] La maîtrise insuffisante de la dimension temporelle ne peut que vouer une telle entreprise au piétinement et à l'échec.

Autant l'Afrique élabore allégrement des agendas communautaires, se fixe des calendriers et des échéances, autant elle n'arrive pas à les respecter et finit même par les oublier. Un calendrier vient facilement en remplacer un autre, des échéances sont sans cesse reculées sans que personne ne s'en émeuve outre mesure. Or, comme le stigmatise l'ancien Secrétaire Général de la Z.E.P., Bax D. Nomvete, 'le succès ou l'échec d'un accord de coopération économique particulier dépendra de la mesure dans laquelle les objectifs/buts visés auront été atteints dans le cadre du calendrier établi par les pays membres.[24] Ce succès ne dépendra pas de la création et du maintien de différentes institutions ou de l'organisation périodique de réunions techniques ou politiques où l'on adopte des résolutions et des déclarations, généralement sans lendemain.[25]

Avec l'adoption du Plan d'Action de Lagos et de son Acte final en avril 1980, l'Organisation de l'Unité Africaine s'est donné un document de référence pour une prise de conscience générale, prévoyant l'édification d'un marché commun continental à l'horizon 2000. De cet acte fondamental, il n'est rien sorti de concret. Bien au contraire, le Traité d'Abuja, signé en juin 1991, est venu repousser l'édification de la Communauté Economique Africaine pour l'an 2035.[26] Pour beaucoup, 'le sens de l'éternité aidant', l'intégration et le développement sont en route, puisqu'un texte miracle a été adopté, 'sésame ouvre-toi' pour les uns, mais ignoré par la grande majorité des Africains. Comme le souligne si bien E. Pisani, 'C'est dans cette contradiction aussi que réside l'impuissance de l'Afrique'.[27]

L'Afrique souffre dramatiquement, à tous les niveaux et dans tous les domaines, du manque de suivi. Tout se passe comme si les Etats africains étaient persuadés qu'une fois proclamés les objectifs, priorités et étapes de la coopération, leur accomplissement serait automatique, comme par un coup de baguette magique.

Pour se réaliser, l'Afrique doit apprendre à vivre avec et dans son temps. Nombreuses sont, du reste, les études qui démontrent la liaison entre, d'une part, la conception linéaire du temps et, d'autre part, le progrès de la science et de la technique modernes, c'est-à-dire le développement.[28] Aussi l'Afrique des Etats et des individus doit-elle apprendre à compter son temps et à le dépenser avec parcimonie. Il en va de son avenir dont, par ailleurs, elle doit savoir prospecter les voies possibles, en développant ses capacités institutionnelles de gestion du temps.

Toutefois, l'Afrique ne doit pas pour autant évacuer totalement le sens du temps lent de l'écoute de la nature, de la convivialité, de l'ouverture à autrui et de l'accueil. L'essentiel est d'arriver à une bonne symbiose, certes difficile et complexe, mais indispensable et vitale, entre les deux visions temporelles et de les utiliser à bon escient. S'il est vrai que la réussite matérielle de l'Europe provient, pour une bonne part, de la gestion rigoureuse de son temps, il convient de ne point perdre de vue que nombreux sont les drames humains, psychologiques et sociaux, dûs au rythme vertigineux imprimé au temps. Le temps de la vie partagée et de la disponibilité y a été largement dévoré par le temps de la productivité et de la rentabilité.

Que faire alors? Kä Mana, dans son magnifique essai 'L'Afrique va-t-elle mourir?' nous propose une piste de sortie: prendre la liberté comme point d'Archimède intérieur lorsqu'on se met à penser les rapports entre les deux mondes, habiter l'entre-monde, n'écouter que le käiros: le temps favorable qui indiquera l'option à prendre. S'ouvrir, selon la sagesse de Lin-Tsi à la dialectique du 'parfois': 'Parfois vivre l'Afrique sans vivre l'Occident.[29] Parfois vivre l'Occident sans vivre l'Afrique. Parfois vivre et l'Afrique et l'Occident. Parfois ne vivre ni l'Afrique ni l'Occident'.[30]

Quoi qu'il en soit, l'Afrique se doit de s'adapter aux mutations du temps-lieu. Aujourd'hui l'Africain n'est plus enfermé dans le lieu-village, il vit dans ou en contact avec le lieu-ville et ouvert au lieu-monde. Il ne peut faire autrement que de s'inscrire dans le temps-monde. Le temps de l'Afrique est celui de l'événement. Or, il n'existe plus d'événement interne à l'état pur. Tout événement interne est internationalisé ou internationalisable. La plupart des événements internationaux ont des répercussions à l'intérieur des pays et des terroirs. Avec la globalisation de l'espace et de toutes sortes d'activités, l'Afrique ne peut se permettre de vivre à l'écart du temps de la mondialisation.

Au lieu de le subir, elle doit apprendre à le maîtriser et à s'en servir pour son propre épanouissement.

NOTES

1. G. Balandier, *Afrique ambiguë*, Paris, Union Générale d'Editions, 1957; Cheikh Hamidou Kane, *L'Aventure ambiguë*, Paris, Julliard, 1961.

2. J. Pucelle, *Le temps*, Paris, P.U.F., 1967, pp. 23-24.

3. Une enquête sociologique réalisée auprès d'une échantillon d'étudiants de l'Université de Kinshasa montre qu'ils pensent la même chose à propos de la conception africaine du temps.

4. Cf. D. Nothomb, *Un humanisme africain, valeurs et pierres d'attente*, Bruxelles, Editions Lumen Vitae, 1965, p. 142.
A. Kagame. *La philosophie Bantu comparée*, Paris, présence Africaine, 1976.
Aperception empirique du temps et conception de l'histoire dans la pensée Bantu, in *Les cultures et le temps*, Etudes préparées pour l'Unesco. Introduction de P. Ricoeur, Paris, Payot, Unesco, 1975, pp. 103-133.

5. Wauthier de Mahieu, *Le temps dans la culture Komo*, in *African Journal of The international Africa Institute*, Volume XLIII, London, 1973, pp. 8-9.

6. Ngub'usim Mpey-Wka et Kuyunsa Bidum, *Gestion du temps et organisation traditionnelle du travail: La semaine traditionnelle chez les Yansi et quelques autres tribus du Zaïre*, in Zaïre-Afrique no. 231-232, janvier-février 1989, pp. 11-22.

7. J.S. Mbiti, *African religions and philosophy*, London -Ibadan- Naïrobi-Lusaka, Heinemann, 1969, p. 17.

8. J.S. Mbiti, op. cit., p. 21.

9. J.S. Mbiti, op. cit., p. 17.

10. D. Zahan, *Religion, spiritualité et pensée africaine*, Paris, Payot, 1971, p. 141.

11. Ch. Chidiebere Okeke, *African concept of time*, dans Cahiers des Religions Africaines, Kinshasa, Vol. 7, no. 14, juillet 1977, pp. 296-297.

12. Ngub'usim et Kuyunsa, op. cit., p. 22.

13. P. Pradervand, *Une Afrique en marche*, Paris, Plon, 1989, p. 111.

14. J.S. Mbiti, op. cit., p. 17.

15. Bakole wa Ilunga, *Chemins de Libération,* Kananga, Editions L'Archidiocèse, 1978, p. 56.

16. E. Pisani, *Pour l'Afrique*, Paris, Odile Jacob, 1988, p. 9.

17. J. Bossuyt, G. Laporte, G. Brigaldino, *La politique européenne de développement après le traité de Maastricht*, Maastricht, ECDPM étude spéciale, 1984, p. 27.

18. P. Issiaka Lalèyê, *Valeurs chrétiennes et valeurs de civilisations dans une société en mutation*, dans Semaines Théologiques de Kinshasa, *Les Intellectuels Africains et l'Eglise*, Actes de la Quatorzième Semaine théologique de Kinshasa, Faculté de Théologie Catholique de Kinshasa, 1982, pp. 53-54.

19. S.P. Huntington, *Le choc des civilisations, in Commentaires*, no. 66, Eté 1994 cité par Atsutsé Kokouvi Agbobli, Eux et nous: le monde noir-africain et le choc des civilisations, in Afrique 2000, Revue africaine de politique internationale, no. 20, janvier- février- mars 1995, p. 67 .

20. Atsutsé Kokouvi Agbobli, op. cit., p. 67.

21. Marché Commun du Cône Sud réunissant le Brésil, l'Argentine, l'Uruguay et le Paraguay.

22. Parmi ces nouveaux pays industrialisés citons: Singapour, Corée du Sud, Indonésie, Malaisie, Hong Kong, Taiwan ...

23. Lire à ce sujet M. Norro, *Le rôle du temps dans l'intégration économique*, Louvain - Paris, Editions E. et B. Nauwelaerts, 1962.

24. Zone d'échanges préférentiels pour l'Afrique Orientale et Australe.

25. B.D. Nomvete, *Intégration régionale en Afrique: une route pleine d'obstacles*, Le Courrier no. 142, Novembre-Décembre 1993, pp. 49-50.

26. L.L Ntumba, *La Communauté Economique Africaine: une chance pour l'Afrique?*, dans Zaïre - Afrique, Mars 1994, pp. 153- 170.

27. E. Pisani, op. cit., p. 88.

28. J. Needham, *La science chinoise et l'Occident*, traduit de l'anglais par E. Simon et J.M. Rey, Paris, Editions du Seuil, 1979, pp. 196-197.
Musambi Malongi, Une vision prospective du temps pour le développement de l'Afrique, dans *Zaïre-Afrique*, no. 209-210, Novembre-Décembre 1986, pp. 549-558

29. Mystique chinois de la tradition t'chan, Lin-Tsi, mort en 867 environ de notre ère, préconise, dans une méditation philosophico-poétique sur la relation entre l'homme et l'objet le texte ci-après: 'Lors d'une consultation du soir, le maître donna l'instruction suivante: Parfois supprimer l'homme sans supprimer l'objet. Parfois supprimer l'objet sans supprimer l'homme. Parfois supprimer à la fois l'homme et l'objet.'

30. Il s'agit d'une adaptation de Lin-Tsi à la quête africaine par Kä Mana, op. cit., p. 117 et suivante.